Beck'sche Reihe

BsR 1054

D1877002

BsR

Dieses Buch ist eine kleine Denkschule für Studierende der Philosophie und interessierte Laien. Verständlich und doch anspruchsvoll führt der Autor den Leser in die Grundbegriffe „Philosophie“, „Sprache“, „Erkenntnis“, „Wahrheit“, „Sein“ und „Gut“ ein. Inhalt, Methode und Anspruch der Philosophie werden so „philosophierend“ nahegebracht. Einerseits eine Einführung in die Philosophie, stellt das Werk andererseits einen kohärenten Gedankengang mit neuen Aspekten dar, in dem der Autor platonische und analytische Philosophie zu verbinden sucht.

Rafael Ferber ist Titularprofessor für Philosophie an der Universität Zürich. Veröffentlichungen u.a.: Zenons Paradoxien der Bewegung und die Struktur von Raum und Zeit (^{2}1995); Platons Idee des Guten (^{2}1989); Die Unwissenheit des Philosophen oder Warum hat Platon die „ungeschriebene Lehre“ nicht geschrieben? (1991); Platon, Ausgewählt und vorgestellt von R. Ferber, München (1995, TB 1997).

RAFAEL FERBER

Philosophische Grundbegriffe

Eine Einführung

VERLAG C. H. BECK

Die Deutsche Bibliothek – CIP-Einheitsaufnahme

Ferber, Rafael:
Philosophische Grundbegriffe : eine Einführung / Rafael Ferber. – Orig.-Ausg., 5., durchges. Aufl. – München : Beck, 1998
(Beck'sche Reihe; 1054)
ISBN 3 406 44154 8

Originalausgabe
ISBN 3 406 44154 8

Fünfte, durchgesehene Auflage. 1998
Umschlagentwurf: Uwe Göbel, München,
© C. H. Beck'sche Verlagsbuchhandlung (Oscar Beck), München 1994
Gesamtherstellung: C. H. Beck'sche Buchdruckerei, Nördlingen
Gedruckt auf säurefreiem, alterungsbeständigem Papier
(hergestellt aus chlorfrei gebleichtem Zellstoff)
Printed in Germany

Inhalt

V. Sein

VI. Gut

Vorwort

Dieses Buch richtet sich weniger an Fachphilosophen als vielmehr an Studierende der Philosophie und an interessierte Laien. Es möchte in sechs Grundbegriffe so weit einführen, daß der Leser über Inhalt, Methode und Anspruch der Philosophie eine erste Orientierung erhält. Die Einführung hat so einen elementaren, wenn auch nicht trivialen Charakter. Das Elementare versucht sie klar, einfach und ohne Jargon zu sagen. Dabei hat sich der Verfasser nicht gescheut, auch eine eigene Stellung zu beziehen. Sie spiegelt seine eigene Philosophie, die in manchem der analytischen verpflichtet ist. Ihr Geist aber ist in einem weiten Sinne platonisch, insofern sie davon ausgeht, daß die erwähnten Begriffe Bedeutungen haben, denen wir uns annähern können. Neue Aspekte, die auch für Fachphilosophen interessant sein könnten, bringen insbesondere die Kapitel über Erkenntnis, Wahrheit und das Gute.

Die Herren Dr. phil. H. Ambühl, Dr. phil. et oec. J.L. Arni und lic. phil. M. Zentner waren so freundlich, einzelne Kapitel zu lesen und mit kritischen Anmerkungen zu versehen. Geholfen haben aber auch die Studierenden und Laien, die der Verfasser in den letzten Jahren unterrichten durfte. Ihnen sei das Buch gewidmet.

Sachseln (Schweiz), im Herbst 1993 *R. Ferber*

Vorwort zur vierten Auflage

Die freundliche Aufnahme, welche das Buch gefunden hat, macht bereits eine vierte Auflage notwendig, die auch dieser Sonderausgabe zugrundeliegt. Neben einigen kleinen Erweiterungen wurden ein Abschnitt über das Universalienproblem (vgl. S. 143–153) und ein Hinweis auf die Urteilskraft (vgl. S. 200–202) eingearbeitet. Der Verfasser dankt allen Leserinnen und Lesern, die ihm Verbesserungsvorschläge oder kritische Bemerkungen zugestellt haben. Er hat sie nach Möglichkeit berücksichtigt. Verbunden fühlt er sich auch den Fachkollegen und -kolleginnen, welche das Buch oder Teile daraus in der Lehrtätigkeit verwenden.

Sachseln, im Herbst 1997 *R. Ferber*

I. Philosophie

1. Der Beginn in der Höhle

Sie haben wahrscheinlich schon vor dem Fernsehapparat gesessen und auf den Bildschirm geschaut. Sie sahen Landschaften, Tiere, Menschen und Konsumgüter. Sie hörten Nachrichten, Berichte und Werbeslogans. Und meist gingen Sie davon aus, daß das, was Sie sahen und hörten, wirklich sei. Doch ist das, was Sie sahen und hörten, wirklich? Wenn ja, ist es die ganze Wirklichkeit? Schließlich, was ist überhaupt wirklich?

Zur Einführung möchte ich mit Ihnen ein Gleichnis lesen. Es stammt von dem griechischen Philosophen Platon (427–347 v. Chr.). Es läßt uns fragwürdig erscheinen, ob das, was wir sehen und hören, schon wirklich ist. Nach diesem Gleichnis wohnen wir Menschen in einer Höhle. Von Kindheit an sind wir gefesselt an Nacken und Schenkeln. Wir müssen so auf demselben Fleck bleiben und können nur in eine Richtung schauen. Zwischen uns und einem Feuer, das hinter uns brennt, verläuft ein Weg. Längs diesem ist eine Mauer aufgeführt. Sie gleicht den Schranken, welche sich die Gaukler vor den Zuschauern erbauen, über die herüber sie ihre Kunststücke zeigen. Dieser Mauer entlang tragen Gaukler allerlei Geräte, Bildsäulen sowie andere steinerne und hölzerne Bilder, die über die Mauer ragen. Einige reden dabei, andere schweigen. Wir Gefangene aber sehen von uns selbst, voneinander und von dem, was hinter uns vorübergetragen wird, nichts anderes als die Schatten, welche das Feuer auf die uns gegenüberliegende Wand der Höhle wirft. Diese Schatten nun halten wir für wirklich. Auch die Stimmen, die wir von den Vorübergehenden hören, schreiben wir den Schatten zu. Wir sehen also nicht nur nichts von der Sonne Erleuchtetes, sondern auch kein Licht, weder das des Feuers noch das der Sonne.[1]

Das Gleichnis handelt offenbar von uns. Platon bedient sich einer Verfremdung unserer menschlichen Situation, damit wir uns über sie wundern. Denn meistens leben wir nicht nur in einer falschen Vertrautheit mit der Welt, sondern auch mit uns. Wir wundern uns vielleicht über außergewöhnliche menschliche Situationen. Wir wundern uns aber nicht über unsere gewöhnliche menschliche Situation; sie fällt uns nicht mehr auf. Insofern sind wir uns nicht die Nächsten, sondern die Fernsten. Die Verfremdung durch dieses befremdliche Bild unserer menschlichen Lage bricht nun diese aus unserer langen Gewöhnung entstandene Vertrautheit und läßt uns uns dort wiederfinden, wo wir uns nie vermutet hätten, in einer Höhle. Und die fällt uns auf. Damit uns das Gewöhnliche unserer menschlichen Lage bewußt wird, brauchen wir eine außergewöhnliche. An ihr möchte ich jetzt dreierlei hervorheben:

a) Wir sind Gefangene von Bildern, die uns von Gauklern vorgeführt werden. Mit den Gauklern können die Dichter und Sophisten gemeint sein. Heute könnte man sagen: die Meinungsmacher. Deren Ansichten sind für uns die Wirklichkeit.

b) Die Philosophie ist die Befreiung aus dieser Gefangenschaft des Geistes oder dieser Gefangenschaft in Meinungen. Da die Höhle auch ein Bild des Mutterschoßes ist, so läßt sich sagen: Die Philosophie ist die Befreiung aus dem Mutterschoß unserer Vorurteile. Die Philosophie ist so eine Art von zweiter Geburt.

c) Gegen diese Befreiung regt sich in uns aber ein Widerstand. Es besteht in uns ein Trieb, in der Höhle unserer Vorurteile zu bleiben. Wir haben Angst vor dem Schmerz der zweiten Geburt. Die Philosophie ist nämlich nicht harmlos, sondern tut gelegentlich weh. Sie reißt uns aus der Geborgenheit in unseren Vorurteilen und führt uns dorthin, wo wir uns nicht mehr zu Hause fühlen. Das ist fast so, wie wenn wir auf einen anderen Planeten versetzt würden. Freilich ist dann aus der Sicht des Befreiten die Erde – die Höhle – fremd. Die Befreiung erlaubt nämlich einen fremden Blick. Er läßt uns Vertrautes wie zum ersten Mal sehen.

Er rückt uns dafür aber aus der gewohnten menschlichen Ordnung. Die Philosophie ist so eine Art von Tod, nämlich der Tod des in seinen Vorurteilen gefangenen Menschen. Philosophieren heißt auch Sterbenlernen,[2] um eine platonische Bestimmung im Sinne einer Metapher zu verwenden.

Das Licht, in dem die Dinge außerhalb der Höhle sichtbar sind, ist das der Sonne. Wofür aber die Sonne in Platons Gleichnis ein Bild ist, das werden wir wohl kaum am Ende unserer Überlegungen aussprechen können. Aber *daß* ein Lichtstrahl in das Dunkel unserer Höhle fällt und das Zwielicht, in dem wir leben, für eine kurze Zeit im Sonnenlicht erstrahlt, das kann vielleicht auch unsere Einführung in die Philosophie erreichen. Das erwarten Sie vielleicht auch von der Philosophie. Denn dieser Weg vom Dunkel ins Licht ist fast in allen Zeiten und Kulturen, wo es Philosophie gegeben hat, als das entscheidende Symbol für die Philosophie angesehen worden. Doch was bedeutet dieses Symbol für uns?

2. Wort und Begriff

Beginnen wir mit dem Wort „Philosophie“. Es taucht erst spät in der Geschichte der Menschheit auf, nämlich vor rund zweitausendfünfhundert Jahren in Griechenland. Es setzt sich zusammen aus den beiden griechischen Wörtern „philos“, das Freund, Vertrauter, Liebhaber bedeutet, und „sophia“, das Weisheit meint. Ein Philosoph ist also einer, der mit der Weisheit befreundet oder vertraut ist. Platon hat das Wort „philos“ so gedeutet, daß der Philosoph insofern mit der Weisheit befreundet ist, als er die Weisheit noch nicht hat, sondern nach ihr strebt. Er läßt Sokrates zum jungen Mann Phaidros im Dialog mit demselben Namen sagen: „Jemanden weise zu nennen, Phaidros, scheint mir etwas Großes zu sein und auf Gott allein zu passen; aber mit der Weisheit befreundet oder so etwas dürfte ihm mehr ziemen und im Ton richtiger sein."[3] Der Philosoph ist insofern mit der Weisheit befreundet, als er nach ihr strebt. Entsprechend ist die Philosophie kein Zustand, sondern eine Bewegung. Sie strebt von etwas weg auf etwas zu. Sie möchte „von hier nach dort".[4] Sie ist eine Beziehung wie die Liebe. Sie ist Liebe zur Weisheit in einem neuen Sinn des Wortes. Weisheit meint hier weder technische Geschicklichkeit noch praktische Klugheit, sondern Wissen. Im Unterschied zur Religion will nämlich die Philosophie nicht glauben, sondern wissen. Philosophie ist die auf die Spitze getriebene Form des menschlichen Wissensdranges.

Einen Unterschied aber zwischen Wissen und richtigem Glauben oder Meinen erkannte auch der wenig wissende Sokrates, baut doch das Streben nach Wissen auf diesem Gegensatz auf: „Daß aber eine richtige Meinung und Wissen zwei verschiedene Dinge sind, das glaube ich durchaus nicht nur zu vermuten, sondern, wenn ich etwas zu wissen behaupte – und von wenigem möchte ich dies tun –, so würde ich dieses eine zu dem zählen, was ich weiß."[5] Wissen unterscheidet sich nämlich von einer richtigen Meinung, daß es Gründe abzugeben vermag.

Das Wort „Philosophie" hat im Verlauf der Jahrhunderte einen großen Bedeutungswandel erfahren. Ich möchte nur zwei Bedeutungen hervorheben:

Philosophie im gewöhnlichen Sinne, wie das Wort heute meistens verwendet wird, heißt Denkweise, Konzept. So spricht man z.B. von der Philosophie einer Unternehmensführung, der Philosophie, die hinter der Politik eines Landes steht, z.B. der Philosophie der gegenseitigen Abschrekkung oder Abrüstung. In diesem Sinne wird das Wort im folgenden nicht verwendet.

Philosophie in ihrem eigentlichen Sinne dagegen bedeutet die Lehre von den ersten Gründen und Ursachen. Das ist eine Definition, die auf Aristoteles (384–322 v. Chr.) zurückgeht.[6] Die Philosophie ist in diesem Sinne Prinzipienforschung. Denn Prinzipien sind eben Gründe. Philosophie ist die Lehre von den ersten Erklärungsgründen dessen, was ist.

Damit sind wir auch beim Thema der Philosophie: Es ist die Welt und alles, was in ihr ist. Ein mittelalterlicher Denker hat es so gesagt: Die dem Philosophen eigentümliche Religion ist das Studium dessen, was ist. Der Möglichkeit nach kann so jeder Gegenstand zum Thema der Philosophie werden: Eine Maus ebenso wie der Mensch, wie die Natur, ein Bild wie z.B. van Goghs Sonnenblumen gleichermaßen wie ein Rechner. Aber auch Begriffe wie Raum und Zeit interessieren den Philosophen.

Ein Gegenstand wird dann zum Thema der Philosophie, wenn er unter dem Gesichtswinkel bestimmter Fragen betrachtet wird. Eine Grundfrage lautet ganz einfach: „Was ist X?". Für X kann jeder beliebige Gegenstand eingesetzt werden. Diese Frage bezeichnet den Übergang von der handelnden Einstellung zur betrachtenden oder theoretischen. Zunächst sind wir nämlich in der handelnden Einstellung zu Dingen und Menschen befangen. Wir benützen Dinge, seien sie durch die Natur oder den Menschen hervorgebracht. Wir benützen einen Rechner, aber wir fragen nicht: „Was ist ein Rechner?", bzw. „Was ist künstliche Intelligenz?". Wir möchten vielleicht mehr Raum haben, fragen aber nicht: „Was ist Raum?" Wir fragen „Haben wir noch Zeit?", aber nicht „Was ist Zeit?" Wir stellen vielleicht den Mäusen im Keller Fallen, fragen aber nicht: „Was bedeutet es für eine Maus, eine Maus zu sein?"[7] Nicht selten benützen Menschen auch andere Menschen als Mittel zu ihren Zwecken, fragen aber nicht: „Was ist ein Mensch?" – etwa im Unterschied zu einer Maus oder einem anderen Tier oder einem Rechner? Im Normalfall sind wir zu sehr von der Welt benommen, um uns überhaupt solche Fragen stellen zu können. Es ist, als ob wir bei aller Betriebsamkeit dahindämmern oder schlafen würden.

Der Philosoph aber ist einer, der uns im Schlafe stört. Zu erwachen beginnen wir, wenn wir anfangen, uns zu wundern oder zu staunen. Seit Platon gilt denn auch die Fähigkeit zum Staunen als Anfang der Philosophie: „Denn dies ist die charakteristische Erfahrung eines Philosophen, das Staunen. Hier nämlich fängt die Philosophie an und nirgendwo sonst, und es scheint, daß der, welcher Iris ein Kind des Thaumas genannt, nicht schlecht ihre Abstammung getroffen hat.“[8] Iris ist der Regenbogen, über den wir heute noch staunen. Der Meergott Thaumas, der Vater von Iris, ist eben der Erstaunliche. Und Aristoteles bekräftigt: „Denn durch das Staunen haben die Menschen sowohl jetzt als auch zuerst zu philosophieren begonnen.“[9]

Worüber der Philosoph aber staunt, ist nicht das Außergewöhnliche, sondern das Gewöhnliche. Darüber staunt man sonst im allgemeinen nicht mehr. Sowenig wir ein Geräusch wie z.B. das der Brandung des Meeres noch wahrnehmen, wenn wir es immer hören, sowenig beachten wir das Gewöhnliche, weil wir uns eben daran gewöhnt haben. Das Gewöhnliche ist für den Philosophen das Außergewöhnliche, das, worüber er Rechenschaft abzulegen versucht. Er braucht kein anderes Wunder. Er ist damit geradezu der „Spezialist“ für das, was wegen seiner unscheinbaren Allgegenwart nicht mehr eigens beachtet wird. Er hat zu sagen, was sonst niemand sagt. Er hat zu reden, wo sonst alles schweigt. Da dies Unbeachtete meistens etwas ganz Allgemeines ist, so ist er im Unterschied zum Fachwissenschaftler auch der Wissenschaftler vom Allgemeinen. Viele der wichtigsten philosophischen Fragen haben denn auch die Form solch allgemeiner Was-, Woher- und Wozu-Fragen. Es sind im Grunde Kinderfragen. Einige unter ihnen haben ganz besonders die Aufmerksamkeit der Philosophen erregt. Darunter finden wir vorwiegend Was-Fragen. Sie lassen sich in folgenden Drei-Wörter-Sätzen formulieren:

a) Was gibt es? Das ist die Grundfrage der Lehre von dem, was ist, der Seinslehre. Statt Seinslehre können wir vorerst auch Lehre von der Wirklichkeit sagen. Aristoteles und viele andere Philosophen bis in unser Jahrhundert hinein haben in der Frage nach dem, was ist, die Grundfrage der Philosophie gesehen. Doch da wir den Ausdruck „Sein“ nur ungenügend verstehen, so hat diese Frage zuerst die Bedeutung des Wortes „Sein“ zu klären.

b) Was erkennen wir? Das ist die Grundfrage der Erkenntnislehre, die der französische Philosoph René Descartes (1596–1650) in den Vordergrund gerückt hat. Er stellt sich nämlich die Frage, ob nicht alles, was wir zu erkennen glauben, Täuschung und unser Leben somit einem Traum vergleichbar sei. Der Zweck dieser Frage ist aber nicht etwa der Nachweis, daß unser Leben tatsächlich ein Traum sei. Descartes möchte vielmehr durch den radikalen, d.h. an die Wurzel gehenden Zweifel an unserer Fähigkeit, die Welt zu erkennen, wie sie ist, zu dem gelangen, was unbezweifelbar gewiß ist. Die Frage „Was erkennen wir?“ wandelt sich dann in die andere: „Wie können wir etwas erkennen?“

c) Was sagen wir? Das ist die Grundfrage der Sprachphilosophie. Diese Frage dehnt den Zweifel Descartes' an unserer Erkenntnis auf die Sprache aus. Ist die Sprache nur ein Mittel, um unsere Gedanken auszudrücken? Oder kann sie auch dazu dienen, unsere Gedanken in eine falsche Richtung zu lenken? Dann wäre es zuerst die Aufgabe der Philosophen, „die Herrschaft des Wortes über den menschlichen Geist zu brechen ...“,[10] wie das Gottlob Frege (1848–1925) formuliert hat. Ludwig Wittgenstein (1889–1951) ist einer der wichtigsten Denker, für welche die Erkenntnis unserer Sprache zum zentralen Thema der Philosophie geworden ist. Die Frage „Was sagen wir?“ wandelt sich für ihn in die Frage „Was ist die Bedeutung dessen, was wir sagen, bzw. was ist die Bedeutung eines Wortes?“.

d) Was ist Wahrheit? Das ist die Grundfrage der Wahrheitslehre. Da wir auch den Ausdruck „Wahrheit“ nicht genügend verstehen, so hat die Wahrheitslehre zuerst die Bedeutung des Ausdrucks „Wahrheit“ zu klären. Dann hat sie Kriterien dafür aufzustellen, wann wir etwas für wahr halten dürfen. Da es mehrere Kriterien dafür geben dürfte, hat sie schließlich nach dem Hauptkriterium zu suchen.

e) Was ist gut? Das ist die Grundfrage der Ethik. Denn die Ethik ist die Lehre von dem, was gut ist. Da wir auch den Ausdruck „gut“ nur ungenügend verstehen, so hat die Ethik zuerst der Bedeutung des Ausdrucks „gut“ nachzugehen. Was gut ist, das sollte man aber auch tun. Die Frage „Was ist gut?“ führt so zur Frage „Was sollen wir tun?“.

Sehr vereinfacht gesprochen, ist es so, daß in Antike und Mittelalter vornehmlich Seinsfragen, in der Neuzeit vor allem erkenntnistheoretische Fragen und im zwanzigsten Jahrhundert insbesondere sprachphilosophische Fragen gestellt wurden. Auch philosophische Probleme haben ihre Jugend, ihre Blütezeit und manchmal auch ihr Alter, in welchem sie in den Hintergrund treten. Ethische Fragen wurden, wie diejenige nach der Wahrheit, in allen Epochen der westlichen Philosophiegeschichte gestellt. Andere Fragen sind mehr bestimmten Epochen der Philosophie eigentümlich.

Mit diesen fünf Was-Fragen sind natürlich nicht alle Fragen genannt. Es ist keineswegs so, daß uns schon am Beginn einer Einführung sämtliche philosophischen Probleme bewußt sein können, geschweige denn ihre mögliche Rangordnung. Auch das Problembewußtsein muß allmählich reifen. Ein Fortschritt in der Philosophie ist denn auch wesentlich ein Fortschritt im Bewußtsein der Probleme, die uns umgeben, ohne daß wir sie spüren. Philosophischer Fortschritt besteht so nicht in der Entdeckung neuer Erfahrungstatsachen, aber auch nicht in der Herstellung neuer Technologien, sei es zur Produktion von Brot oder von Bomben.

Die Philosophie nützt in diesem unmittelbaren Sinne nichts, schadet jedoch auch nichts. So konnte eine Schülerin meine Frage „Was ist eine philosophische Frage?“ nicht ganz zu Unrecht so beantworten: „Eine philosophische Frage ist eine Frage, wo die Antwort nicht wichtig ist.“

Doch lebt der Mensch nicht vom Brot allein und wird auch nicht allein durch Bomben zerstört. Auch ein falsches Denken kann zu seiner und seiner Umwelt Zerstörung beitragen. Philosophischer Fortschritt ist Fortschritt im Denken und besteht in der Ausarbeitung und Verfeinerung von Fragestellungen. Hier kann es passieren, daß wir bei gewissen Fragen erkennen, daß sie falsch gestellt sind, und daß wir sie vielleicht als unsinnig abweisen müssen. Daß wir aber solche Fragen stellen können, kommt daher, daß wir nicht nur im Dunkel der Höhle leben, sondern daß uns das Dunkel bewußt wird. Und ab und zu sehen wir, daß Licht in das Dunkel fällt. Dann erleben wir auch etwas von der Befreiung, von der im Höhlengleichnis die Rede war. Dann dürfen wir uns zu jenem Geschlechte bekennen, das vom Dunkeln ins Helle strebt. Das ist das Menschengeschlecht.

3. Philosophie und Gemeinsinn

Eine Einführung in philosophische Grundbegriffe legt allerdings ein Mißverständnis nahe, nämlich die Vorstellung: „Hier sind wir – dort ist die Philosophie". Als ob wir von außen in sie hineingeführt würden. Aber in Wirklichkeit befinden wir uns nicht außerhalb oder gar oberhalb der Philosophie. Wir befinden uns schon *in* der Philosophie, auch wenn wir uns außerhalb ihrer wähnen. Von innen werden wir in sie eingeführt. Wir besitzen nämlich schon selbst eine, wenn auch uns meist nicht bewußte Philosophie, ohne die wir kaum leben könnten. Wir haben doch alle einen gesunden Menschenverstand.

Den gesunden Menschenverstand nennt man auch Gemeinsinn. Zwar ist er nach Immanuel Kant (1724–1804) nichts anderes als der durchschnittliche Verstand eines gesunden Menschen. Zudem ist des einen Verstand manchmal des anderen Unverstand. Des einen Gemeinsinn ist des anderen Unsinn. Nach einem plattdeutschen Sprichwort ist sogar dem einen „sin Uhl" dem anderen „sin Nachtigall".

Gleichwohl gehört zu unserem Gemeinsinn ein Grundstock von Überzeugungen, die niemand aufgeben könnte, ohne daß man ihn für wahnsinnig erklären würde. Dazu gehören persönliche Überzeugungen wie: Es gibt mich. Außer mir gibt es aber auch noch andere Menschen, meinen Vater, meine Mutter, meine Geschwister, meine Frau, meinen Mann, meine Kinder, meine Kollegen und Kolleginnen und noch viele andere mehr, die ich gar nicht kenne. Ich lebe in einer Welt. Diese Welt hat schon vor meiner Geburt existiert und sie wird nach meinem Tod noch weiterexistieren. Außer den mir bekannten und den anderen Menschen sind auch noch andere Lebewesen da, Tiere und Pflanzen. Trotz und nach allen Wandlungen bin ich irgendwie immer noch der- oder dieselbe. Wie alle anderen Lebewesen werde ich einmal nicht mehr da sein.

Der Gemeinsinn ist auch ein philosophischer Sinn. Innerhalb dieses Gemeinsinns aber hat jedermann wieder seine eigene Welt. Sie wird durch den Lichtkegel der persönlichen Meinungen und Interessen beleuchtet. Was in diesem Lichtkegel steht, das wird deutlich gesehen. Was außerhalb steht, ist fast gar nicht da. So sind die meisten Menschen in der Regel für uns fast kaum vorhanden. So ist unsere Welt meist eine kleine Welt. Entsprechend dieser kleinen Welt erfaßt unser Denken nur einen Teil der Welt, auch wenn wir diesen Teil manchmal schon für das Ganze halten.

Nun gibt es Philosophen, die behaupten: „Was immer wir berechtigt sind anzunehmen, wenn wir nicht philosophieren, das sind wir auch anzunehmen berechtigt, wenn wir philosophieren".[11] Richtig ist, daß wir einen Grundstock von Überzeugungen haben, von denen wir auch in der Philosophie schwerlich abweichen können, ohne die menschliche Gemeinschaft zu verlassen. Ein Dichter oder Komponist drückt auch Gefühle aus, die jedermann haben kann, wie z.B. das der Freude oder der Wehmut oder sogar das einer freudigen Wehmut. Ebenso kann der Philosoph Gedanken ausdrücken, die jedermann haben mag, wie z.B. den Gedanken der menschlichen Unwissenheit. Andererseits würde uns die These von der Unkorrigierbarkeit des gesunden Menschenverstandes, des, wie ihn die Briten nennen, common sense, wohl in der Höhle unserer Vorurteile zurücklassen.

Ist so der common sense „kommun", so noch nicht „immun". Er kann sich vielmehr auch revolutionäre Entdeckungen zu eigen machen. Z.B. glaubte der common sense einmal zu wissen, daß die Erde flach sei, daß sich die Sonne um die Erde drehe, daß das Kindbettfieber bei rund einem Fünftel aller Geburten unvermeidlich sei usw. Er glaubt noch heute zu wissen, daß sich die Welt so erkennen läßt, wie sie an sich ist. Doch hat sich dieses Wissen als zweifelhaft erwiesen.

Wir haben so zwar alle schon eine Philosophie. Nur weil der Samen der Philosophie in uns ist, können wir philosophieren. Die Philosophie unseres Gemeinsinns ist allerdings nicht nur unentwickelt, sondern manchmal sogar falsch. Aber entscheidend scheint mir in diesem Zusammenhang, daß wir diese Philosophie nicht von einem außerphilosophischen Standpunkt aus korrigieren können, sondern nur von einem philosophischen. Wir können nicht aus der Philosophie heraustreten, um sie von außen anzuschauen und so einen Standpunkt einzunehmen, der uns erst einen Maßstab zur Beurteilung dessen liefern würde, was an unserer Alltagsphilosophie richtig und was falsch ist. Der Gemeinsinn hat vielmehr diesen Maßstab aus sich selber hervorzubringen und die Elemente zur Selbstkorrektur wesentlich aus sich selber zu nehmen. Das ist treffend so gesagt worden: „Wie Schiffer sind wir, die ihr Schiff auf offener See umbauen müssen, ohne es jemals in einem Dock zerlegen und aus besten Bestandteilen neu errichten zu können".[12] Genauso wie es keinen Standpunkt außerhalb der Sprache gibt, um über die Sprache zu sprechen, genauso wenig gibt es einen Standpunkt außerhalb der Philosophie, um über die Philosophie zu philosophieren. Die praktische Folgerung aus dieser Unmöglichkeit eines philosophischen Standpunktes außerhalb der Philosophie ist die Unvermeidlichkeit des Philosophierens. Aristoteles drückt sie durch folgendes Dilemma aus: Entweder muß man philosophieren oder nicht philosophieren. Um zu beweisen, daß man nicht philosophieren muß, muß man auch schon philosophieren. Also muß man in jedem Fall philosophieren.[13]

4. Philosophie, Wissenschaft und Kunst

Aber ist die Philosophie heute nicht schon längst durch die Wissenschaften ersetzt worden? Zwar ist sie in ihrem Ursprung bei den Vorsokratikern nicht von der Wissenschaft zu trennen, aber heute, so könnte man meinen, ist sie bereits von den Wissenschaften eingeholt und überholt worden. Sie hat sich nur noch mit Restproblemen der Wissenschaft zu befassen, bis auch diese Restprobleme völlig durch die Wissenschaften übernommen werden. Diese Ansicht kann mit Recht darauf hinweisen, daß sich einzelne Disziplinen wie z.B. Physik, Psychologie, Mathematik und andere aus der Philosophie gelöst haben und dieser Prozeß der Ausdifferenzierung von Spezialdisziplinen weitergeht. Die Philosophie, die Tochter des Erstaunlichen, ist zur Mutter vieler Wissenschaften geworden. So gehörte früher z.B. die formale Logik noch in die Philosophie. Heute hat sie sich in ihrer mathematischen Gestalt zunehmend als eine eigene Disziplin etabliert, die wieder in Subdisziplinen zerfällt.

Doch gegen diese Auffassung, die Wissenschaften könnten die Philosophie ersetzen, läßt sich einwenden: Neue Wissenschaften schaffen auch neue philosophische Probleme. Die formale Logik in ihrer mathematischen Gestalt führte zur Philosophie der mathematischen Logik, die Informatik zu Problemen der künstlichen Intelligenz, die Biotechnologie zu solchen ethischer Natur, wie z.B. zu der Frage, ob wir moralisch dürfen, was wir technisch können. Wiewohl immer wieder dieselben Fragen gestellt werden, ist es also nicht so, daß das Gebiet der philosophischen Probleme gleich bleibt. Der wissenschaftliche Fortschritt schafft auch neue philosophische Probleme. Insofern sich die neuen Wissenschaften diesen selbstgeschaffenen neuen Problemen zuwenden, läßt sich auch von einem „Philosophischwerden" der Wissenschaften sprechen. So ist die Philosophie tatsächlich aus vielen Wissenschaften nicht ausgezogen, sondern erst in sie eingezogen.

Andererseits reichen die Einzelwissenschaften an viele Themen der Philosophie gar nicht heran. So z.B. fragt keine der Einzelwissenschaften, was es überhaupt heißt, *daß etwas ist*. Sie setzen vielmehr voraus, daß etwas ist, ohne den Sinn dieses „ist" zu erklären. Ebensowenig fragen sie in der Regel etwas Allgemeines, wie z.B. „Was ist Erkenntnis?", „Was Sprache?", „Was Wahrheit?", „Was gut?". Zwar beanspruchen die Wissenschaften, Wege zur Wahrheit zu sein. Sie fragen aber nicht, „Was ist Wahrheit?". Wo die Wissenschaften aber solche Fragen stellen und systematisch zu beantworten versuchen, da werden sie schon philosophisch. Auch infolge der beschränkten Reichweite der Wissenschaften kann also nicht behauptet werden, daß die Philosophie durch die einzelnen Wissenschaften bereits ersetzt worden sei. Aber zweifelsohne sind Teile der Philosophie durch die Einzelwissenschaften übernommen worden. Dieser Prozeß der Verwissenschaftlichung ehemals philosophischer Disziplinen wird auch weitergehen.

Doch ist die Philosophie überhaupt eine Wissenschaft? Verschiedene Philosophen waren der Ansicht, daß die Philosophie weniger der Wissenschaft als vielmehr der Dichtung verwandt sei. Entsprechend haben sie sich auch mehr in einer bildlichen als in einer begrifflichen Sprache ausgedrückt. Hier wären z.B. Platon mit einigen seiner Dialoge wie etwa dem „Phaidros", Augustinus (354–430) mit seinen „Confessiones" (397), Friedrich Nietzsche (1844–1900) mit „Also sprach Zarathustra" (1883–85) und andere zu nennen. Sie haben in gewisser Art und Weise philosophisch gedichtet. Heute läßt sich erneut beobachten, daß manche Philosophen wie Dichter zu sprechen versuchen.

Umgekehrt finden wir heute aber auch zunehmend ein „Philosophischwerden" der Kunst. Der französische Dichter Saint-John Perse (1887–1975) hat es in seiner Nobelpreisrede von 1960 so formuliert: „Wenn die Philosophen selber die Schwelle der Metaphysik verlassen, dann kommt es dem Dichter zu, dort den Metaphysiker abzulösen, und dann ist es die Dichtung, nicht die Philosophie, die sich als die wahre ‚Tochter des Erstaunlichen' offenbart, nach dem Wort des antiken Philosophen, dem sie so hochverdächtig war".[14] Mit dem antiken Philosophen ist Platon gemeint, der die Dichter aus seinem Idealstaat hinauskomplimentiert hat. Ich möchte auf zwei solcher philosophischer Kunstwerke verweisen. Zunächst einmal auf Samuel Becketts (1906–1990) „Warten auf Godot". Zwei Männer, Wladimir und Estragon, warten auf das Eintreffen eines Herrn Godot, der kommen soll und nicht kommt. Godot ist eine Anspielung auf Gott, jedenfalls auf eine wichtige unbekannte Person. „Warten auf Godot" kann als Symbol für ein Leben betrachtet werden, das im Warten auf ein Ereignis verbracht wird, das doch nicht eintritt. Ein anderes Beispiel ist der Film von Jim Jarmusch (*1953) „Stranger than Paradise". Zwei Männer fahren von New York aus ziellos durch Amerika und landen in Florida. Dabei verliebt sich der eine in seine Cousine, die er bei seiner ungarischen Tante getroffen und nach Florida mitgenommen hat. Als die Cousine unangekündigt nach Budapest abreisen möchte, trifft er eine Blitzentscheidung und beschließt, ihr nachzureisen. Doch sie verpaßt das Flugzeug und bleibt in Florida. Er aber erreicht es und fliegt nach Budapest. Es ist nicht leicht, die Philosophie in Worte zu fassen, die der Film zeigt, aber nicht ausspricht. Er zeigt aber die Sinnleere, Zufälligkeit und Unvorhersehbarkeit des wirklichen Lebens, das uns noch unvertrauter ist als das erträumte Paradies.

Allerdings hat wohl die Mehrheit der Philosophen den wissenschaftlichen Charakter der Philosophie hervorgehoben. Zu diesen gehört wieder Platon mit seiner – allerdings in den Dialogen nie vollständig ausgeführten – Dialektik. Die Dialektik wurde von ihm als Wissenschaft verstanden, nämlich als eine Wissenschaft, die durch ein kunstvoll geführtes Gespräch ausfindig machen möchte, was jedes Ding ist. Zu ihnen gehört auch Aristoteles mit seiner „Metaphysik", d.h. der „theoretischen Wissenschaft von den ersten Gründen und Ursachen".[15] Descartes mit seinen „Prinzipien der Philosophie", die im Bewußtsein das unerschütterliche Prinzip der Philosophie festmachen möchten, und nicht zuletzt Kant (1724–1804) mit den „Prolegomena zu einer jeden künftigen Metaphysik, die als Wissenschaft wird auftreten können" (1783). In unserem Jahrhundert haben sich insbesondere Edmund Husserl (1859–1938) mit seiner Programmschrift „Philosophie als strenge Wissenschaft" (1911) und Rudolf Carnap (1891–1970) mit „Der logische Aufbau der Welt" (1928) um eine wissenschaftliche Philosophie bemüht und damit philosophische Richtungen begründet, die heute noch weiterwirken. Wissenschaftlich heißt für sie soviel wie logisch zwingend für jedermann, der dem Gedankengang folgen kann. Jedermann, der dieselben Grundannahmen macht, muß auf Grund schrittweiser Ableitungen zu denselben Schlüssen kommen, so daß für persönliches Meinen kein Raum mehr übrig bleibt. Kant hat denn auch seinem Hauptwerk, der „Kritik der reinen Vernunft" (1781), das Motto vorangestellt „Über uns selbst schweigen wir ..." und auf eine Autobiographie verzichtet. Denn nur das Werk zählt. Allerdings ist dieser Traum einer wissenschaftlichen Philosophie nie in der Weise voll verwirklicht worden, daß wir heute eine alle Menschen verpflichtende wissenschaftliche Philosophie hätten.

Nicht nur lassen sich die Grundannahmen fast aller Philosophen irgendwo bestreiten, nicht nur sind die verwendeten Grundbegriffe meistens ungenügend geklärt, auch die Begriffsauflösungen und Ableitungen lassen meistens zu wünschen übrig. Die Ausschaltung jeglichen persönlichen Meinens scheint in der Philosophie wohl ebenso unmöglich wie die Ausschaltung allen Irrtums. Zwar gibt es in der exaktesten der Naturwissenschaften, z.B. der mathematischen Physik, auch kein zwingendes Wissen, das für alle Zukunft gelten würde. Alle Gesetze der Physik, die heute gelten, könnten sich schon morgen als falsch erweisen (vgl. S. 61). Doch während in der Physik bis zu einem gewissen Grade Einigkeit darüber besteht, welche Gesetze gelten, so scheint die Uneinigkeit über die Prinzipien der Philosophie, wie sie schon seit den Vorsokratikern besteht, weiterzugehen, wenn auch auf anderer begrifflicher Ebene. Es wird so wohl eine Illusion bleiben, diesen prinzipiellen Dissens in der Philosophie durch Verwissenschaftlichung in einen Konsens überführen zu können. In der Philosophie, d.h. dem menschlichen Wissensstreben selber, scheint nämlich ein Anspruch zu liegen, der sich der Verwissenschaftlichung erfolgreich widersetzt.

Doch ist andererseits eine scharfe Unterscheidung zwischen Wissenschaft und Kunst, wie die zwischen subjektiv und objektiv, eine kaum durchführbare Grenzziehung. Die Philosophie hat sich vielmehr als etwas so Plastisches erwiesen, daß jeder Versuch, sie zu eng zu fassen, verfehlt wäre. Wie die Philosophie selber keine scharfen Grenzen hat, die sie von der „Nichtphilosophie“ absetzen würde, so gibt es auch keine scharfen Grenzen zwischen Philosophie, Wissenschaft und Kunst. Bereits in der Form gehört eine gewisse Vielfalt zur Philosophie. Eine nur wissenschaftliche oder eine nur subjektive Philosophie hat es wohl noch nie rein gegeben, wohl aber unterschiedliche Grade von Subjektivität und Objektivität. Die klassischen Philosophen der Vergangenheit und Gegenwart haben ihre Lebenszeit damit verbracht, die objektive Wahrheit zu suchen, der sie aber alle nur ihren subjektiven Ausdruck geben konnten. Da sie das gut und unverwechselbar getan haben, so sind die meisten bedeutenden Werke der Philosophie von Platons „Staat" (um 365 v. Chr.) bis hin zu L. Wittgensteins „Philosophischen Untersuchungen" (1954) auch literarische Werke: Form und Gehalt lassen sich in ihnen nicht trennen, sondern die literarische Form ist ein Teil des Gehalts.

So kann uns die Rahmenerzählung eines platonischen Dialogs einiges über den Gehalt des Dialogs sagen. Ein großes philosophisches Werk kennt sozusagen keine Zufälle und macht wie ein guter platonischer Dialog keinen Schritt vergebens. Große Philosophie schließt also nicht aus, sondern geradezu ein, daß sie auch der gestaltete Ausdruck eines großen Menschen ist: „Je größer der Mensch, umso wahrer die Philosophie",[16] meint Oswald Spengler (1880–1936). „Wahrer" ist hier wohl im übertragenen Sinne von bedeutsamer und reicher zu verstehen. Umgekehrt hat sich der Platoniker Alfred Edward Taylor (1869–1945) nicht geschämt, seine Unsicherheit auch zu bekennen: „Aber wir können es alle zu unserem Ziel machen, daß unsere Philosophie, wenn wir eine haben, nicht Sache von Oberflächenmeinungen, sondern der genuine Ausdruck einer ganzen Persönlichkeit ist. Da ich nie fühlen kann, daß [David] Humes [1711–76] eigene Philosophie das war, muß ich mich zu einer Unsicherheit bekennen, die mich oft befällt, nämlich ob Hume wirklich ein großer Philosoph war oder nur ein ‚sehr kluger Mann'".[17]

5. Philosophie als Ideal

Wie der Ausdruck „Philosoph", so hat aber auch der der „Philosophie" nicht nur eine beschreibende, sondern auch eine wertende Bedeutung: Wie die Erkenntnis der objektiven Wahrheit, so ist auch die Philosophie ein Ideal, das wohl in Annäherungen, aber noch nie vollständig realisiert worden ist. Der Grund ist neben aller menschlichen Unzulänglichkeit auch die Schwierigkeit der Fragen, welche die Philosophie stellt. Zwar kann man sich darüber wundern, daß wir leben können, ohne wenigstens die uns persönlich betreffenden philosophischen Fragen gelöst zu haben. So durchlebte wohl nicht nur Lewin in Leo Nikolajewitsch Tolstois (1828–1910) Roman „Anna Karenina" qualvolle Augenblicke, weil er keine Antwort auf Fragen wie die folgenden fand: „Ohne zu wissen, was ich bin und wozu ich hier bin, kann ich nicht leben. Doch ich kann es nicht wissen, also kann ich nicht leben".[18]

Doch sobald wir anfangen, philosophische Fragen zu lösen, so fühlen wir über kurz oder lang unser Ungenügen, sie endgültig zu lösen. Gleichwohl müssen wir leben und philosophieren oder es wenigstens versuchen. Denn die wichtigsten theoretischen Fragen, die sich der Mensch stellen kann, sind die philosophischen Fragen. Der menschliche Geist hat überdies eine unausrottbare Tendenz, diese Fragen zu stellen. Alle Menschen, sagt Aristoteles, streben von Natur nach Wissen.[19] Alle Menschen, so könnte man auch sagen, streben von Natur nach der Philosophie. Denn der menschliche Geist ist von Natur aus philosophisch. Die Philosophie ist die Erfüllung dieses Strebens nach Wissen, das jedoch meist nur der Möglichkeit nach vorhanden, oft an seiner Entfaltung gehindert und irregeführt wird.

„Die Musik entfaltet mich", soll Goethe gesagt haben. Ähnliches tut die Philosophie. Sie entfaltet unser Verständnis von Grundbegriffen. Aber erschwerend kommt hinzu, daß dieser Entfaltung nicht nur äußere, sondern auch innere Gründe entgegenstehen. Diese liegen wesentlich in der „Schwäche der Reden“[20] (Platon), mit denen wir die Begriffe zu entfalten versuchen. Denn die Reden bedienen sich unserer Erkenntnismittel, z.B. Name, Definition, Bild und Begriff. Diese Erkenntnismittel geben uns noch nicht das gesuchte Wesen, sondern nur „Beschaffenheiten“ bzw. „Erscheinungen“ oder „Aspekte“ des Wesens. Sie zeigen es *so*, wie es sich in ihrer Perspektive zeigt. Sosehr wir also suchen, was Sein, Erkenntnis, Sprache, Wahrheit, Gutes „wirklich“ sind, sowenig finden wir, *was* sie „wirklich“ sind. Wir finden ihr Wesen nur *so*, wie es sich in der Perspektive unserer Erkenntnismittel zeigt.

Der Philosoph scheint dazu bestimmt zu sein, das, was er sucht, nicht zu finden. Seine Seele sucht das Was oder das Wesen.[21] Dieses Suchen ist in eine philosophische Seele gleichsam eingepflanzt. Vielleicht ist es sogar im Interesse von fast jedermann. So läßt Platon Sokrates fragen: „Oder glaubst du nicht, es liege im Interesse fast aller Menschen, daß ihnen jedes Ding in seinem Wesen klar wird?“[22] So schreibt auch Aristoteles: „Und zu wissen glauben wir dann um ein jedes am meisten, wenn wir erkennen, was der Mensch ist oder das Feuer, mehr als wenn das Wiebeschaffen, das Wiegroß oder das Wo ...“.[23] Selbst wenn wir bestreiten, daß es ein Wesen gibt, setzen wir noch ein Wesen voraus. Auch dann, wenn wir z.B. mit L. Wittgenstein kein Wesen der Sprache, sondern nur „Familienähnlichkeiten“ zwischen Sprachen gelten lassen,[24] setzen wir noch ein Wesen der Sprache voraus. „Familienähnlichkeit“ bedeutet Gemeinsamkeit und Verschiedenheit zwischen Familienmitgliedern, auf Sprachen angewandt, bedeutet sie Gemeinsamkeit und Verschiedenheit zwischen Sprachen. Deshalb setzt sie noch etwas Gemeinsames zwischen Sprachen, d.h. ein Wesen der Sprache, voraus.[25]

Doch die Erkenntnismittel selber halten der Seele nur das vor, was sie nicht sucht, nämlich nicht das Wesen, sondern nur „Beschaffenheiten“, „Erscheinungen“ oder „Aspekte“ des Wesens, z.B. „Familienähnlichkeiten“. Der Philosoph scheint so dazu bestimmt, wenn er mit einem Problem kämpft und vorankommen will, auch der Niederlage entgegenzugehen. Etwas dramatisch wurde das so formuliert: „Immer schreitet er der Niederlage entgegen, und schon ehe er in den Kampf eintritt, trägt er die Wunde an der Schläfe“.[26]

Hier wollen wir nur einen kleinen Spaziergang durch die Philosophie machen. Sonniger drückt denn auch Rainer Maria Rilke (1875–1926) die Erfahrung philosophischen Ungenügens in seinem nachgelassenen Gedicht „Spaziergang“ (1924) aus:

„Schon ist mein Blick, am Hügel, dem besonnten,
dem Wege, den ich kaum begann, voran.
So faßt uns das, was wir nicht fassen konnten,
voller Erscheinung, aus der Ferne, an –

und wandelt uns, auch wenn wir's nicht erreichen,
in jenes, das wir, kaum es ahnend, sind:
ein Zeichen weht, erwidernd unserm Zeichen …
Wir aber spüren nur den Gegenwind.“

II. Sprache

1. Sprechen als Handeln

Wir beginnen mit der Sprache. Heute können wir kaum mehr unmittelbar mit dem Sein oder unmittelbar mit der Erkenntnis beginnen. Es ist vielmehr methodisch zweckmäßiger, uns zuerst auf das äußere Mittel zurückzuwenden, womit wir über das Sein oder die Erkenntnis philosophieren. Sosehr nun die Sprache ein Mittel der Philosophie ist, so schwierig ist es, dieses Mittel zu beschreiben. Da wir die Sprache fast immer gebrauchen, steht sie uns nahe. Wenn wir über die Sprache sprechen, ist es fast so, wie wenn wir über uns selber sprächen. Nun ist es schwierig, über sich selber angemessen zu sprechen. Ebenso schwierig ist es, über die Sprache angemessen zu reden.

Ein Aphorismus von Georg Christoph Lichtenberg (1742–1799) weist uns jedoch auf folgendes hin: „Die Worte sind eine Art von Buchstabenrechenkunst für die natürlichen Zeichen der Begriffe, welche in Gebärden und Stellungen besteh[hen], die Casus der Substantiven sind die Zeichen“.[27] Danach sind die natürlichen Zeichen der Begriffe nicht Worte, sondern Gebärden und Stellungen. Die Worte sind nur Abkürzungen für diese natürlichen Zeichen. Die Sprache aber ist ursprünglich nicht eine Wort-, sondern eine Körpersprache. Auch die Wortsprache benützt Körperteile, nämlich Kehlkopf und Mund. Auch sie ist insofern eine Körpersprache. Daß wir uns des Kehlkopfes und Mundes zum Sprechen bedienen, ist keineswegs notwendig. Es ist vielmehr ein Ergebnis der Entwicklung des Menschen aus anderen Lebensformen, ein Ergebnis der Evolution.

Die Evolution könnte auch anders verlaufen sein. Wir könnten auch nur mit den Händen oder Füßen oder nur mit dem Bauch reden, wiewohl dadurch die Mitteilung komplizierter Sachverhalte erschwert wäre. Daß das Sprechen aber zuerst ein körperliches Verhalten und die Wortsprache gleichsam nur ein Ausbau unseres Verhaltens ist, hat eine wichtige Konsequenz. Wie die Bewegung eines Körperteils, z.B. der Füße und Hände, so ist auch der Gebrauch der Sprechwerkzeuge ein Handeln. Wie wir körperliche Handlungen vollziehen, wenn wir gehen, rennen, winken, grüßen, so führen wir auch Sprechhandlungen aus, wenn wir sprechen. So fragt bereits Sokrates: „Ist nicht auch das Sprechen eine der Handlungen?“.[28]

Das wird noch deutlicher, wenn wir die Sprache mit einem Spiel, etwa einem Schachspiel, vergleichen. Wie wir nämlich Handlungen vollziehen, wenn wir die einzelnen Figuren bewegen, so auch, wenn wir die Wörter gebrauchen. L. Wittgenstein führt den Begriff der Sprachhandlung denn auch folgendermaßen ein: „Die Sprache ist für uns ein Kalkül; sie ist durch die *Sprachhandlungen* charakterisiert“.[29] Was hier unter einem Kalkül zu verstehen ist, das wird uns verständlich, wenn wir wieder an eine „Art von Buchstabenrechenkunst“ oder aber an ein Schachspiel denken. Wir haben darin verschiedene Figuren, den König, die Dame, den Turm usw. Diese sind durch die Regeln bestimmt, nach denen wir mit ihnen spielen. Ebenso haben wir in der Sprache verschiedene Wörter. Diese sind durch die Regeln charakterisiert, nach denen wir sie verwenden. Die Sprache kann also insofern als ein Kalkül bezeichnet werden, als sie ein System von sprachlichen Ausdrücken mit den dazugehörigen Handlungsregeln ist. L. Wittgenstein nennt die Sprache und die Tätigkeiten, mit denen sie verwoben ist, auch ein Spiel, das Sprachspiel: „Ich werde auch das Ganze: der Sprache und der Tätigkeiten, mit denen sie verwoben ist, das ‚Sprachspiel‘ nennen“.[30] Da die Sprache jedoch im Sprechen wurzelt, ist es üblich geworden, nicht von Spr*a*ch-, sondern von Spr*e*chhandlungen oder Sprechakten zu reden. So hat John Rogers Searle (*1932) ein Buch geschrieben, das den Titel trägt: „Sprechakte“ (1969). Ein Sprechakt ist die Hervorbringung eines sprachlichen Ausdruckes nach bestimmten Regeln.[31]

Wie wir nun auf verschiedene Art und Weise und zu verschiedenen Zwecken körperliche Handlungen ausführen, so können auch Sprechhandlungen von verschiedener Art sein und verschiedenen Zwecken dienen. L. Wittgenstein führt in den „Philosophischen Untersuchungen" folgende Beispiele an:

„Befehlen, und nach Befehlen handeln – / Beschreiben eines Gegenstandes nach dem Ansehen, oder nach Messungen – / Herstellen eines Gegenstands nach einer Beschreibung (Zeichnung) – / Berichten eines Hergangs – / Über den Hergang Vermutungen anstellen – / Eine Hypothese aufstellen und prüfen – Darstellen des Ergebnisses durch Tabellen und Diagramme – / Eine Geschichte erfinden; und lesen – / Theater spielen – / Reigen singen – / Rätsel raten – / Einen Witz machen; erzählen – / Ein angewandtes Rechenexempel lösen – / Aus einer Sprache in die andere übersetzen – / Bitten, Danken, Fluchen, Grüßen, Beten."[32]

2. Drei Funktionen des sprachlichen Handelns

Wie sich das Leben entwickelt, so können sich auch immer wieder neue Funktionen des Sprechens herausbilden, wohingegen andere sterben. Hier möchte ich nur drei hervorheben, welche besonders häufig vorkommen, nämlich die beschreibende, die ausdrückende oder expressive und die handlungsanleitende Funktion.

Unter der beschreibenden Funktion der Sprache versteht man die Bildung wahrer oder falscher Sätze, die richtige oder unrichtige oder auch nur wahrscheinliche Informationen übermitteln. Diese Funktion der Sprache finden wir insbesondere in Wetterberichten, Börsenberichten, Berichten über Straßenzustände usw.

Die expressive Funktion finden wir in Ausrufen wie z.B. „Au!", „Oh!", „Hei!". Sie herrscht aber auch in Gedichten vor, wie z.B. in den Zeilen Gottfried Benns (1886–1956): „Rosen, gottweißwoher so schön, / in grünen Himmeln die Stadt / abends / in der Vergänglichkeit der Jahre!" Niemand wird hier den Dichter falscher Information bezichtigen, wenn er den abendlichen Himmel als grün bezeichnet. Hier ist die Frage nach der Wahrheit oder Falschheit offenbar zweitrangig gegenüber der von Hoffnung angehauchten Melancholie, welche den alternden Dichter beim Anblick von Rosen überfällt. Diese expressive Funktion braucht dabei keineswegs nur Gefühle auszudrücken. Sie kann auch Gefühle hervorrufen, genausogut wie das Weinen eines Kindes, einer Frau oder eines Mannes ein Gefühl ausdrükken und Gefühle hervorrufen kann.

Schließlich haben wir noch die handlungsanleitende Funktion. Sie kommt in Befehlen vor, wie z.B. „Achtung, stehen!" und Bitten, wie „Ich bitte, sich von den Plätzen zu erheben!".

Diese drei zentralen Funktionen der Sprache treten jedoch nur selten in ihrer reinen Form auf. Sehr oft bringen Gedichte auch Informationen zum Ausdruck, enthalten wissenschaftliche Berichte auch Ausrufe, Wertungen, die zwar sachlich formuliert scheinen, aber nicht immer sachlich sind: „Sie sprechen von der Sache und meinen sich..." (Karl Kraus, 1874–1936). Ebenso selten kommt die befehlende Funktion der Sprache isoliert vor, außer etwa beim Militär oder im Umgang mit Kindern und Tieren. Erwachsenen kann man in der Regel nicht einfach etwas befehlen. Es genügt auch nicht, jemandem nur einen Einzahlungsschein zu übersenden, etwa mit der Aufschrift „Für die Armen!". Man muß vielmehr zusätzliche Informationen über die Art und Weise der Armut und den Zweck der Spende geben und damit deutlich machen, daß hier nicht nur Spendefreudigkeit ausgenutzt, sondern das Geld sinnvoll eingesetzt werden soll. Gesetzt aber der Fall, man sei schon überzeugt, daß die Sache einem positiven Zweck diene, so müssen auch noch gute Gefühle für den guten Zweck geweckt werden. Es braucht also noch die expressive Funktion der Sprache, um Gefühle hervorzurufen. Das heißt: Die drei verschiedenen Funktionen der Sprache sind keineswegs getrennt voneinander. Eine wirksame Mitteilung bedient sich vielmehr aller drei – und darüber hinaus weiterer – Funktionen miteinander.

Nun scheinen diesen drei Funktionen der Sprache auch drei verschiedene grammatikalische Formen zu entsprechen: Die beschreibende Funktion findet sich vorwiegend in Behauptungssätzen, die expressive in Ausrufesätzen und die befehlende oder handlungsanleitende in Befehlssätzen. Man scheint also von der grammatikalischen Form des Satzes unmittelbar auf die Funktion schließen zu können. Dem ist aber nicht so. Wie dasselbe Lächeln mehrdeutig sein, also z.B. Zuneigung, Ironie oder Schadenfreude andeuten kann, so kann dieselbe Sprechhandlung verschiedenen Funktionen dienen. Der Behauptungssatz „Es war sehr schön!" kann nach einem Vortrag das Gefühl ausdrücken, daß der Vortrag sehr gut war. Er kann nach einem schönen Abend aber auch die Einladung des Gastgebers bekunden, daß die Gäste wiederkommen sollen, wie er auch – unter den entsprechenden Umständen geäußert – eine Wendung sein kann, um die Gäste zum Aufbruch zu veranlassen. Viele Gedichte und Gebete tragen das Gewand von Behauptungssätzen, drükken aber in Wirklichkeit vorwiegend ein Gefühl aus. So schreibt der Psalmist: „Über Löwen und Ottern wirst du schreiten, wirst zertreten Leuen und Drachen."[33] Er will damit wohl vorwiegend ein Gefühl von Sicherheit ausdrükken. Ein Befehl kann in die Form eines Frage- oder Wunschsatzes gekleidet sein. Man sagt „Könnte ich einen Kaffee haben?" statt „Bringen Sie mir einen Kaffee!". Die Höflichkeit gebietet auch, dies zu tun. Ein Ausruf, wie z.B. „Wie schön ist es hier!", kann auch handlungsanleitende Funktion haben, etwa die, jemanden zum Bleiben zu veranlassen. Das heißt: Die grammatikalische Form gibt oft einen Hinweis auf die Funktion. Es herrscht aber kein notwendiger Zusammenhang zwischen grammatikalischer Form und Funktion.

Es gibt nicht einmal einen notwendigen Zusammenhang zwischen Inhalt und Funktion. Wenn wir z.B. über das Wetter sprechen, so wollen wir in der Regel nicht einen Wetterbericht abgeben. Wir wollen vielmehr ein Gespräch einleiten oder einfach etwas sagen: „Wann immer man über das Wetter spricht, dann bin ich sicher, daß man über etwas anderes zu sprechen wünscht" (Oscar Wilde, 1854–1900). Jemand kann „Ja" sagen und „Nein" meinen oder umgekehrt. Bei einem Brief muß man manchmal nicht nur in den Zeilen, sondern auch zwischen den Zeilen lesen. Wenn Sokrates nach einer Kleinigkeit fragt, meint er mit dieser Kleinigkeit das Wichtigste. So scheint dem Menschen seine Sprache tatsächlich manchmal deshalb gegeben, um mit ihr seine Gedanken zu verbergen. Entscheidend ist aber, daß es kein mechanisches Verfahren gibt, das uns gestattet, von der Form (oder dem Inhalt) eines Satzes auf dessen Funktion zu schließen. Dies ist vielmehr Sache der nur durch Erfahrung und Nachdenken zu erlernenden Auslegung der Bedeutung der einzelnen Sprech- bzw. Schreibhandlungen. Erst diese Auslegungen sagen uns, was die Sprechhandlungen bedeuten.[34]

3. Ausdruck und Bedeutung

Doch wie kommen wir von der bloßen Gestalt eines Ausdrucks auf die Bedeutung? Die Bedeutung erscheint ja nicht getrennt vom Ausdruck. Wenn wir jemanden ein Wort oder einen Satz sprechen hören, so hören wir nicht nur Geräusche, sondern nehmen auch einen Inhalt wahr. Wenn wir einen Buchtitel oder eine Überschrift lesen, so erfassen wir nicht nur Buchstaben, sondern auch ein Thema. Wenn wir das Wort „Achtung!" lesen, so lesen wir nicht die Buchstaben A, c, h usw., sondern verstehen eine Warnung. Wenn wir aber ganz unerwartet lesen „Achtung! Steinschlaggefahr!", so erfahren wir vielleicht einen kleinen Schock. Wenn wir uns geärgert haben und plötzlich den Kalenderspruch erblicken „Mensch, ärgere dich nicht!", so beginnen wir vielleicht zu lachen. Wir nehmen also nicht nur Buchstaben, sondern auch einen Inhalt wahr. Unter einem Wort aber verstehen wir in der Regel sowohl das physikalische Ereignis – das Bündel von Schallwellen oder das Gekritzel auf dem Papier – als auch seine Bedeutung. Ebenso verstehen wir unter einem Satz in der Regel sowohl das physikalische Ereignis als auch seine Bedeutung.

So jedenfalls nehmen wir die gesprochene und geschriebene Sprache unmittelbar wahr. Was wir unmittelbar wahrnehmen, das nennt man auch Erscheinung oder Phänomen. „Phänomen" kommt vom griechischen Wort phainómenon. Das heißt „das, was erscheint". In der von E. Husserl begründeten und von Martin Heidegger (1889–1976) weitergeführten Phänomenologie oder Lehre von den Erscheinungen aber wird der Ausdruck zu einem Fachterminus für eine bestimmte Methode, Gegenstände zu betrachten. Entscheidend für diese Methode ist, daß sie von allem Vorwissen abzusehen und die Gegenstände so zu sehen versucht, wie sie sich von sich selber her zeigen. Erst ein so gesehener Gegenstand wird zu einem Phänomen im Sinne der Phänomenologie und ist in einer Bestimmung, die M. Heidegger gegeben hat, „das Sich-an-ihm-selbst-zeigende".[35] Was sich an ihm selbst zeigt, ist allerdings häufig mittels unserer vorgefaßten Meinungen verdeckt. In diesem Sinne können wir die Aufdeckung dessen, was unserer Wahrnehmung unmittelbar gegeben ist, als den phänomenalen Befund bezeichnen.

Den phänomenalen Befund aber können wir in seine Elemente auflösen. Etwas auflösen heißt, etwas analysieren. Analysieren kommt von dem griechischen Wort analýō, d.h. ich löse auf. Wenn wir aber den erwähnten phänomenalen Befund in seine Elemente analysieren, dann haben wir den Ausdruck bzw. die Ausdrucksgestalt von der Bedeutung zu unterscheiden. Der Ausdruck ist das einmalige Vorkommen eines Wortes, die Ausdrucksgestalt dagegen ist die sich wiederholende Gestalt dieses Wortes. So ist der Ausdruck „Achtung" das einmalige Vorkommnis dieses sprachlichen Zeichens hier und jetzt. Die Ausdrucksgestalt des sprachlichen Zeichens „Achtung" dagegen kommt immer wieder vor. Wir können sie im Straßenverkehr, in der Eisenbahn, im Flughafen und anderswo lesen. Nun sind die Ausdrücke „Achtung", „Attention", „Attenzione" im Deutschen, Französischen und Italienischen sowohl hinsichtlich ihres Vorkommens als auch ihrer Gestalt verschieden. Ebenso die Sätze „Achtung bitte!", „Attention s'il vous plaît!", „Attenzione per favore!". Gleichwohl gehen wir davon aus, daß die Bedeutung vielleicht nicht in allen Nuancen, aber im Prinzip dieselbe ist. Deshalb können Bedeutung und Ausdruck bzw. Ausdrucksgestalt nicht dasselbe sein. Der Ausdruck bzw. die Ausdrucksgestalt gehört in die Syntax, die Bedeutung aber in die Semantik.

Syntax kommt vom griechischen Verb syntáttō, d.h. ich stelle zusammen, ordne an. Unter Syntax verstehen wir in der Schulgrammatik die Satzlehre. Unter Syntax versteht man aber in der Sprachphilosophie nach einer durch den amerikanischen Philosophen Charles William Morris (1901–1979) eingeführten Terminologie die Lehre von den „Kombinationen der Zeichen ohne Bezugnahme auf ihre spezifischen Bedeutungen oder ihre Beziehung zum Verhalten, worin sie vorkommen".[36]

Semantik dagegen kommt vom griechischen Verb semaínō, d.h. ich gebe ein Zeichen, bezeichne. Die Semantik ist die Lehre von dem, was diese Ausdrücke oder Ausdrucksgestalten bezeichnen. Sie bezeichnen aber Bedeutungen. So ist die Semantik wieder nach der Sprachregelung von C. W. Morris die Lehre von der „Bedeutung der Zeichen in allen Arten und Weisen des Bezeichnens".[37] Die Bedeutungen der Zeichen beziehen erst die Ausdrücke oder Ausdrucksgestalten auf die Dinge. Deshalb ist die Semantik nicht mehr wie die Syntax nur die Lehre von den Beziehungen zwischen den Ausdrücken. Sie ist vielmehr auch die Lehre von den Beziehungen zwischen den Ausdrücken und den Dingen.

4. Was ist die Bedeutung eines Ausdrucks?

Wie kommen wir nun von der Syntax zur Semantik? Denn die bloße Syntax allein kann nicht die Semantik liefern. Es muß etwas Neues hinzukommen, das der Syntax bzw. den physikalischen Gebilden die zusätzliche Dimension der Bedeutung gibt. Was ist dieses Neue? Es ist nicht so klar faßbar wie die physikalischen Ereignisse und Ereignisgestalten. Trotzdem gibt es dieses, denn sonst hätten die Ausdrücke bzw. Ausdrucksgestalten keine Bedeutung.

Die nächstliegende Antwort lautet: Vorstellungen machen aus bloß syntaktischen bzw. physikalischen auch sprachliche Ereignisse. Vorstellungen aber sind nicht physikalische Ereignisse, sondern seelische. Seelische Ereignisse also verleihen den Ausdrücken die Bedeutung. Diese These ist bereits von Aristoteles vertreten worden:

„Es sind nun die stimmlichen Verlautbarungen Symbole der Vorstellungen in der Seele, und das Geschriebene ist [Symbol] der stimmlichen Verlautbarungen. Und wie die Schriften nicht bei allen dieselben sind, so auch nicht die Stimmen. Wovon diese [Stimmen und Schriften] aber zuerst Zeichen sind, das sind für alle dieselben Vorstellungen der Seele. Dasjenige aber, dem diese [Vorstellungen] ähnlich sind, das sind auch dieselben Dinge."[38]

Das Geschriebene ist so Symbol der stimmlichen Verlautbarungen. Doch während Schrift und Stimme von

Mensch zu Mensch verschieden sind, so sind dagegen die Vorstellungen in der Seele dieselben. Auch die durch die seelischen Vorstellungen dargestellten Dinge sind dieselben. In einem Dreieck – dem sogenannten „semiotischen Dreieck“[39] – läßt sich dieses Verhältnis so darstellen:

Vorstellung

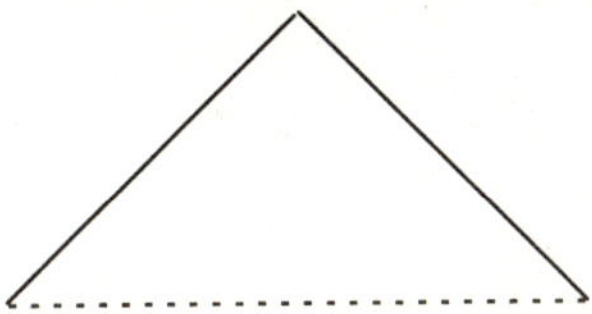

Lautzeichen
Schriftzeichen

Ding

Die Schriftzeichen verweisen auf die Lautzeichen, die Lautzeichen auf die Vorstellungen und die Vorstellungen auf die Dinge. Entscheidend ist, daß die Worte nicht unmittelbar auf die Dinge verweisen, sondern nur mittels der Vorstellungen von den Dingen.[40] Das Wort „Haus“ bezieht sich nicht unmittelbar auf das Ding Haus, sondern nur mittels der Vorstellung von einem Haus.

Doch ergibt sich hier ein Einwand, den G. Frege geäußert hat: „Vorstellungen bedürfen eines Trägers. Die Dinge der Außenwelt sind im Vergleich damit selbständig“.[41] Ein Träger einer Vorstellung ist derjenige, der eine Vorstellung hat. Wie ist es möglich, daß Vorstellungen verschiedene Träger haben und doch dieselben sind? Ich habe meine Vorstellungen von einem Haus und Sie haben Ihre. Ich denke an ein Hochhaus, Sie vielleicht an Goethes Gartenhaus. Nun können wir aber nicht unsere Vorstellungen mit Vorstellungen anderer unmittelbar vergleichen. Denn wir können nicht ins Bewußtsein von anderen Menschen schlüpfen und nachschauen, ob ihre Vorstellungen dieselben wie die unsrigen sind – so sehr sich vielleicht ein Dichter wünschen mag, seine Gedanken so weiterzugeben, wie er sie denkt.

So schreibt Heinrich von Kleist (1777–1811) in seinem „Brief eines Dichters an einen anderen“: „Wenn ich beim Dichten in meinen Busen fassen, meinen Gedanken ergreifen, und mit Händen ohne weitere Zutat in den Deinigen legen könnte: so wäre die Wahrheit zu gestehn, die ganze innere Forderung meiner Seele erfüllt.“

Doch gesetzt auch, wir könnten ins Bewußtsein von anderen Menschen schlüpfen. Welches wäre dann das Vergleichskriterium, nach dem sich erst beurteilen läßt, ob ihre Vorstellungen von einem Haus dieselben wie die unsrigen sind? Jedes Vergleichskriterium könnte wiederum nur eine Vorstellung sein, für die es wieder ein Kriterium bräuchte, um zu wissen, ob sie, wenn ich ins Bewußtsein anderer Menschen schlüpfe, noch diesselbe sei, usw. bis ins Unendliche.[42] Die Bedeutung eines Ausdruckes kann also nicht eine Vorstellung sein, da eine Vorstellung subjektiv oder privat ist. Die Bedeutung ist aber nicht subjektiv oder privat.

Um diesem Einwand, daß Vorstellungen subjektiv sind, zu begegnen, hat sich G. Frege den „Sinn“ ausgedacht. Dieser ist die „Art des Gegebenseins“ eines Gegenstandes, „dies Wort im weitesten Umfange genommen“.[43] Wie der Gegenstand ist der Sinn nicht von Mensch zu Mensch verschieden, also subjektiv, sondern objektiv. Danach beziehen sich die Wörter nicht direkt über die Vorstellungen auf die Dinge, sondern über die Vorstellungen *und* den Sinn. Im semiotischen Dreieck läßt sich dieses Verhältnis so wiedergeben:

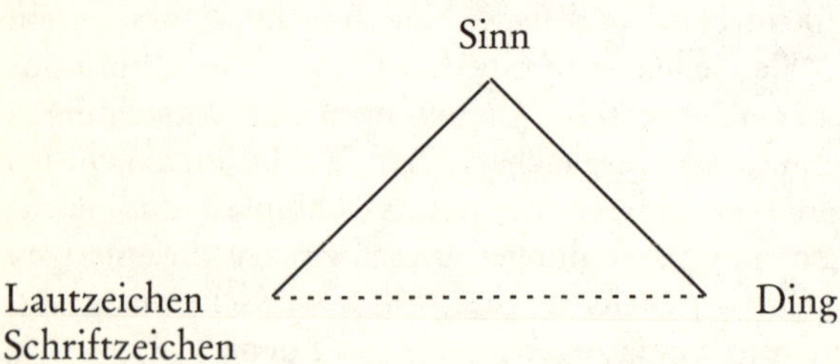

Doch läßt sich auch hier wieder dieselbe Frage stellen, die wir schon an unsere Vorstellungen richten konnten. Daß Vorstellungen jeweils dieselben sind, ist ja nur eine Forderung, für die bis jetzt noch kein Beweis erbracht werden konnte und sich wohl auch keiner erbringen läßt (vgl. S. 42). Ebenso ist es auch nur eine Forderung, daß der „Sinn" bzw. die „Art des Gegebenseins" eines Gegenstandes jeweils dieselben sind. Zwar ist es eine berechtigte und völlig plausible Forderung, daß wir im Grunde doch dasselbe meinen, wenn wir „Haus" sagen. Denn sonst könnten wir uns ja nicht über die verschiedenen Häuser verständigen. Doch worin liegt das Kriterium für die Identität des Sinnes? Es soll ja unabhängig vom Verhalten bestehen, durch das wir bekunden, daß wir wissen, was ein Haus ist, wenn wir auf die Aufforderung hin „Geh in ein Haus!" in ein Haus gehen. Die Konstruktion eines jeweils selbigen Sinnes scheint hier noch künstlicher als die Annahme von Vorstellungen, um die Tatsache der Verständigung mit Worten zu erklären. Deshalb scheint vielen Philosophen der jeweils selbige Sinn dunkel.

Nach L. Wittgensteins „Philosophischen Untersuchungen" ist es denn auch weder die Vorstellung noch der Sinn, der einem Ausdruck seine Bedeutung verleiht, vielmehr kann man die Bedeutung des Wortes „Bedeutung" für viele Fälle seiner Benützung so erklären: „Die Bedeutung eines Wortes ist sein Gebrauch in der Sprache".[44] Der Gebrauch macht das physikalische Ding – das Bündel von Schallwellen oder das Gekritzel auf dem Papier – zum sprachlichen Zeichen. Im semiotischen Dreieck ließe sich diese Beziehung wieder so darstellen:

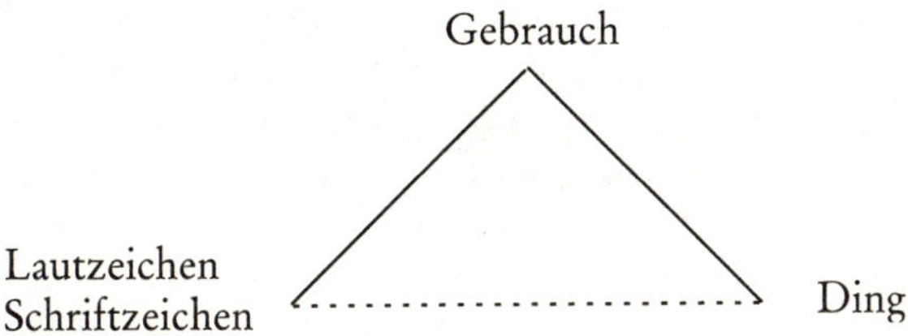

Das heißt also: Weder die Vorstellung noch der Sinn verleiht einem Ausdruck die Bedeutung, sondern erst der Gebrauch bezieht den Ausdruck auf das Ding. Der Sprachgebrauch nun orientiert sich an den Gepflogenheiten der Wortverwendung. Wann aber folgen wir derselben Gepflogenheit, ein Wort zu verwenden?

5. Bedeutung und Regel

Diese Frage bezieht sich auf einen besonderen Fall davon, daß wir einer Regel folgen. Wenn wir einen Ausdruck zur Bezeichnung eines Dinges verwenden, so tun wir das aufgrund einer Regel. Z.B. wenn wir den Ausdruck „Haus" verwenden, folgen wir der Regel, die darin besteht, die entsprechende physikalische Ausdrucksgestalt – die Gestalt des Laut- oder Schriftzeichens „Haus" – zur Bezeichnung des Dinges Haus zu verwenden. Sprechen heißt nichts anderes als Handlungen und d.h. hier Sprechhandlungen nach bestimmten Regeln zu vollziehen. Sprechen ist regelgeleitetes Handeln. Selbigkeit der Bedeutung heißt, daß wir derselben Regel folgen. Was aber heißt es, daß wir derselben Regel folgen?

Die nächstliegende Antwort besteht darin, daß es sich hier um einen Bewußtseinszustand handelt. Doch ein Bewußtseinszustand würde uns wieder auf das bereits angesprochene Problem zurückwerfen, nämlich auf den Umstand, daß Bewußtseinszustände subjektiv sind und noch nicht das Gemeinsame abgeben, das uns gestattet, derselben Regel zu folgen. Ferner kann mich – ähnlich wie die Erinnerung – ein Bewußtseinszustand darüber, ob ich jeweils derselben Regel folge oder nicht, auch täuschen. Er allein gibt mir noch kein Kriterium dafür ab, ob ich derselben Regel nur zu folgen glaube oder tatsächlich folge. L. Wittgenstein formuliert das so: „Darum ist ‚der Regel folgen' eine Praxis. Und der Regel zu folgen *glauben* ist nicht: der Regel folgen. Und darum kann man nicht der Regel ‚privatim' folgen, weil sonst der Regel zu folgen glauben dasselbe wäre, wie der Regel folgen".[45] Ein Bewußtseinszustand garantiert also noch nicht, daß ich derselben Regel folge. Ein Bewußtseinszustand ist etwas in mir oder ein „innerer Vorgang". Doch: „Ein ‚innerer Vorgang' bedarf äußerer Kriterien".[46]

Eine andere mögliche Antwort besteht darin, daß es eine Disposition ist, die uns veranlaßt, jeweils derselben Regel zu folgen. Eine Disposition ist eine Geneigtheit. Doch ergeben sich hier wieder zwei Einwände. Einmal sagen die Regeln der Wortverwendung, wie wir die Wörter verwenden sollen. Das heißt: Es sind Regeln des Handelns, und sie sind normativ. So wird von mir in der deutschen Sprachgemeinschaft verlangt, den Ausdruck „Haus" und nicht etwa einen Phantasieausdruck zu verwenden, wenn ich ein Haus bezeichne. Zwar kann ich ein Haus so nennen, wie ich will, z.B. „Saus". Doch wenn ich anderen sagen will, daß, obwohl „Saus" zwar mein Haus bezeichnet, ich doch nicht in „Saus" lebe, so muß ich mich den Regeln der Sprachgemeinschaft beugen, indem ich wieder das Wort „Haus" verwende. Eine Geneigtheit erklärt, warum man etwas tut, nicht aber, warum man etwas tun soll, nämlich den Normen der Sprachgemeinschaft entsprechend handeln. Weiterhin kann ich die Ausdrucksgestalt „Haus" auf beliebig viele Häuser anwenden. Eine Geneigtheit erklärt aber höchstens, warum ich in einer endlichen, begrenzten Zahl von Fällen so handle, nicht aber, warum ich in beliebig, d.h. möglicherweise unendlich vielen Fällen so handle und so handeln soll. Eine Geneigtheit sagt mir sowenig wie ein Bewußtseinszustand, weshalb ich in möglicherweise unendlich vielen Fällen dieselbe Ausdrucksgestalt zur Bezeichnung derselben Dinge verwenden soll. Eine Geneigtheit gibt wie ein Bewußtseinszustand noch keine Berechtigung zum Entwurf derselben Ausdrucksgestalt auf beliebig viele neue Dinge, wie in der Nachfolge L. Wittgensteins der amerikanische Philosoph Saul Aaron Kripke (*1940) herausgearbeitet hat.[47]

Es bleibt so nur noch die Möglichkeit übrig, daß es die Gepflogenheiten einer Sprachgemeinschaft sind, die mich veranlassen, Wörter nach bestimmten Regeln zu gebrauchen. Wir folgen also derselben Regel, wenn es uns gelingt, uns zu verständigen. Das ist letztlich trivial. Damit wird allerdings das Problem der Rechtfertigung dafür, daß wir derselben Regel folgen, auch nicht gelöst, sondern nach Ansicht L. Wittgensteins nur aufgelöst, d.h. zum Verschwinden gebracht. Es ist also keineswegs eine seelische Bedeutung oder ein Sinn, welcher die Gebrauchsregel bestimmt, sondern die Gebrauchsregel bestimmt die seelische Bedeutung und den Sinn. Erst wenn ich die Regel verinnerliche, entsteht eine Bedeutung als Vorstellung; erst wenn ich sie nach außen projiziere, entsteht ein Sinn als „Art des Gegebenseins".

Es steht uns natürlich frei, Ausdrücke auch ganz anders zu verwenden, z.B. das Wort „Saus" zur Bezeichnung von Haus zu gebrauchen. Ich kann also für mich eine Privatsprache erfinden, die nur ich verstehe. Doch müßte ich diese Privatsprache nicht nur im Rückgang auf eine öffentliche Sprache auch für mich definieren, indem ich z.B. sage, daß „Saus" für mich „Haus" bedeutet. Ich würde mich mit einer solchen Sprache auch von der Verständigung mit anderen Menschen ausschließen. Genauso, wie ich statt zum Grüßen die Hand zu heben, auch die Hand senken oder einen Handstand machen könnte, aber dafür wohl für verrückt erklärt würde, genauso veranlassen mich die bestehenden Gepflogenheiten einer Sprachgemeinschaft, Sprechhandlungen jeweils nach den Regeln dieser Gemeinschaft zu vollziehen. Wir folgen also einer Regel blind, d.h. ohne Rechtfertigung durch Bewußtseinszustände oder Geneigtheiten. Wir folgen ihr aber nicht zu Unrecht, wenn wir ihr auf Grund eines sozialen Trainings folgen. Die Rechtfertigung oder der Grund, weshalb wir derselben Regel folgen, liegt so in der Wirkursache, d.h. im sozialen Training durch eine Sprachgemeinschaft, dem wir uns von Kindesbeinen an unterworfen haben. So sprechen wir die Worte und Sätze unserer Eltern und Lehrer nach. Unsere Worte sind die Worte von anderen. Wir sprechen die Sprache der Sprachgemeinschaft, in der wir aufgewachsen sind. Wir können auch sagen, daß es die *Institutionen* des Sprachgebrauchs einer Sprachgemeinschaft sind, die uns veranlassen, jeweils derselben Regel zu folgen.

Diese sind in die Lebensformen der jeweiligen Gemeinschaft eingebettet. Sie können sich, wenn auch nur langsam, wandeln. Diese sozialen Lebensformen sind wieder in die biologische Lebensform des Menschen eingebettet. Auch sie kann sich, wenn auch noch viel langsamer, vielleicht im Verlaufe von Jahrtausenden, wandeln. Aber: „Nur im Fluß des Lebens haben die Worte ihre Bedeutung".[48]

Wenn sich eine Philosophie durch das charakterisieren läßt, was sie an Erstaunlichem als etwas Letztes hinnimmt, so sind dies im Fall L. Wittgensteins soziale Tatsachen des Sprachgebrauchs.[49] Sie sind das „Urphänomen", das ich hinzunehmen habe, da ich es nicht mehr weiter auflösen kann. Sie gleichen so einem „harten Felsen", wo sich „mein Spaten zurückbiegt".[50] Jeder Zweifel würde hier sinnlos, da solche Tatsachen erst Voraussetzung des Zweifels sind. So muß sich auch noch jemand, der einen Zweifel ausdrückt, ob wir uns überhaupt sprachlicher Gewohnheiten bedienen, sprachlicher Gewohnheiten bedienen.

Deshalb sind solche zufälligen Erfahrungstatsachen gleichwohl praktisch vom Zweifel ausgenommen. Sie sind aber insofern fundamental, als auch unsere Erkenntnis, soweit wir sie sprachlich ausdrücken können, auf solchen Tatsachen aufbaut. Wollte also jemand zurückfragen, warum wir überhaupt sprachlichen Gewohnheiten folgen, so könnten wir mit L. Wittgenstein erwidern: So handeln wir eben: „Nur beschreiben kann man hier und sagen: so ist das menschliche Leben".[51]

III. Erkenntnis

1. Sinneswahrnehmung und Argument

Zu Erkenntnis kommen wir teilweise durch Sinneswahrnehmung und teilweise durch Nachdenken. Als Prototyp von Erkenntnis aber gilt seit jeher die Sinneswahrnehmung, insbesondere das Sehen. Wir gelangen zu Erkenntnis, indem wir unsere Augen offen halten und mit ihnen die Welt aufnehmen. Würden wir unsere Augen schließen oder erblinden, so würden wir weniger erkennen.

Doch was erkennen wir mit den Augen? Sehen wir z.B. nur „bloße Sinnesdaten“ – z.B. rote Flecken – in unserem Gesichtsfeld? Nein. Wir nehmen „bloße Sinnesdaten“ als etwas wahr, wie uns schon beim Hören von Stimmen und beim Lesen von Texten deutlich wurde. Wenn wir z.B. einen roten Fleck sehen, dann sehen wir vielleicht einen Weinfleck auf dem Tischtuch, wenn wir in den Bergen einen Pfiff hören, dann wohl den Pfiff eines Murmeltiers, wenn wir einen Geruch riechen, dann vielleicht den Geruch von Zigarren, wenn wir etwas Saures schmecken, dann etwas, was so sauer ist wie Zitronensaft, wenn wir z.B. im Dunklen einen kalten Gegenstand betasten, dann erfassen wir ihn als Schlüssel. Dieselbe Gestalt wie z.B.  kann als Briefumschlag, als Hausdach von oben oder als Dachstuhl von unten gesehen werden.

Auch beim Anblick von Menschen nehmen wir in der Regel nicht nur Körper wahr, sondern Männer, Frauen, Kinder, Bankangestellte, Arbeiter, Asylanten, eben der „Menschen buntgemischtes Korps“ (Wilhelm Busch). Der französische Schriftsteller Marcel Proust (1871–1922) schreibt: „Sogar der so einfache Akt, den wir nennen, ‚eine Person sehen, die wir kennen‘, ist teilweise ein geistiger Akt. Wir statten die physische Erscheinung des Wesens, das wir sehen, mit allen Begriffen aus, die wir über es haben, und im Gesamtaspekt dessen, was wir uns vergegenwärtigen, nehmen diese Begriffe sicherlich den größten Teil ein“.[52] Was jemand sieht, das hängt also sowohl davon ab, worauf jemand schaut, als auch davon, „was ihn seine frühere visuell-begriffliche Erfahrung zu sehen gelehrt hat".[53]

Aber nicht nur die alltägliche, sondern auch die wissenschaftliche Wahrnehmung sieht etwas als etwas. So schreibt Thomas Samuel Kuhn (1922–1996) in „Die Struktur wissenschaftlicher Revolutionen" (1962): „... wenn Aristoteles und Galilei schwingende Steine betrachteten, sah ersterer einen gehemmten Fall und letzterer ein Pendel".[54] Auch die Erfahrungswissenschaft kann nicht von reinen Beobachtungsdaten ausgehen, um darauf eine Theorie aufzubauen. Die Beobachtung selber enthält vielmehr schon eine Theorie. Beobachtung und Theorie sind wie verschmolzen. Je mehr wir wissen, desto mehr sehen wir auch etwas als etwas. Je mehr Blumen wir kennen, desto mehr sehen wir einzelne Blumen als bestimmte Blumen, z.B. als Kamelien. Erst wenn wir diese Sinneseindrücke analysieren, können wir „reine" Sinnesdaten von ihrer Deutung zu unterscheiden versuchen, wiewohl es eine scharfe Grenze zwischen Daten und Deutung nicht gibt. Die Sinneswahrnehmung ist also durch „die Brille" unserer Deutungsarbeit vermittelt. Es gibt keine unmittelbare sinnliche Erkenntnis. Unmittelbare sinnliche Erkenntnis ist, wie ein reines Sinnesdatum, eine Abstraktion.

Die Sinneswahrnehmung ist vielmehr eine Beziehung zwischen einer (a) Wahrnehmung und einem (b) Sinnesdatum, das als (c) etwas wahrgenommen wird. Sie ist eine dreigliedrige Beziehung. Am wahrgenommenen Sinnesdatum lässt sich nämlich zweierlei unterscheiden, einerseits der physikalische oder chemische Aspekt und andererseits seine phänomenale Gegebenheit.

Das Sinnesdatum können wir physikalisch oder chemisch analysieren. Ein Blitz z.B. ist eine Lichtbogenentladung von kurzer Dauer, aber grosser Stromstärke und hoher Spannung. Aber wie immer wir das Datum analysieren, es muß eine Wirkung auf unsere Sinnesorgane ausüben, um uns phänomenal gegeben zu sein. So übt die Lichtbogenentladung eine Wirkung auf die Netzhaut unserer Augen aus. Das heißt, daß unser Auge mit seiner Umgebung in einer ursächlichen Beziehung steht und Veränderungen etwa an der Retina durch sie erfährt. Die kausale Theorie der Wahrnehmung behauptet nun, daß diese ursächliche Beziehung *notwendig* dafür ist, daß wir überhaupt eine Sinneserfahrung haben können.

Einige Veränderungen werden nun als Signale an das Nervensystem und Gehirn weitergeleitet. Dort bewirken sie eine Vorstellung, etwa eine Lichtempfindung. Diese wird als Vorstellung von etwas interpretiert, beispielsweise als Vorstellung eines Blitzes. Ähnliches gilt für das Hören, Riechen, Schmecken und Tasten. So z. B. deuten wir bestimmte Schallwellen als den einsamen Gesang einer Amsel vor einem Gewitter. Besonders deutlich aber ist der schöpferische Anteil des Bewußtseins bei mehrdeutigen Gestalten wie z. B. der erwähnten Figur .

Die Erkenntnis durch die Sinne enthält so einen passiven und einen aktiven Teil. Der passive Teil ist das, was der Körper aufnimmt, der Reiz, und das, was der Reiz bewirkt, die Vorstellung. Der aktive Teil dagegen ist, was wir aus dieser Vorstellung machen. Entscheidend bleibt jedoch, daß nach der kausalen Theorie der Wahrnehmung bereits unsere sinnliche Erkenntnis notwendig begrenzt ist. So können wir nicht Dinge wahrnehmen, die keine Wirkung auf unsere Sinnesorgane ausüben oder keine physikalische Energie mit ihnen austauschen. Beispielsweise können wir uns ein Gewitter vorstellen und Ludwig van Beethoven (1770–1827) kann diese Vorstellung in uns während des vierten Satzes seiner Pastoralsymphonie sogar hervorrufen. Aber gleichwohl können wir beim Hören der Pastorale keine zukünftigen Blitze mittels unserer äußeren Augen sehen, da sie keine Wirkung auf unsere Augen ausüben.

Freilich können wir zukünftige Gewitter voraussehen oder vorhersagen. Denn so sehr die Sinneswahrnehmung

Prototyp der Erkenntnis ist, sie ist nicht deren einzige Form. Die Sinneswahrnehmung würde uns nämlich auf die Gegenwart beschränken, keine Rückschlüsse auf die Vergangenheit erlauben und keine Folgerungen für die Zukunft gestatten. Aber auch mit bloßer Sinneswahrnehmung und Erinnerung an empfangene Sinneseindrücke sind wir noch nicht imstande, auch nur ein einziges wissenschaftliches Gesetz zu formulieren. Zudem gibt es Erkenntnisse, die sich allein durch Sinneswahrnehmung nicht gewinnen lassen, nämlich insbesondere mathematische und logische. Wir haben also neben der Erkenntnis durch die Sinne, die zudem durch unsere Deutungsarbeit bedingt ist, eine weitere anzunehmen, die nicht durch die Sinneswahrnehmung, sondern durch Nachdenken geschieht.

Das Nachdenken bedient sich der Vernunft. Unter Vernunft wollen wir die nichtsinnliche Erkenntnis verstehen. Es ist eine nicht durch unsere Sinne, sondern durch die Bedeutung von Wörtern gewonnene Erkenntnis. Die Vernunft zieht im Unterschied zur Sinneswahrnehmung Schlüsse. Zwar beruht auch die Wahrnehmung von etwas als etwas auf Schlüssen: Weil uns unsere bisherige Erfahrung etwas als etwas zu sehen gelehrt hat, deshalb sehen wir etwas als etwas. Doch die bloße Sinneswahrnehmung zieht noch keine Schlüsse. Erst die Vernunft zieht Schlüsse. Diese brauchen nicht eigens formuliert zu werden. Wenn dies aber der Fall ist, dann geschieht dies mit Argumenten.

Ein Argument besteht aus Sätzen, die in einer bestimmten Beziehung zueinander stehen. Diese Beziehung ist die der Folgerung. Die Sätze, welche die Gründe für die Schlußfolgerung enthalten, nennt man Vordersätze oder Prämissen; den Satz, welcher die Schlußfolgerung enthält, Nachsatz oder Konklusion. Ein Argument besteht so aus Prämisse bzw. Prämissen und Konklusion. Zwei von diesen Argumenten sind besonders wichtig, nämlich die deduktiven und die induktiven.

2. Deduktive und induktive Argumente

Vergegenwärtigen wir uns diese beiden Formen von Argumenten an zwei elementaren Beispielen:

Alle Menschen sind sterblich.
Alle Philosophen sind Menschen.
―――――――――――――――
Alle Philosophen sind sterblich.

Das ist ein Beispiel für ein deduktives Argument, das aus zwei Prämissen und einer Konklusion besteht. Der Strich trennt die Prämissen von der Konklusion ab und steht für „Also".

Für deduktive Argumente gilt:

a) Wenn alle Prämissen wahr sind und der Schluß nach gültigen Regeln gezogen wird, dann ist auch die Konklusion mit Notwendigkeit wahr. Die Konklusion eines gültigen deduktiven Argumentes bewahrt so die Wahrheit der Prämissen auf. Sie ist wahrheitsbewahrend. So bewahrt die Konklusion „Alle Philosophen sind sterblich" die Wahrheit der Prämissen „Alle Menschen sind sterblich" und „Alle Philosophen sind Menschen" auf.

Von der Wahrheit der Prämissen und der Konklusion ist aber die Gültigkeit des Argumentes zu unterscheiden. Die Wahrheit bezieht sich auf Prämissen oder auf die Konklusion, die Gültigkeit auf das Argument, das aus Prämissen und Konklusion besteht.

Ein deduktives Argument ist dann gültig, wenn die Bejahung der Prämissen und die Verneinung der Konklusion einen logischen Widerspruch zwischen Prämissen und Konklusion ergibt. Ein logischer Widerspruch ist die Verknüpfung einer Aussage mit der Verneinung dieser Aussage. So z.B. ergibt es einen logischen Widerspruch zu behaupten, daß alle Menschen sterblich und alle Philosophen Menschen, aber nicht alle Philosophen sterblich seien. Denn wenn alle Menschen sterblich und alle Philosophen Menschen sind, so sind auch alle Philosophen sterblich. Die Aussage aber „Alle Philosophen sind sterblich, und alle Philosophen sind nicht sterblich" verbindet eine Aussage mit der Verneinung dieser Aussage. Sie bildet einen logischen Widerspruch. Da so die Bejahung der Prämissen und die Verneinung der Konklusion obigen Argumentes einen logischen Widerspruch ergibt, ist das obige Argument gültig.

Das Argument wäre ebenfalls gültig, wenn sich herausstellen sollte, daß nicht alle Menschen sterblich, sondern einige unsterblich, oder nicht alle Philosophen Menschen, sondern einige Philosophen Un-menschen sind. Denn es ergäbe trotzdem einen logischen Widerspruch, zu behaupten, daß nicht alle Philosophen sterblich sind. Die Gültigkeit eines deduktiven Argumentes beruht also nur auf der logischen Beziehung zwischen den Prämissen und der Konklusion, nicht aber auf deren Wahrheit. So ist auch folgendes deduktive Argument gültig, wiewohl es von einer unwahren Prämisse ausgeht und zu einer unwahren Konklusion führt:

Alle Menschen sind unsterblich.
Alle Philosophen sind Menschen.
———————————————
Alle Philosophen sind unsterblich.

Selbstverständlich muß ein gültiges deduktives Argument nicht zwei Prämissen haben. Es kann auch nur eine besitzen. Z.B. folgt aus der Prämisse „Es ist nicht der Fall, daß einige Menschen nicht sterblich sind" die Konklusion „Alle Menschen sind sterblich".

Nur in einem gültigen deduktiven Argument bewahrt die Konklusion die Wahrheit der Prämissen mit Notwendigkeit auf. Bei der Konklusion eines ungültigen deduktiven Argumentes ist dies jedoch nicht der Fall. Sie ist nicht wahrheitsbewahrend, wie z.B. die Konklusion des folgenden deduktiven Argumentes, das zwar nur wahre Prämissen enthält, aber trotzdem ungültig ist:

Wenn ein Philosoph alles Gold besitzt,
das unter dem Paradeplatz liegt, dann ist er reich.
Kein Philosoph besitzt alles Gold,
das unter dem Paradeplatz liegt.

Kein Philosoph ist reich.

Ein deduktives Argument kann also wahre Prämissen haben und doch ungültig sein. Ein deduktives Argument ist dann ungültig, wenn die Bejahung der Prämissen und die Verneinung der Konklusion keinen logischen Widerspruch zwischen Prämissen und Konklusion ergibt. So ergibt es in obigem Beispiel keinen logischen Widerspruch, die Prämissen zu bejahen und die Konklusion zu verneinen. Die Verneinung von „Kein Philosoph ist reich" nämlich lautet: „Nicht gilt, daß kein Philosoph reich ist". Daraus folgt: „Einige Philosophen sind reich". Nun ergibt es keinen logischen Widerspruch, wenn man behauptet, daß zwar kein Philosoph alles Gold unter dem Paradeplatz hat, es aber gleichwohl einige Philosophen gibt, die reich sind. Denn einige Philosophen können auch aus anderen Gründen reich sein. Deshalb ist das Argument ungültig. Ein deduktives Argument ist also entweder gültig oder ungültig. Es gibt jedoch kein halbwegs gültiges deduktives Argument.

b) Der Informationsgehalt der Konklusion ist schon unentfaltet in den Prämissen enthalten. Das Wissen, das wir durch die Konklusion gewinnen, wird durch die Konklusion nur entfaltet. Gültige deduktive Argumente sind wissensentfaltend. Das heißt aber nicht, daß diese Entfaltung nicht auch unser Wissen erweitert. So z.B. enthält der Schluß

Alle Menschen sind fehlbar.
Alle Philosophen sind Menschen.

Alle Philosophen sind fehlbar.

eine Erkenntnis, die vielleicht einige Philosophen noch nicht haben. Wir können auch durch deduktive Schlüsse etwas Neues lernen. Es gibt auch deduktive Entdeckungen. Es ist keineswegs so, daß wir aus allen Prämissen, die wir kennen, schon alle Schlußfolgerungen gezogen hätten. A. Schopenhauer (1788–1860) erwähnt folgendes Beispiel:

„Alle Diamanten sind Steine;
Alle Diamanten sind verbrennlich:
Also sind einige Steine verbrennlich".[55]

Das ist eine Erkenntnis, die wir vorher wohl noch nicht hatten. Allerdings war dieses neue Wissen schon im alten auf verborgene Art und Weise enthalten.

Beispiele für deduktive Schlüsse finden sich nicht nur in der formalen Logik, sondern auch in Arithmetik und Geometrie. Das wohl bekannteste Beispiel dafür sind Euklids „Elemente" (um 325 v. Chr.). Hier werden Lehrsätze auf der Basis von Grundsätzen und Forderungen bewiesen. Lehrsätze nennt man auch Theoreme, Grundsätze Axiome und Forderungen Postulate. Die Axiome und Postulate sind die Prämissen, die Theoreme die Konklusionen. Die Beweismethode besteht darin, die Theoreme nach bestimmten Schlußregeln herzuleiten. Diese Schlußregeln werden allerdings von Euklid nicht ausgesprochen. Doch zweifelsohne können wir auch mittels dieser Methode etwas lernen, was wir vorher zumindest nicht auf entfaltete Art und Weise gewußt haben, nämlich daß z.B. in jedem Dreieck zwei Winkel, beliebig zusammengenommen, kleiner sind als zwei Rechte.[56] Das dürfte für die meisten Schüler eine neue Erkenntnis sein.

Auch für G. Frege sind arithmetische Wahrheiten deduktiv gewonnen und können gleichwohl unser Wissen erweitern, so daß sich „die weit verbreitete Geringschätzung der analytischen Urteile und das Märchen von der Unfruchtbarkeit der reinen Logik nicht halten lassen".[57] So z.B. erweitert es das Wissen eines Schülers, daß es mehr Primzahlen gibt als jede vorgelegte Anzahl von Primzahlen[54] oder daß man vom Ausdruck „(a+b) · (a–b)“ zum Ausdruck „(a.a) – (b.b)“ gelangt, wie es sein Wissen erweitert, daß es brennbare Steine gibt. Es erweitert auch noch unser Wissen, daß es z.B. Primzahlen gibt, die mehr als 258716 Stellen haben, wie es meines Wissens für die größte bisher errechnete Primzahl zutrifft.

Von den deduktiven Schlüssen aber haben wir die induktiven zu unterscheiden. Um das zu zeigen, wählen wir wieder ein elementares Beispiel:

Alle Philosophen, die bis zum Tage X beobachtet worden sind, sind gestorben.

Alle Philosophen sind sterblich.

Das ist ein Beispiel für ein induktives Argument, für das gilt:

a) Wenn die Prämisse (oder die Prämissen) wahr sind, so ist die Konklusion noch nicht mit Notwendigkeit wahr. Denn es gibt keine gültige Schlußregel, die es erlaubt, die Wahrheit der Prämisse (oder der Prämissen) auf die Konklusion zu übertragen. Die Prämisse „Alle Philosophen, die bis zum Tage X beobachtet worden sind, sind gestorben“ bezieht sich auf einen vergangenen oder den heutigen Tag. Die Konklusion „Alle Philosophen sind sterblich“ bezieht sich aber auch auf alle zukünftigen Philosophen. Nun könnte einmal ein Tag kommen, an dem ein Philosoph geboren wird, der nicht stirbt. Die obige Konklusion ist somit fehlbar; denn ihre Wahrheit folgt nicht aus derjenigen der Prämisse. Ein induktives Argument ist also nicht logisch gültig. Denn die Bejahung der Prämisse(n) und die Verneinung der Konklusion ergibt keinen logischen Widerspruch zwischen Prämisse(n) und Konklusion. Die Konklusion eines induktiven Argumentes bewahrt die Wahrheit der Prämissen nicht auf, sondern erweitert deren Gehalt. Die Konklusion eines induktiven Argumentes ist nicht wahrheitsbewahrend, sondern gehaltserweiternd.

Entsprechend kann die Konklusion eines allgemeinen induktiven Schlusses zwar falsch sein, nämlich dann, wenn sie durch die Erfahrung widerlegt, d.h. falsifiziert wird. Keine Konklusion eines allgemeinen induktiven Schlusses kann jedoch in einem strengen Sinne wahr sein, da keine Konklusion eines allgemeinen induktiven Schlusses vollständig bewiesen, d.h. verifiziert werden kann. Um einen allgemeinen induktiven Schluß vollständig zu verifizieren, müßten wir alle zukünftigen Beispiele, d.h. der Möglichkeit nach unendlich viele anführen können. Wir müßten z.B. auch alle zukünftigen Philosophen einbeziehen. Abgesehen davon, daß wir dazu selber unsterblich sein müßten, könnte es – wie erwähnt – ja einmal sein, daß ein Philosoph geboren wird, der nicht stirbt. Obige Konklusion ist nur bis zum jetzigen Zeitpunkt ausnahmslos und damit bestens bestätigt.

Andere induktiv gewonnene Konklusionen, etwa daß alle Philosophen schwer verständlich sind, sind weniger gut bestätigt. Doch über den Grad der Bestätigung entscheidet nicht die Bedeutung der Wörter, die dennoch scharf genug definiert sein muß, sondern die Erfahrung. Ein induktives Argument ist nicht entweder gültig oder nicht gültig, sondern mehr oder weniger gültig. Doch auch dann, wenn ein induktives Argument der Erfahrung nach mehr oder weniger gültig ist, ist es nicht mehr oder weniger logisch gültig, sondern immer logisch ungültig. Eine induktiv gewonnene Konklusion kann nur mehr oder weniger gut verifiziert bzw. bestätigt sein.

b) Der Informationsgehalt der Konklusion ist auch nicht auf unentfaltete Art und Weise in den Prämissen enthalten. Induktive Schlüsse entfalten so nicht, was wir bereits auf verborgene Art und Weise wissen, sondern entwerfen bisheriges Wissen in die Zukunft. Sie sind nicht wissensentfaltend, sondern wissenentwerfend.

Beispiele für induktive Argumente finden sich in den meisten naturwissenschaftlichen Disziplinen. Alle Naturgesetze gehen über die Beschreibung des bisherigen Weltzustandes hinaus. Schon ein so einfaches Gesetz wie das Hookesche „Die Zugkraft an einer elastischen Feder ist zu ihrer Verlängerung proportional" entwirft bisheriges Wissen in die Zukunft. Für alle – und d.h. auch alle zukünftigen – elastischen Federn gilt somit: Die Verlängerung ist zur ziehenden Kraft proportional. Sosehr nun Naturgesetze nicht durch die bloße Aufzählung von Erfahrungsdaten gewonnen, sondern in der Regel, wenn auch nicht immer, auf Grund einer Arbeitshypothese entworfen worden sind, so sind sie gleichwohl nur durch die bisherigen Erfahrungsdaten bestätigt und damit grundsätzlich fehlbar. Alle Naturgesetze, die heute gelten, könnten morgen schon nicht mehr gelten. Die Erde könnte sich schon morgen nicht mehr um sich selber drehen; die Sonne schon morgen nicht mehr aufgehen.

Induktive Argumente sind so – um Mißverständnisse auszuschließen, sei es nochmals gesagt – nicht logisch gültig. Denn die Bejahung der Prämisse(n) und die Verneinung der Konklusion ergibt keinen logischen Widerspruch.

Trotz ihrer logischen Ungültigkeit aber ist die Bedeutung der induktiven Argumente für die Erfahrungswissenschaften und das alltägliche Leben größer als die der deduktiven. Nicht nur in vielen Erfahrungswissenschaften, wie z.B. in der Medizin, sondern vor allem auch im alltäglichen Leben verwenden wir solche induktiven Argumente: Weil bisher die Sonne aufgegangen ist, so wird sie auch in Zukunft aufgehen. Weil bisher Feuer gebrannt hat, so wird es auch in Zukunft brennen. Weil Brot uns bisher ernährt hat, wird es uns auch in Zukunft ernähren. Weil sich der Stuhl, auf dem wir sitzen, bisher nicht von selbst in die Höhe gehoben hat, so wird er auch in Zukunft seine Schwerkraft nicht verlieren, usw. Alle diese Konklusionen sind fehlbar. Aber ohne den instinktiven subjektiven Glauben an ihre Wahrheit könnten wir die einfachsten und alltäglichsten Handlungen nicht mehr verrichten. Insofern ist die Induktion – bzw. genauer die Gewohnheit (vgl. S. 62) – mit Recht von D. Hume in seiner „Untersuchung über den menschlichen Verstand" (1748) als „die große Führerin des menschlichen Lebens" bezeichnet worden.[59] Der Glaube an die Gültigkeit unserer induktiven Argumente ist nämlich notwendig zum Handeln und Überleben in dieser Welt. Umgekehrt wären in einer Welt ohne Gesetzmäßigkeiten keine Prognosen und Planungen mehr möglich und würden unsere Erwartungen ständig enttäuscht. Eine solche Welt wäre einem Alptraum vergleichbar, in dem kein Schritt mehr mit Sicherheit getan und keine Mahlzeit mehr in Ruhe genossen werden könnte. Denn es könnte ja sein, daß der feste Boden von gestern heute nach unten sinkt, das Brot, das uns ernährt hat, uns heute vergiftet und sich der Stuhl, auf dem wir sitzen, in die Höhe hebt. Sogar die allgemeinsten Naturgesetze wie etwa die Erhaltungssätze würden hinfällig. Unser Glaube, daß es Naturgesetze gibt, würde dahinschwinden. „Da wären mit einmal alles Handeln sowie der hauptsächliche Teil der Forschung zu Ende".[60] Gleichwohl: Der Glaube, daß die Gesetzmäßigkeiten von gestern und heute auch noch morgen gelten, ist nicht durch ein logisch gültiges Argument begründet und auch nicht begründbar. Theoretisch könnte morgen alles ganz anders sein.

3. Wie rechtfertigen wir die Konklusion eines induktiven Argumentes?

Nehmen wir nun an, ein vernunftfähiges Lebewesen käme von einem fernen Stern für einen Tag auf unsere Erde. Es sieht, daß die Sonne aufgeht, spürt, daß das Feuer brennt, fühlt, daß das Brot nährt usw. Wird es daraus schließen, daß dem auch in Zukunft so ist? Wohl kaum. Nachdem es aber eine Woche auf der Erde verbracht hat, würde es bereits erwarten, daß sich dieselben Phänomene wiederholen. Nach der Wiederholung derselben Phänomene während eines oder gar mehrerer Jahre aber würde es wohl schließen, daß sich dieselben Phänomene auch in alle Zukunft wiederholen. Dieser Schluß ist logisch nicht gerechtfertigt. Gleichwohl ziehen wir ihn alle instinktiv. Schon den Säugling belehrte die Erfahrung: „sobald er schrie, bekam er Nahrung" (W. Busch).

Bereits Tiere hegen solche induktiven Erwartungen, auch wenn sie sie nicht sprachlich formulieren und es fraglich ist, ob sie Induktionsschlüsse schon vorsprachlich ziehen können. So „erwartet" eine Katze, daß die Milch, die sie bisher ernährt hat, sie auch in Zukunft ernähren wird. So „erwartet" ein Huhn, daß die Person, die ihm bisher das Futter gebracht hat, es auch weiterhin füttert. Doch wie Bertrand Russell bemerkt, kann das für das Huhn tragisch enden: „Der Mann, der das Huhn zeit seines Lebens täglich gefüttert hat, dreht ihm zuletzt stattdessen den Hals um und beweist damit: differenziertere Ansichten über die Gleichförmigkeit der Natur wären für das Huhn nützlich gewesen".[61]

Mit welchem außerlogischen Grund erweitern wir nun den Gehalt der Erfahrungen, die wir gemacht haben, auf Erfahrungen, die wir noch nicht gemacht haben? Mit welchem außerlogischen Recht entwerfen wir unser bisheriges Erfahrungswissen in die Zukunft? Das ist das sogenannte Induktionsproblem. D. Hume hat es zwar nicht entdeckt, aber dessen Wichtigkeit wohl erstmals voll erkannt, wiewohl er den Ausdruck der Induktion nicht verwendet. Er würde sagen: Die Gewohnheit ist das Prinzip, das uns den Übergang von dem, was wir wissen, zu dem, was wir noch nicht wissen, erlaubt. Gewohnheit spielt dabei für ihn sowohl im Zusammenhang der Entstehung als auch der Rechtfertigung dieser Schlüsse die entscheidende Rolle. Gewohnheit ist die Ursache, weshalb wir den erwähnten Übergang machen, und der Grund, weshalb wir den erwähnten Übergang machen dürfen. Diesen Rechtsgrund nennt man auch das Induktionsprinzip.

Gegen die Gewohnheit als Rechtsgrund spricht aber die Sicherheit, mit der wir diese Induktionsschlüsse ziehen. Zwar wissen wir nicht, ob die Sonne morgen wieder aufgeht, das Feuer wieder brennt, das Brot wieder nährt usw. Wir sind aber praktisch sicher, daß die Sonne morgen wieder aufgehen, das Feuer wieder brennen, das Brot wieder nähren wird usw. Diese Sicherheit scheint aber auch dadurch gerechtfertigt, daß Induktionsschlüsse der erwähnten Art – trotz des tragischen Irrtums von Russells Huhn – durch die Natur eher selten widerlegt werden. Zwar ist dem Huhn der Hals umgedreht worden. Aber nicht deshalb, weil es sich etwas undifferenzierte Ansichten über die Gleichförmigkeit der Natur, sondern über die Gleichförmigkeit des menschlichen Verhaltens gebildet hat. Zwar geht die Sonne nicht überall, z.B. nicht am Nord- oder Südpol, unter und auf. Das widerlegt jedoch nicht, daß sie bei uns bisher täglich unter- und aufgegangen ist. Wenn sich die Rechtfertigung dieser Schlüsse aber durch bloße Gewohnheit geben ließe, so wäre diese anscheinend in der Natur begründete Sicherheit unverständlich. Denn warum soll die Natur unserer Gewohnheit folgen?

Eine neue Version hat Nelson Goodman (*1906) in „Tatsache, Fiktion und Vorhersage" (1955) dem Humeschen Problem gegeben. Während es D. Hume um die Rechtfertigung unseres gewohnten induktiven Schließens ging, so zeigt N. Goodman, daß wir zusätzlich begründen müssen, weshalb wir gewohnte Verallgemeinerungen ungewohnten vorziehen: Nehmen wir an, daß alle Smaragde, die wir bis zu einem Zeitpunkt t gesehen haben, grün sind. Nennen wir nun eine künstliche Farbe, die bis zu einem Zeitpunkt t grün, aber danach rot ist: „grot". Dann stützt die bisherige Erfahrung bis zum Zeitpunkt t sowohl die induktive Verallgemeinerung, daß alle Smaragde grün, als auch die, daß sie „grot" sind. Beide allgemeinen Hypothesen sind durch die bisherige Erfahrung bis zum Zeitpunkt t genau gleich gut bestätigt. Deshalb können wir

„grün" durch „grot" ersetzen und statt „Alle Smaragde sind grün" auch sagen: „Alle Smaragde sind ‚grot'". Dann sind wir aber auch genau gleich berechtigt, den Schluß zu ziehen, daß alle Smaragde nach dem Zeitpunkt t grün, wie auch, daß sie „grot" sind. Angesichts einer bestimmten Datenmenge gibt es also nicht nur eine, sondern mehrere, ja der Möglichkeit nach unendlich viele gleichberechtigte induktive Verallgemeinerungen, wenn wir solche künstlichen Prädikate verwenden. Gleichwohl greifen wir nur eine heraus.

Warum aber ziehen wir im allgemeinen keine Schlüsse, die solche künstlichen Prädikate in die Zukunft entwerfen, wie z.B. daß alle Smaragde „grot" sind? Die Antwort N. Goodmans lautet: Schlüsse, die keine solchen künstlichen Prädikate wie „grot" verwenden, sind in unserem Sprachgebrauch besser eingebettet als Schlüsse, die solche Prädikate verwenden. Deshalb ziehen wir die einen, aber nicht die anderen und fühlen uns berechtigt zu sagen, daß die Smaragde auch in der Zukunft grün sein werden. Diese Antwort ist aber mindestens so unbefriedigend wie die von D. Hume. Denn warum sollte sich die Natur nach unseren bisherigen sprachlichen Gewohnheiten richten?

Ein scheinbarer Ausweg besteht darin, daß wir unseren induktiven Schlüssen zwar nicht mehr Wahrheit, wohl aber Wahrscheinlichkeit zubilligen. Auf Grund der bisherigen Erfahrungsaussagen ist es zwar nicht wahr, aber doch sehr wahrscheinlich, daß dasselbe wieder eintritt. Dabei haben wir die Wahrscheinlichkeit von Ereignissen und Hypothesen zu unterscheiden. Im einen Falle schreiben wir Ereignissen, im anderen Falle Hypothesen über Ereignisse Wahrscheinlichkeit zu. Da die Hypothesen in Aussagen formuliert sind, so läßt sich auch von einer Aussagenwahrscheinlichkeit sprechen.

Im ersten Falle wird die Wahrscheinlichkeit als relative Häufigkeit von Ereignissen in einer Ereignisfolge interpretiert und ist etwas Empirisches. So z.B. ist es eine empirische Gegebenheit, daß die Häufigkeit, an Lungenkrebs zu erkranken, bei Rauchern vergleichsweise größer ist als bei Nichtrauchern.

Im anderen Falle ist die Wahrscheinlichkeit etwas Logisches, nämlich eine Beziehung zwischen Aussagen, wobei die einen die anderen teilweise implizieren. Deshalb wird diese Aussagenwahrscheinlichkeit auch logische Wahrscheinlichkeit genannt, wiewohl das Wort „logisch" eigentlich in Anführungszeichen stehen sollte. Danach folgt aus der Aussage, daß alle Smaragde grün sind, teilweise die Aussage, daß sie auch in Zukunft grün sind. Aus der Aussage, daß Feuer bisher gebrannt hat, folgt teilweise die Aussage, daß es auch in Zukunft brennen wird. Aus der Aussage, daß Brot bisher genährt hat, folgt teilweise die Aussage, daß es auch in Zukunft nähren wird usw. Wenn also die Aussagen über die bisherigen Beobachtungen so gut bestätigt sind, daß die allgemeine Aussage daraus logisch folgt, dann haben wir den Extremfall, daß die Wahrscheinlichkeit der allgemeinen Aussage gleich Eins ist. Wenn aber die Aussagen über die bisherigen Beobachtungen so schlecht bestätigt sind, daß daraus die Verneinung der allgemeinen logisch folgt, so haben wir den anderen Extremfall, daß die Wahrscheinlichkeit der allgemeinen Aussage gleich Null ist. Zwischen diesen beiden Extremfällen haben wir ein Kontinuum von Fällen, für welche die „induktive Logik" zuständig ist, die R. Carnap entwickelt hat (1950).

Diese „induktive Logik" ist wesentlich verschieden von der deduktiven, deren Argumente entweder gültig oder ungültig sind. Sie ist eine Wahrscheinlichkeitslogik, deren Argumente mehr oder weniger gültig sind und deren Konklusionen mehr oder weniger wahrscheinlich sind. Um dieses Mehr oder Weniger zu quantifizieren, ordnet sie den Wahrscheinlichkeiten zwischen Eins und Null Zahlen zu. So z. B. könnte sie ausfindig machen, daß die Wahrscheinlichkeit, daß Brot nährt, auf Grund der bisherigen Erfahrungsdaten zu 0,999999 Grad besteht. Die bisherigen Aussagen würden also die allgemeine Hypothese „Brot nährt" mit einem Grad von 0,999999 implizieren.

Doch um einen solchen Wahrscheinlichkeitsschluß zu rechtfertigen, würden wir wiederum einen Grund brauchen, der den Schluß von den bisherigen Erfahrungen auf die zukünftigen legitimiert. Wir würden also ein abgeändertes Induktionsprinzip brauchen, das den Schluß von den bisherigen Erfahrungen auf die zukünftigen zwar nicht logisch gültig, aber wahrscheinlich macht. Wie können wir dieses induktiv gewonnene Wahrscheinlichkeitsprinzip rechtfertigen? Etwa weil es bisher zugetroffen hat? Das würde uns wieder auf die Frage zurückwerfen, weshalb es dann auch in Zukunft zutreffen wird. Dazu bräuchten wir allerdings ein Wahrscheinlichkeitsprinzip höherer Ordnung, wonach es wahrscheinlich ist, daß die bisherigen Wahrscheinlichkeitsprinzipien auch in Zukunft wahrscheinlich sind, usw. bis ins Unendliche.

Doch nehmen wir an, wir könnten die Wahrscheinlichkeit einer allgemeinen Hypothese auch ohne ein solches Wahrscheinlichkeitsprinzip messen. In diesem Falle könnten wir die gut bestätigte allgemeine Hypothese H_1 der schlecht bestätigten Hypothese H_2 dann vorziehen, wenn die Wahrscheinlichkeit von H_1 größer ist als die von H_2. Die Wahrscheinlichkeit von H_1 ist dann größer als die von H_2, wenn die bisherigen Aussagen die Hypothese H_1 mit einem höheren Grad implizieren als H_2. Die Hypothesen H_1 und H_2 aber sind allgemeine Hypothesen. Allgemeine Hypothesen gelten wie Naturgesetze durch Definition für unendlich viele zukünftige Fälle. Deshalb sind sowohl für H_1 als auch für H_2 unendlich viele Fälle, worauf sie zutreffen könnten, noch unbestätigt. Da jedoch alle bisher bestätigten Fälle nur eine endliche Anzahl ausmachen, so hätten H_1 und H_2 die gleiche Wahrscheinlichkeit – nämlich Null.

Wenn wir von unendlich vielen unbestätigten Fällen endlich viele bestätigte subtrahieren, so wird die Differenz zwischen den endlich vielen bestätigten Fällen gleich groß, nämlich gleich Null: Unendlich minus eine beliebig kleine und eine beliebig große endliche Zahl, ergibt immer noch Unendlich. So wird in einem „unendlichen Universum (es kann hinsichtlich der Zahl der unterscheidbaren Dinge oder der raumzeitlichen Regionen unendlich sein)" die Wahrscheinlichkeit „jedes (nichttautologischen) allgemeinen Gesetzes gleich Null"[62] sein. Unser Universum kann jedoch noch unendlich lange bestehen. Was wir bisher beobachtet haben, ist nur ein unendlich kleiner Teil des Universums. Deshalb gibt die induktive Logik noch keinen guten Grund ab, die gut bestätigte allgemeine Hypothese H_1 als wahrscheinlicher denn die schlecht bestätigte H_2 zu charakterisieren.

Doch könnten wir die Hypothese H_1 gleichwohl subjektiv für wahrscheinlicher als die Hypothese H_2 halten. Diese subjektive Wahrscheinlichkeit ließe sich so präzisieren, daß wir eher für H_1 als für H_2 zu wetten bereit wären. Allerdings sind wir wohl nur für das Eintreten von einzelnen Ereignissen, aber nicht für allgemeine Hypothesen, die unendlich viele unbestätigte Fälle haben, zu wetten bereit. Nur Ereignisse sind datierbar, allgemeine Hypothesen dagegen nicht. Ein „vernünftiger Spieler" aber würde auf die objektiven Chancen abstellen, seine Wette zu gewinnen. Bei unendlich vielen unbestätigten Ereignissen kann jedoch keiner, der eine Wette abschließt, die Wette gewinnen. So gibt auch die Interpretation der subjektiven Wahrscheinlichkeit im Sinne der Wettbereitschaft „vernünftiger Spieler" keinen logischen Grund ab, die allgemeine Hypothese H_1 als wahrscheinlicher denn H_2 anzuerkennen.[63]

Karl Popper (1902–1994) hat deshalb in der „Logik der Forschung" (1934) einen anderen Weg eingeschlagen. Erfahrungsgesetze sind weder vollständig verifizierbar noch wahrscheinlich. Trotzdem können sie schon durch ein einziges Gegenbeispiel widerlegt, d.h. falsifiziert, werden. Z.B. kann die Aussage „Alle Raben sind schwarz" schon durch die Existenz eines einzigen weißen Rabens widerlegt werden; es sei denn, wir würden die Eigenschaft der Schwärze als Wesensmerkmal von Raben auffassen und somit weiße Raben gar nicht mehr als Raben bezeichnen. Doch wurde z.B. der weiße Rabe, den ich in der Wüste Negev einmal gesehen habe, noch Rabe genannt. Sind Erfahrungsgesetze also weder vollständig verifizierbar noch wahrscheinlich, so können wir doch solange an ihnen festhalten, als sie nicht durch gegenteilige Erfahrung falsifiziert sind. Nun sind unsere gewöhnlichen Erfahrungssätze, wie z.B., daß die Sonne aufgeht, Feuer brennt und Brot nährt, in der Regel nicht falsifiziert. Da sie nicht falsifiziert sind, haben sie sich *bewährt*. Ein Erfahrungsgesetz bzw. ein System von Erfahrungsgesetzen, d.h. eine Theorie, gilt dann als bewährt, wenn sie die Prüfung durch Erfahrung bestanden hat. Da sich nun die erwähnten Erfahrungssätze bisher bewährt haben, können wir an ihnen festhalten.

Richtig ist an dieser Überlegung, daß Erfahrungsgesetze nicht vollständig verifizierbar, aber schon durch ein einziges Gegenbeispiel falsifizierbar sind, auch wenn jedes konkrete Gegenbeispiel hypothetisch ist. So z.B. könnte es ja sein, daß der erwähnte weiße Rabe vielleicht nur kurz vorher in einen Mehlsack gefallen oder weiß angemalt worden ist.[64] Wir müssen also zwischen Falsifizierbarkeit im Sinne einer logischen Möglichkeit und Falsifikation im Sinne einer tatsächlichen Entscheidung unterscheiden und genau angeben, was als Gegeninstanz festzusetzen ist. Das Erfahrungsgesetz „Alle Raben sind schwarz" wird nur dann durch die Existenz eines weißen Raben falsifiziert, wenn wir tatsächlich definitorisch festsetzen, daß der betreffende Vogel sowohl ein Rabe als auch weiß ist.

Doch Argumenten aus der Erfahrung jede logische Gültigkeit abzuerkennen, ist ein klares Eingeständnis K. Poppers, daß D. Hume ein Problem gestellt hat, das im Sinne einer deduktiven Logik unlösbar ist. Auch K. Popper hat das Humesche Problem nicht positiv gelöst, sondern einen Teil des ursprünglichen Problems isoliert und dafür eine negative Lösung vorgeschlagen: Die Konklusionen induktiver Argumente sind zwar nicht vollständig verifizierbar, doch bereits durch ein Gegenbeispiel falsifizierbar. Die negative Antwort K. Poppers löst aber das ursprüngliche Problem „Mit welchem außerlogischen Rechtsgrund entwerfen wir unser bisheriges Wissen in die Zukunft?" nicht, indem sie einen logischen Grund abgäbe. Denn Bewährung ist kein logischer Grund, um unser bisheriges Wissen in die Zukunft zu entwerfen. Das Humesche Problem ist in der Tat im logisch-deduktiven Sinne unlösbar. Induktive Schlüsse sind ja durch Definition nicht in der gleichen Art und Weise gültig wie deduktive.

Die positive Antwort K. Poppers jedoch, daß sich nichtfalsifizierte Schlüsse bisher bewährt haben, verschiebt das ursprüngliche Problem „Mit welchem außerlogischem Grund entwerfen wir unser bisheriges Wissen in die Zukunft?" auf das der Bewährung. Denn warum sollen sich Erfahrungsgesetze, die sich bisher bewährt haben, auch in Zukunft bewähren? Genau das wissen wir nicht und werden es auch nicht wissen. D. Hume hat also meines Erachtens trotz K. Poppers Lösungsversuch insoweit im Prinzip recht, als er meint: „es ist nicht die Vernunft, die uns veranlaßt anzunehmen, daß die Zukunft der Vergangenheit ähnlich ist ...".[65]

4. Das Induktionsprinzip als hypothetische Forderung der praktischen Vernunft

Mit dem Begriff der Bewährung bringt K. Popper aber einen neuen Gesichtspunkt der Wertung ins Spiel. Hat sich ein Erfahrungsgesetz bewährt, so ist es wertvoll genug, um akzeptiert zu werden. Damit aber wechselt er im Prinzip von der theoretischen Vernunft zur praktischen, wohingegen D. Hume in obigem Zitat die theoretische Vernunft meint.[66] Diesen Gesichtspunkt wollen wir weiterverfolgen. Wir wollen nämlich die Kritik von K. Popper akzeptieren und den Erfahrungsgesetzen weder Wahrheit noch Wahrscheinlichkeit zuschreiben. Gleichwohl können wir ihnen eine Form von außerlogischer Berechtigung zuerkennen, nämlich nicht eine Berechtigung durch die theoretische, sondern durch die praktische Vernunft.

Bis jetzt haben wir nur die theoretische Vernunft betrachtet. Doch gibt es auch eine praktische Vernunft, insofern wir offensichtlich nicht nur theoretische, sondern auch praktische Schlüsse ziehen. Die theoretische Vernunft schließt aus dem, was war oder ist, das, was sein wird; die praktische Vernunft dagegen das, was man tun soll. Nun hat sich in den Erfahrungsgesetzen, die sich bewährt haben, das erworbene Wissen der bisherigen Menschheit niedergeschlagen. Dieses Wissen hat sich offensichtlich als Vorteil in deren Kampf ums Überleben erwiesen. Umgekehrt wäre es ein großer Nachteil, das nicht zu wissen, was wir durch die Erfahrung wissen, auch wenn nicht jedermann den Nachteil so formulieren möchte wie Willard Van Orman Quine (*1908): „Kreaturen, deren Induktionen unkorrigierbar falsch sind, haben eine rührende, wenn auch lobenswerte Tendenz zu sterben, bevor sie ihre Art reproduzieren."[67]

Von diesem Überlebenswert der bisherigen Menschheitserfahrung gehe ich aus. Den bisherigen Erfahrungen, die sich *bewährt* haben, können wir nämlich Handlungsanweisungen entnehmen, die auch in Zukunft gelten sollen. Weil sich die Erfahrung, daß Feuer bisher gebrannt hat, bewährt hat, deshalb ist es zweckmäßig anzunehmen, daß sie sich weiter bewähren wird und wir tunlichst nicht die Hand ins Feuer stecken sollen. Weil uns Brot bisher ernährt hat, ist es zweckmäßig anzunehmen, daß es uns auch in Zukunft ernährt, usw. Statt also das Induktionsprinzip als Prinzip aufzufassen, das uns sagt, was ist, verstehe ich es als Norm, die uns sagt, was wir annehmen und auf Grund der bisher bewährten Annahmen tun sollen. Der Rechtsgrund für diese Norm besteht nicht darin, daß ich ihr Wahrheit oder Wahrscheinlichkeit zuschreibe, sondern darin, daß ich in ihrer Befolgung einen Vorteil sehe. Ist so ein induktiver Schluß nicht logisch gültig, so ist er doch in der Regel vorteilhaft. Ein Induktionsverbot dagegen käme einer Aufforderung zum Selbstmord gleich. Es ist z.B. zweckmäßig, ja sogar unerläßlich anzunehmen, daß auch in der näheren Zukunft das Feuer brennt, das Brot nährt usw. Würden wir z.B. annehmen, daß Feuer nicht mehr brennt, Brot nicht mehr nährt, so würden wir uns eben verbrennen oder wir würden gegebenenfalls sogar verhungern.

Freilich muß der Überlebenswert unserer induktiven Verallgemeinerungen nicht so offensichtlich sein. Doch würden wir z.B. annehmen, daß in Zukunft die Raben weiß und die Smaragde „grot" sind, die Steine statt nach unten zu fallen nach oben fliegen, sich die Planeten nicht mehr in Ellipsen drehen usw., so könnten wir zwar noch weiterleben, würden uns aber wohl über kurz oder lang im Nachteil gegenüber denen befinden, welche die „gültigeren" bzw. zweckmäßigeren Schlüsse ziehen. Die einzelnen Erfahrungsgesetze hängen ja untereinander zusammen, so daß wir nicht die einen aufgeben können, ohne so und so viele andere auch aufzugeben. Deshalb hat sich meist nicht ein einzelnes Erfahrungsgesetz, sondern ein ganzes System von Erfahrungsgesetzen bewährt. Dessen Pfeiler sind wieder einige Grundgesetze wie etwa die Erhaltungssätze. Es ist zweckmäßig, davon auszugehen, daß sich ein solches bewährtes System auch in Zukunft bewähren wird, auch wenn nicht jedes einzelne Gesetz für unser Überleben wichtig ist.

Insofern ist ein – in ein solches System eingebetteter – Induktionsschluß zwar nicht logisch gültig, aber auch nicht unvernünftig. Denn die Alternative, kein Induktionsprinzip anzunehmen, wäre sicherlich unvernünftiger. Ebenso wäre es für unser Überleben unvernünftiger, ein Prinzip anzunehmen, wonach das Gegenteil der bisherigen Erfahrungen eintritt. Doch geht es hier nicht um einen gültigen Schluß der theoretischen, sondern um eine Forderung der praktischen Vernunft. Sie findet ihre Berechtigung darin, daß sie in der Regel für unser Weiterleben in einem weiten Sinne zweckmäßig ist, auch wenn sie das in Ausnahmefällen einmal nicht sein mag.

So berichtet K. Popper von einer Vergiftung durch Mutterkorn in einem französischen Dorf.[68] Da war die Annahme, daß Brot bzw. Getreide nährt, nicht zweckmäßig. Allerdings zwingt uns diese Erfahrung nicht, am allgemeinen Gesetz zu zweifeln, da es sich ja sonst bestens bewährt hat. Die Mutterkornvergiftung ist ein Beispiel dafür, daß eine allgemeine Hypothese zwar im Sinne einer logischen Möglichkeit falsifiziert ist, aber gleichwohl aufrechterhalten wird. Sie wird aufrechterhalten, weil wir das erwähnte Gegenbeispiel nicht als tatsächliche Falsifikationsinstanz des ganzen Gesetzes festsetzen. Es könnte ja z.B. so gewesen sein, daß nicht das Mutterkorn, sondern nur der vergiftete Boden der Grund des Unglücks war. Es ist offensichtlich trotz dieses Unglücksfalls zweckmäßiger, anzunehmen, daß Brot nährt, als daß es vergiftet.

Induktive Gültigkeit ist also insofern keine Frage des Entweder-Oder, sondern eine Sache des Grades, als es auch Grade der Zweckmäßigkeit gibt. So ist es zweckmäßiger, ein gut bewährtes Erfahrungsgesetz wie das Hookesche – „Die Zugkraft an einer elastischen Feder ist zu ihrer Verlängerung proportional“ – auch in der näheren Zukunft einem weniger gut bewährten vorzuziehen. Diese Grade der Zweckmäßigkeit könnte man in Analogie zu den Graden induktiver Wahrscheinlichkeit als Grade der vernünftigen Wählbarkeit quantifizieren. Wenn die bisherigen Aussagen so gut bewährt sind, daß das entsprechende Gesetz daraus logisch folgt, dann haben wir den Extremfall, daß der Grad der vernünftigen Wählbarkeit des Gesetzes gleich Eins ist. Wenn aber die bisherigen Aussagen so schlecht bewährt sind, daß daraus die Verneinung eines entsprechenden Gesetzes logisch folgt, so haben wir den anderen Extremfall, daß der Grad der vernünftigen Wählbarkeit des Gesetzes gleich Null ist.

Zwischen diesen beiden Extremfällen hätten wir wieder ein Kontinuum von Fällen, für welche eine Logik des Vorziehens zuständig ist.[69] Diese ist weder eine deduktive Logik, deren Argumente entweder logisch gültig oder ungültig sind, noch eine induktive Logik, deren Argumente mehr oder weniger (theoretisch) gültig und deren Konklusionen in einem quantifizierbaren Sinne mehr oder weniger wahrscheinlich sind. Sie wäre eine Zweckmäßigkeitslogik, deren Argumente mehr oder weniger (praktisch) gültig und deren Konklusionen mehr oder weniger zweckmäßig sind. Um dieses Mehr oder Weniger zu quantifizieren, könnte sie den Graden vernünftiger Wählbarkeit Zahlen zwischen Null und Eins zuordnen; allerdings nur für endliche Bereiche. So z.B. könnte man ausfindig machen, daß der Grad der vernünftigen Wählbarkeit des Erfahrungsgesetzes, daß Brot nährt, für eine endliche Zukunft 0,999999, d.h. annäherungsweise gleich Eins ist.

Ist so das Induktionsprinzip kein Prinzip der theoretischen, so doch meines Erachtens eine natürliche und berechtigte Forderung der praktischen Vernunft. Bei gut oder gar ausnahmslos bestätigten Konklusionen macht es nur explizit, was wir stillschweigend oder implizit erwarten, nämlich daß die Zukunft der Vergangenheit gleichförmig ist. Auch das Induktionsprinzip bildet insofern eine von uns stillschweigend akzeptierte *Institution*.

Eine Institution ist ein Rahmensystem des Handelns, welches das Handeln auch für die Zukunft normativ stabilisiert. Ein normativ verstandenes Induktionsprinzip scheint so der Rechtsgrund dafür, daß wir unser bisheriges Wissen in die Zukunft entwerfen dürfen. Es entsteht aus einem Trieb, der zu stark ist, um unterdrückt werden zu können, ohne Gefahr zu laufen, unser eigenes Weiterleben und das der menschlichen Gattung zu gefährden. In diesem Sinne spielt die Institution der Induktion tatsächlich die Rolle der „großen Führerin im Menschenleben“ (D. Hume). Das Induktionsprinzip sagt nämlich wie eine Führerin, was man tun soll. Als Führerin erteilt das Induktionsprinzip den Menschen den „Wenn-dann-Befehl“: „Wenn ihr überleben und gesund bleiben wollt, dann sollt ihr annehmen, daß bei *bewährten* Gesetzen die Zukunft der Vergangenheit gleichförmig ist.“ Ein solcher Befehl ist ein bedingter oder hypothetischer Imperativ. Er ist es auch dann, wenn seine Weisung irreführenderweise in die Form eines die Zukunft beschreibenden und unbedingten oder kategorischen Satzes gekleidet ist.

Freilich ließe sich auch hier die Frage stellen: Warum soll die Natur unsere Forderung der Gleichförmigkeit befolgen? Die Antwort wäre: Weil diese Forderung selber „natürlich“ ist, insofern sie im Falle der bewährten Erfahrungsgesetze bisher von der Natur befolgt wurde. Doch wenn die Natur diese Forderung bisher befolgt hat, warum soll sie diese Forderung auch in Zukunft befolgen? Genau darauf gibt es keine theoretische Antwort und wird es auch keine geben, da wir die Zukunft der Natur nicht mit Gewißheit vorhersehen können – und es anders kommen kann, als wir es vorhersehen.

Es ist also grundsätzlich richtig, wenn K. Popper sagt: „*Wir wissen nicht, sondern wir raten*“,[70] wiewohl er damit vom alltäglichen Sprachgebrauch abweicht, wo wir manchmal auch von Wissen sprechen, wenn wir nur raten. Ebenso richtig ist aber auch, daß wir hier gar nicht im Sinne von theoretischer Unfehlbarkeit zu wissen brauchen. Wir brauchen keine theoretische Unfehlbarkeit. John Stuart Mill (1806–1873) hat diesen Sachverhalt in anderem Zusammenhang einmal treffend so ausgedrückt: „Es gibt zwar keine absolute Gewißheit (certainty), aber es gibt gleichwohl genügend Sicherheit (assurance) für die Zwecke des menschlichen Lebens“.

Gewißheit und Sicherheit sind etwas Verschiedenes, wiewohl auch diese Unterscheidung im täglichen Leben kaum gemacht wird. Gewißheit ist etwas Psychisches, Sicherheit aber etwas Praktisches. Wir wissen zwar nicht, ob das Feuer morgen noch brennt, aber handeln zweckmäßigerweise so, daß es uns nicht brennt. Mehr aber als diese in einer vernünftigen und d.h. hier zweckmäßigen Wahl begründete praktische Sicherheit brauchen wir in der Regel für die Zwecke des menschlichen Lebens nicht. In dieser praktischen Sicherheit ruht wohl auch die Gewißheit – der Glaube –, daß die bisherigen Induktionsschlüsse auch in Zukunft gelten. In theoretischer Hinsicht dagegen bleibt bei allen Induktionsschlüssen ein irreduzibler Rest von Unvernunft. Theoretisch gesehen, könnte morgen tatsächlich alles ganz anders sein. Aber es ist nicht nur Gewohnheit, sondern auch ein Gebot der praktischen Vernunft anzunehmen, daß dem nicht so ist.

5. Wann sind Axiome wahr?

Doch auch gültige deduktive Argumente müssen keineswegs immer zu wahren Konklusionen führen (vgl. S. 55). Nur wenn alle Prämissen eines deduktiven Argumentes wahr sind und das Argument gültig ist, muß auch die Konklusion wahr sein. Wann aber sind die Prämissen eines deduktiven Argumentes wahr? Prämissen eines deduktiven Argumentes gelten nur dann als unbezweifelbar wahr, wenn sie erste Prämissen sind. Erste Prämissen nennt man auch Axiome. Deren Wahrheit scheint nämlich zeitlos und überall festzustehen, „ohne jedoch durch eine logische Schlußkette bewiesen werden zu können“ (G. Frege).[71] Was aber ist das Kriterium für die Wahrheit eines Axioms?

Nehmen wir z.B. das neunte Axiom der Euklidischen „Elemente“: „Das Ganze ist größer als der Teil“. Hier denkt man – und dies haben Wissenschaftler und Philosophen rund 2000 Jahre lang getan –, daß es die *Evidenz* ist, die diesen Satz wahr macht. Das Wort „evident" heißt wörtlich „herausscheinend". Evident ist, was „in die Augen springt", klar oder einleuchtend ist. Sowenig ich daran zu zweifeln pflege, daß es draußen hell ist, wenn bei wolkenlosem Himmel die Sonne scheint, sowenig zweifle ich daran, daß das Ganze größer ist als der Teil. Beides leuchtet unmittelbar ein; das eine meinen Augen, das andere meiner Vernunft. Wer jedoch etwas Evidentes zu beweisen sucht, gleicht jemandem, der – um ein Aristoteles zugeschriebenes Wort abzuwandeln – mit einer Kerze zu beweisen versucht, daß es hell ist, wenn die Sonne scheint.

Nun sind in den „Elementen" von Euklid die Axiome so formuliert, daß sie sich nur auf endliche Figuren beziehen. Doch wie ist es bei unendlichen Größen? Ist bei unendlichen Größen das Ganze auch größer als der Teil? Wenn nämlich die Teilmenge selber unendlich viele Elemente hat, wie kann dann die ganze Menge noch größer sein als die Teilmenge? In der Tat hat Georg Cantor (1845–1918) in seinen „Beiträgen zur Begründung der transfiniten Mengenlehre" (1895) unendliche Mengen so definiert, daß das erwähnte Axiom in gewissem Sinne gilt und in einem anderen Sinne nicht mehr: „Jede transfinite Menge T ist so beschaffen, daß sie Teilmengen T_1 hat, die ihr äquivalent sind."[72] Eine transfinite Menge ist eine unendliche Menge. Bei unendlichen Mengen ist es also so, daß zwar einerseits das Ganze größer ist als der Teil, wie die Darstellung durch eine Strecke mit unendlich vielen Punkten zeigt, andererseits aber auch wieder nicht:

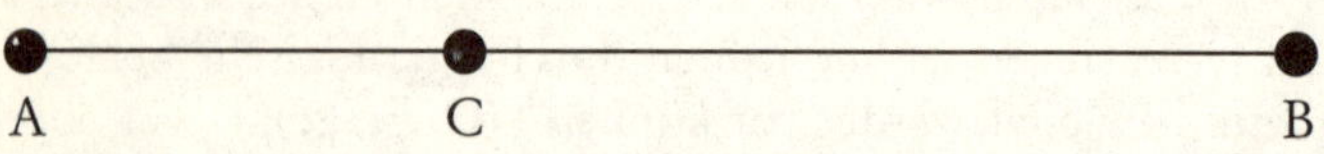

Die ganze Strecke AB ist größer als die Teilstrecke AC. Andererseits ist die Menge der in der Teilstrecke AC enthaltenen Punkte mit der Menge der in der ganzen Stecke AB enthaltenen Punkte gleich groß bzw. in der Terminologie G. Cantors „gleichmächtig“ oder „äquivalent“, da die Teilmenge und die ganze Menge unendlich viele Punkte enthalten. Wie nun eine Teilmenge gleich groß bzw. „gleichmächtig“ wie die ganze Menge sein kann, leuchtet *un*mittelbar kaum mehr ein. Ich muß es vielmehr durch eine Definition festsetzen.

Auch bei der Definition der Parallelität hat man angenommen, daß sich aus dieser Definition ein wahrer Satz ergebe, eben das sogenannte Parallelenaxiom. Euklid definiert parallel so: „Parallel sind gerade Linien, die auf derselben Ebene liegen und nach beiden Seiten ins Unendliche verlängert, auf keiner miteinander zusammenfallen“.[73] Mittels dieser Definition hat man das Parallelenaxiom formuliert, das sich allerdings bei den neun Axiomen Euklids noch nicht findet.[74] Danach gibt es für jede Ebene, in der es eine Gerade G und einen Punkt P gibt, der nicht auf dieser Geraden G liegt, genau eine Gerade G', die durch diesen Punkt P geht und zu der Geraden G parallel ist.

Dies schien so einleuchtend, daß bis ins 19. Jahrhundert meines Wissens niemand an dieser Wahrheit ernsthaft zweifelte. Der Streit bezog sich darauf, ob sie eine erste geometrische Prämisse bzw. ein geometrisches Axiom oder nur eine Konklusion bzw. ein Lehrsatz sei. Zwar gab es viele Versuche, das Parallelenaxiom zu beweisen, d.h. als einen Lehrsatz aus den anderen Axiomen des Euklidischen Axiomensystems abzuleiten. Sie waren aber alle fehlerhaft, nämlich zirkulär. Ein Beweis ist dann zirkulär, wenn die Wahrheit der Konklusion schon in der Wahrheit der Prämissen vorausgesetzt wird.

1816 bewies jedoch der Mathematiker Carl Friedrich Gauß (1777–1855), daß das Parallelenaxiom aus den anderen Axiomen unableitbar ist. Damit stellte sich aber die Frage, ob man auch ohne es auskommen könne. C.F. Gauß bejahte diese Frage und baute eine widerspruchsfreie Geometrie ohne Parallelenaxiom auf, auch wenn er es noch nicht wagte, seine Ergebnisse zu veröffentlichen. Später (1832) haben auch Johann Bolyai (1802–1860) und (1835) Nikolaj Iwanowitsch Lobatschewskij (1792–1856) bewiesen, daß das Parallelenaxiom aus den anderen Axiomen nicht abgeleitet werden kann. Sie fühlten sich deshalb – unabhängig von C.F. Gauß und voneinander – dazu berechtigt, Geometrien zu konstruieren, in denen das Parallelenaxiom nicht mehr gilt.

Stattdessen gilt ein anderes Axiom, das nicht mehr evident ist. Danach gibt es in einer Ebene zu einer Geraden durch einen nicht auf ihr liegenden Punkt keine Parallele. Wieder etwas später (1854) konstruierte Bernhard Riemann (1826–1866) eine Geometrie, in der es durch einen Punkt P mehr als eine Parallele gibt. Es stellte sich sogar heraus, daß es dann unendlich viele Parallelen gibt. In der Euklidischen Geometrie haben wir *eine* Gerade G', die durch den Punkt P geht und zu der Geraden G parallel ist. In derjenigen J. Bolyais und N.I. Lobatschewskijs dagegen haben wir *keine* Gerade G'; in derjenigen B. Riemanns dagegen *mehr als eine* Gerade G'. Das ist nicht mehr unmittelbar einleuchtend oder evident.[75]

Das heißt aber: Bloße Evidenz kann zwar einen wertvollen Hinweis auf die Wahrheit von Axiomen wie z.B. des neunten Axioms oder des Parallelenaxioms geben. Auf bloße Evidenz kann man sich aber nicht immer verlassen, wenn von Axiomen die Rede ist. Die Evidenz bildet nur auf den ersten Blick ein Kriterium für die Wahrheit von Axiomen. Ein Kriterium auf den ersten Blick ist ein Prima-Facie-Kriterium. Ein Prima-Facie-Kriterium aber ist ein Kriterium, das infolge genaueren Nachdenkens außer Kraft gesetzt werden kann.

David Hilbert (1862–1943) ist deshalb in den „Grundlagen der Geometrie" (1899) soweit gegangen, das Wahrheitskriterium der Evidenz aufzugeben. Den Grundbegriffen der Euklidischen Geometrie, wie z.B. Punkt, Gerade,

Ebene, entsprechen bloße Variablen „x", „y" und „z", die inhaltlich nicht gedeutet werden, sondern im Prinzip beliebig interpretiert werden können. Axiome der Geometrie brauchen so nicht mehr evident zu sein, sondern sind willkürlich getroffene Festsetzungen zwischen diesen Variablen. Diese Festsetzungen bilden bloß syntaktische, d.h. inhaltsleere Schriftzeichen. Sie müssen allerdings widerspruchsfrei und voneinander unabhängig sein. Aus einem in sich widersprüchlichen Axiomensystem könnte man jede Folgerung ableiten.

Aus einem logischen Widerspruch folgt nach einem logischen Gesetz [Wenn (p und nicht p), dann q] jede beliebige Konklusion q. Die kleinen Buchstaben p und q sind Aussagenvariablen und stehen für beliebige konkrete Aussagen. Z.B. ließe sich folgende Einsetzung vornehmen: Wenn das Parallelenaxiom wahr (p) und nicht wahr ist (nicht p), dann ist D. Hilbert ein unglücklicher Mensch (q). Diese Aussage aber wollte D. Hilbert in den „Grundlagen der Geometrie" nicht beweisen. Voneinander abhängige Axiome aber wären auseinander ableitbar und nicht mehr Axiome.

Das Logisch-Formale wird so von D. Hilbert vom Anschaulichen getrennt und die logische Widerspruchsfreiheit zum Kriterium der Wahrheit und der (logischen) Existenz erklärt. So schreibt er an G. Frege: „Wenn sich die willkürlich gesetzten Axiome nicht einander widersprechen mit sämtlichen Folgen, so sind sie wahr, so existieren die durch die Axiome definierten Dinge. Das ist für mich das Criterium der Wahrheit und der Existenz".[76] Erst in einem zweiten Schritt wird den Grundtermen und Axiomen auch eine Semantik zugeordnet, wie z.B. die Bedeutung von „Punkt", „Gerade" und „Ebene" oder der euklidischen Axiome, allerdings ohne das Parallelenaxiom.

Der Verzicht auf die Evidenz als Wahrheitskriterium hat nun eine wichtige Folgerung. Während man bei der Evidenz noch glaubte behaupten zu können, ein Axiom sei evident im Sinne von wahr „an sich", so kann man nun nicht mehr behaupten, ein Axiom sei wahr „an sich", sondern es ist nur wahr innerhalb der Sprachgemeinschaft, welche dieses Axiom akzeptiert. Ebenso ist ein Lehrsatz nur wahr innerhalb der Sprache des betreffenden Axiomensystems. Die universale Gültigkeit der Wahrheit von Axiomen wird so eingeschränkt auf die Sprachgemeinschaft der Mathematiker, welche diese Festsetzungen und deren Semantik teilen.

Doch läßt sich etwas weiter gehen. Axiome müssen nicht willkürlich getroffene Festsetzungen sein. Sobald wir nämlich diesen syntaktischen Zeichen eine Semantik zuordnen und diese von einer Sprachgemeinschaft akzeptiert wird, so bilden diese Festsetzungen ebenfalls die semantischen Regeln einer Sprachgemeinschaft. Sobald sich diese Regeln stabilisiert haben, werden sie zu den semantischen *Institutionen* einer Sprachgemeinschaft. Das heißt: Das Kriterium der Wahrheit von Axiomen muß weder deren bloße Evidenz noch deren widerspruchsfreie Festsetzung, sondern kann meines Erachtens auch die soziale Tatsache ihrer stabilisierten semantischen Akzeptanz sein.

Eine solche Sprachgemeinschaft kann sehr klein sein, wie etwa im Falle der Nichteuklidischen Geometrien. Hier besteht sie aus den Mathematikern, welche eine solche Geometrie aufbauen und lehren. Sie kann größer sein, wie z.B. bei der Euklidischen Geometrie. Hier besteht sie aus allen, welche die Axiome Euklids einschließlich des Parallenaxioms annehmen. Sie kann noch größer werden wie im Falle des ersten Euklidischen Axioms: „Was demselben gleich ist, ist auch einander gleich". Dieses Axiom nennt man auch das der Transitivität der Gleichheit: Wenn a gleich b und c gleich b, dann gilt auch: a gleich c. Es wird wohl von den meisten Menschen geteilt, außer vielleicht von einigen Wahnsinnigen und Philosophen – und auch von diesen nur dann bestritten, wenn sie philosophieren.

Dasselbe gilt von den metalogischen Axiomen der Identität und des Nichtwiderspruchs. Das Axiom der Identität können wir so ausdrücken: Jedes Ding ist das, was es ist. Das Axiom vom Nichtwiderspruch aber so: Kein Ding ist zugleich das, was es nicht ist. Beide Axiome können wir zusammenfassen und mit Bischof Joseph Butler (1692–1752) sagen: „Jedes Ding ist das, was es ist, und nicht [zugleich] ein anderes Ding.“ („Every thing is what it is, and not [at the same time] another thing.“)[77]

In der neuzeitlichen Logik nannte man diese Axiome auch Denkgesetze und formulierte sie so: „A gleich A“ und „A ungleich nicht-A“. Wenn wir für „gleich“ das Gleichheitszeichen = und für „ungleich“ das Ungleichheitszeichen ≠ einsetzen, so lauten sie: „A = A“ und „A ≠ nicht-A“.

Die moderne Logik in ihrer mathematischen Gestalt, die von G. Frege begründet worden ist, spricht jedoch nicht mehr von Denkgesetzen. Sie wollte sich nämlich vom subjektiven Moment und vom „psychologischen Fett“, das unserem Fürwahrhalten, Denken, Urteilen und Schließen anhaftet, lösen und zu dem vordringen, was objektiv wahr ist. Hinzu kommt, daß diese Axiome weniger beschreiben, wie wir tatsächlich denken, sondern vielmehr vorschreiben, wie wir denken sollten. Denken können wir ja auch unlogisch.

Die Logik aber ist nicht die Wissenschaft der allgemeinsten Gesetze des Fürwahrhaltens, sondern nach einer treffenden Definition G. Freges „die Wissenschaft der allgemeinsten Gesetze des Wahrseins“.[78] Erst aus den „Gesetzen des Wahrseins ergeben sich die Gesetze für das Fürwahrhalten, das Denken, Urteilen, Schließen“.[79] Deshalb läßt sich die Logik auch als die Lehre von den Gesetzen des richtigen und d.h. gültigen Schließens definieren.

Objektiv sind für jedermann wahrnehmbar die Aussagen gegeben, worin wir unser Denken ausdrücken. Die beiden metalogischen Axiome gelten nun für Aussagen. Sie lassen sich verschieden formulieren. Das metalogische Axiom der Identität z. B. so: „p ist identisch mit p“, das metalogische Axiom des Nichtwiderspruchs so: „Nicht gilt: p und nicht-p“.

Bei jeder Ersetzung der Aussagenvariable p durch eine konkrete Aussage würde man für diese Gesetze denselben Wahrheitswert, nämlich den Wahrheitswert Wahr erhalten. Deshalb nennt man diese Gesetze auch Tautologien. Tautologien (von tautologeín: das Gesagte wiederholen) sagen jeweils dasselbe. In der Logik nennt man deshalb Tautologien auch Aussageformen, bei denen sich bei jeder Ersetzung einer Aussagevariablen durch eine konkrete Aussage derselbe Wahrheitswert, nämlich das Wahre, ergibt.

Setzen wir z.B. für die Aussagenvariable p die konkrete Aussage ein: „Es regnet". Dann gilt für das metalogische Axiom der Identität: „‚Es regnet' ist identisch mit ‚Es regnet'". Die Identität beider Aussagen aber bedeutet hier, daß beide entweder wahr oder falsch sind. Aber nicht ist die erste Aussage wahr und die zweite falsch oder die zweite wahr und die erste falsch. Beide Aussagen haben denselben bzw. den gleichen Wahrheitswert. Deshalb spricht man auch von einer Äquivalenz der beiden Aussagen und sagt: „‚Es regnet' ist äquivalent mit ‚Es regnet'". Wenn wir für die Ausdrücke „ist äquivalent mit" das Äquivalenzzeichen „ ≡ " wählen, das im Unterschied zum Gleichheitszeichen aus drei Strichen besteht, so lauten sie: „‚Es regnet' ≡ ‚Es regnet'" oder allgemeiner „$p \equiv p$". Diese Äquivalenz läßt sich auch durch ein gegenseitiges Bedingungsverhältnis ausdrücken: Wenn die erste Aussage wahr ist, dann ist auch die zweite wahr. Wenn die erste aber falsch ist, dann auch die zweite.

Beim metalogischen Axiom vom Nichtwiderspruch aber ergibt sich folgende Einsetzung: „Nicht gilt: ‚Es regnet' und ‚Es regnet nicht'". Die Aussagen ‚Es regnet' und ‚Es regnet nicht' können nicht (zugleich und am selben Ort) wahr oder falsch sein. Sie bedingen sich gegenseitig nicht, sondern schließen sich gegenseitig aus: Wenn „Es regnet" wahr ist, dann ist „Es regnet nicht" falsch. Wenn aber „Es regnet nicht" falsch ist, dann ist „Es regnet" wahr. Das Gesetz vom Nichtwiderspruch aber ist immer wahr, wenn man die nötigen Bedingungen hinzufügt, wie z.B., daß es sich auf Ereignisse am selben Ort und zur selben Zeit bezieht.

Wir können diese Axiome *metalogische* Wahrheiten nennen, da sie nicht nur bereits von Euklids geometrischen Axiomen, sondern überhaupt von den Axiomen eines speziellen Logiksystems vorausgesetzt werden.[80] So setzt zum Beispiel das erste Axiom des von Bertrand Russell (1872–1970) und Alfred North Whitehead (1861–1947) verfaßten Logiksystems der „Principia Mathematica" (1910–1913) die erwähnten beiden metalogischen Axiome voraus: „1.1. Alles, was durch eine wahre elementare Proposition impliziert ist, ist wahr".[81]

Dieses Axiom besagt, daß sich aus wahren Prämissen wahre Konklusionen ergeben. Nehmen wir z.B. das Argument „Wenn es regnet, dann ist die Straße naß". Nehmen wir weiter an „Es regnet" sei eine elementare Proposition. Dann besagt dieses Prinzip: Wenn die Prämisse „Es regnet" wahr ist, dann ist dies auch die Konklusion: „Die Straße ist naß". Ebenso setzt auch die Gültigkeit eines deduktiven Argumentes voraus, daß die Bejahung der Prämissen und die Verneinung der Konklusion einen logischen Widerspruch, die Bejahung der Prämissen und die Bejahung der Konklusion aber keinen ergeben.

Freilich könnte ein radikaler Skeptiker auch die metalogischen Axiome der Identität und des Nichtwiderspruches verneinen. Auch wenn es kaum je einen solchen Skeptiker gegeben hat, so läßt sich seine Position doch hypothetisch formulieren. Aber um die metalogischen Axiome zu verneinen, müßte der radikale Skeptiker sie schon bejahen. Wenn er sagte „Das Axiom der Identität ist nicht wahr", so würde er folgende Aussage voraussetzen: „‚Das Axiom der Identität ist nicht wahr' ist identisch mit ‚Das Axiom der Identität ist nicht wahr'". Wenn er für „identisch" aber das Wort „äquivalent" wählt, so würde er annehmen: Die Aussage „‚Das Axiom der Identität ist nicht wahr' ist äquivalent mit der Aussage ‚Das Axiom der Identität ist nicht wahr'". Das

Wort „äquivalent“ ist hier nur ein anderes Wort für „identisch“, das die Identität des Wahrheitswertes zum Ausdruck bringt. Er würde also in beiden Fällen das Axiom der Identität noch voraussetzen, um es zu verneinen.

Nehmen wir aber weiter an, daß er behauptet: „Das Axiom vom Nichtwiderspruch ist nicht wahr“. Dann würde er voraussetzen, daß diese Aussage „Das Axiom vom Nichtwiderspruch ist nicht wahr“ und deren Verneinung „Das Axiom vom Nichtwiderspruch ist wahr“ nicht zugleich wahr sind. Macht er aber diese Voraussetzung, so bejaht er das Axiom vom Nichtwiderspruch. Bejaht er so das Axiom vom Nichtwiderspruch, so verneint er es nicht. Verneint er es nicht, so kann auch der radikale Skeptiker die Verneinung des Nichtwiderspruchsgesetzes nicht mehr vertreten. Er kann die Verneinung aber deshalb nicht mehr vertreten, da er es schon bejahen muß, um die Verneinung zu vertreten.

Wenn nun der radikale Skeptiker seine theoretische Position nicht mehr vertreten kann, so müßte er aus einem wortsprachlichen Dialog mit seinem Gegner ausscheiden und wäre zum Schweigen verurteilt. Insofern er dann keine theoretische Position mehr vertritt, wäre er tatsächlich unwiderlegbar. Er wäre aber nicht unwiderlegbar, weil er eine theoretische Position vertritt, die unwiderlegbar ist, sondern weil er nichts Bestimmtes mehr sagt und sagen kann. Denn jede Aussage, die er macht, würde auch das kontradiktorische Gegenteil bedeuten. Er könnte seine Position höchstens noch mit der Körpersprache ausdrücken und z.B. bedenklich den Kopf schütteln, wenn jemand das Axiom der Identität oder des Nichtwiderspruchs äußerte. Aber auch der Sinn dieses bedenklichen Kopfschüttelns wäre für andere und ihn selbst unbestimmt, insofern es sowohl Ausdruck einer Verneinung als auch einer Zustimmung sein könnte.

Dagegen ist das metalogische Axiom vom ausgeschlossenen Dritten, wonach für jede beliebige Aussage p gilt: „p oder nicht p. Ein Drittes gibt es nicht“ nicht für jedes Axiomensystem der Logik und Mathematik wahr. Es gilt z.B. nicht in demjenigen Luitzen Egbertus Jan Brouwers (1881–1966). Mathematische Sätze können nämlich nach L.E.J. Brouwer nur dann als wahr oder falsch gelten, wenn sie durch eine Konstruktion entweder beweisbar oder widerlegbar sind. Nun können wir nicht davon ausgehen, daß bei unendlichen Bereichen jede mathematische Aussage entweder durch eine Konstruktion beweisbar oder widerlegbar ist und es kein Drittes dazwischen gibt.

Z.B. gibt es vollkommene und unvollkommene Zahlen. Vollkommene Zahlen sind natürliche Zahlen, deren Summe gleich der Summe ihrer Teiler ist. So ist die 6 vollkommen, da 6 = 1 + 2 + 3. So ist die 28 vollkommen, da 28 = 1+ 2 + 4 +7 + 14. So sind auch die 496 und sechs weitere gerade Zahlen vollkommen, da auch deren Summe gleich der Summe ihrer Teiler ist. Aber von keiner ungeraden Zahl ist bis jetzt bewiesen worden, daß sie vollkommen ist. Das heißt aber nicht, daß alle ungeraden Zahlen unvollkommen sind. Eine Behauptung über alle ungeraden Zahlen wie z.B. „Alle ungeraden Zahlen sind unvollkommen“ ist nämlich nicht mehr durch eine Konstruktion entweder beweisbar oder widerlegbar, da es unendlich viele ungerade Zahlen gibt. Deshalb ist nach L.E.B. Brouwer das metalogische Gesetz vom ausgeschlossenen Dritten bei Sätzen über unendlich viele Zahlen nicht mehr wahr.

Axiome sind so meines Erachtens weder deshalb wahr, weil sie immer evident noch weil sie widerspruchsfrei festgesetzt sind, sondern weil sie in einer sprachlichen Gemeinschaft institutionalisiert sind. Wer sie nicht akzeptiert, gehört nicht zu dieser sprachlichen Gemeinschaft. Institutionen einer sprachlichen Gemeinschaft sind aber nicht nur Gesetze des Wahrseins, die beschreiben, was in dieser Gemeinschaft der Fall ist, sondern auch Regeln, die vorschreiben, was man in dieser Gemeinschaft für wahr halten soll. So zeigt die institutionalistische Auffassung der Axiome nicht nur, weshalb diese Axiome in einer Sprachgemeinschaft wahr *sind*, sondern auch, weshalb sich die Mitglieder der jeweiligen sprachlichen Gemeinschaft auch nach diesen Axiomen richten *sollen*.

Diese institutionalistische Auffassung von Axiomen mag ernüchternd wirken. Ist sie aber richtig, so gibt es keine absolute Rechtfertigung für die Wahrheit von Axiomen, sondern nur eine relative durch die semantischen Institutionen der jeweiligen Sprachgemeinschaft. Sie müssen freilich in sich widerspruchsfrei und voneinander unabhängig sein. Auf Grund dieser nur relativen Rechtfertigung können wir meines Erachtens auch von Axiomen nicht mehr zu behaupten wagen, daß sie zeitlos und überall wahr sind.

IV. Wahrheit

1. Die klassische Definition der Wahrheit

Im letzten Kapitel haben wir häufig die Ausdrücke „wahr" und „Wahrheit" verwendet. Doch was ist Wahrheit? Die Frage stellte schon Pilatus, als Jesus ihm sagte: „Ich bin dazu geboren und dazu in die Welt gekommen, daß ich für die Wahrheit zeuge".[82] Jesus glaubt also zu wissen, was die Wahrheit ist, hält er sich doch selbst für die Wahrheit: „Ich bin der Weg, die Wahrheit und das Leben".[83] Der ungläubige Skeptiker Pilatus dagegen fragt spöttisch zurück „Was ist Wahrheit?"[84] und scheint an der Antwort nicht einmal interessiert zu sein. Ein moderner Skeptiker, O. Spengler, aber hat folgende Antwort vorgeschlagen:

„Was ist Wahrheit? Für die Menge das, was man ständig liest und hört. Mag ein armer Tropf irgendwo sitzen und Gründe sammeln, um ‚die Wahrheit' festzustellen – es bleibt *seine* Wahrheit. Die andre, die öffentliche des Augenblicks, auf die es in der Tatsachenwelt der Wirkungen und Erfolge allein ankommt, ist heute ein Produkt der Presse. Was sie will, ist wahr. Ihre Befehlshaber erzeugen, verwandeln, vertauschen Wahrheiten. Drei Wochen Pressearbeit, und alle Welt hat die Wahrheit erkannt. Ihre Gründe sind so lange unwiderleglich, als Geld vorhanden ist, um sie ununterbrochen zu wiederholen. Auch die antike Rhetorik war auf den Eindruck und nicht den Inhalt berechnet – ... – aber sie beschränkte sich auf die Anwesenden und den Augenblick. Die Dynamik der Presse will *dauernde* Wirkungen. Sie muß die Geister *dauernd* unter Druck halten. Ihre Gründe sind widerlegt, sobald die größere Geldmacht sich bei den Gegengründen befindet und sie noch häufiger vor aller Ohren und Augen bringt. In demselben Augenblick dreht sich die Magnetnadel der öffentlichen Meinung nach dem stärkeren Pol. Jedermann überzeugt sich sofort von der neuen Wahrheit. Man ist plötzlich aus einem Irrtum erwacht".[85]

Die Wahrheit ist also „heute ein Produkt der Presse". Offensichtlich versteht O. Spengler unter Wahrheit hier soviel wie ein „Fürwahrhalten". Dann ist seine Behauptung eine Hypothese darüber, wann „die Menge" etwas für wahr hält. Die Hypothese mag richtig sein oder nicht. Wir „armen Tröpfe" wollen jedoch etwas anderes wissen, nämlich nicht, wann wir eine Meinung für wahr halten, sondern was „die Wahrheit", d.h. die objektive Wahrheit, ist.

Dazu müssen wir eine Unterscheidung vornehmen. Wenn wir sagen, dies sei ein wahrer Freund, so meinen wir nicht dasselbe, wie wenn wir sagen, eine Aussage sei wahr. Im einen Falle meinen wir, dies sei ein echter Freund. Im anderen Falle aber, wenn wir z.B. annehmen, daß eine Zeugenaussage vor Gericht wahr sei, so meinen wir etwas anderes, nämlich daß sie mit der Wirklichkeit übereinstimmt. Im einen Fall besteht also Wahrheit in einer Eigenschaft einer Person oder Sache, im anderen Falle aber in einer Beziehung zwischen einer Aussage und der Wirklichkeit. Die eine Wahrheit nennt man auch Seinswahrheit, die andere Aussagewahrheit.

Genauer gesprochen, ist im zweiten Fall allerdings nicht eine Aussage wahr, sondern der Inhalt der Aussage. Denn wäre die bloße Aussage im Sinne der bloßen Lautfolge wahr, so wäre eine inhaltsgleiche Übersetzung derselben Aussage in eine andere Sprache nicht mehr wahr. Die bloße Lautfolge ist ja anders. Also kann nicht die Aussage im Sinne der physikalischen Ausdrucksgestalt wahr sein. Erst der Inhalt der Ausdrucksgestalt ist wahr. Diesen Inhalt nennt man auch *Proposition*. Für eine Proposition verwenden wir als Variable ein großes P, Q, R usw., für eine Aussage ein kleines p, q, r usw. Im folgenden beschränken wir uns auf die Wahrheit von Propositionen, d.h. also auf die zweite Form der Wahrheit, die irreführenderweise auch Aussagewahrheit genannt wird. Da wir uns über die Wahrheit von mathematischen und logischen Axiomen schon geäußert haben, so erörtern wir im folgenden die Wahrheit von Propositionen über die Außenwelt.

Nun ist eine Proposition wahr, wenn sie mit den Tatsachen übereinstimmt; falsch, wenn sie mit diesen nicht übereinstimmt. Die Proposition „Der Schnee ist weiß" ist wahr, wenn der Schnee weiß, falsch, wenn der Schnee nicht weiß ist. Diese Auffassung der Wahrheit beruht auf Übereinstimmung bzw. Nichtübereinstimmung. Deshalb nennt man sie die Übereinstimmungs- oder, wenn wir den englischen Ausdruck correspondence, d.h. Übereinstimmung, zugrundelegen, auch Korrespondenztheorie der Wahrheit. Sie bildet eine Neuformulierung der klassischen These, Wahrheit sei Übereinstimmung von Erkenntnis und Wirklichkeit.

Aristoteles hat sie, noch ohne das Wort „Übereinstimmung" zu gebrauchen, so formuliert: „Von etwas, das ist, zu sagen, daß es nicht ist, oder von etwas, das nicht ist, daß es ist, ist falsch; während von etwas, das ist, zu sagen, daß es ist, oder von etwas, das nicht ist, daß es nicht ist, wahr ist".[86]

Bemerkenswert ist an dieser Bestimmung auch folgendes: Um Anspruch auf die Wahrheit einer Proposition im Sinne der Korrespondenztheorie zu erheben, müssen wir gar nicht sagen, daß die Proposition wahr ist. Indem wir eine Proposition formulieren, sagen wir nämlich schon, daß sie wahr ist. Wenn wir z.B. behaupten „Der Schnee ist weiß", so meinen wir damit, daß es wahr ist, daß der Schnee weiß ist. Wenn wir aber behaupten „Der Schnee ist nicht weiß", so meinen wir damit, daß es nicht wahr ist, daß der Schnee weiß ist. Mit „P ist wahr" oder „ P ist nicht wahr" sagen wir deshalb nicht mehr als das, was wir schon mit P allein sagen. Der Anspruch, den Propositionen auf Wahrheit machen, ist so selbstverständlich, daß wir das Wort gar nicht mehr eigens erwähnen.

Deshalb können wir das Wort „wahr" auch weglassen; es sei denn, daß wir besonders betonen möchten, daß eine Proposition wahr ist. Dann aber hat das Wort „wahr" nicht mehr eine beschreibende, sondern eine betonende oder expressive Funktion. In beschreibender Hinsicht aber erscheint das Wort „wahr" im Zusammenhang von Propositionen über die Außenwelt als überflüssig oder redundant. So spricht man auch von der Redundanztheorie der Wahrheit.[87] Sie gibt uns jedoch weder eine Definition noch ein Kriterium der Wahrheit, sondern zeigt uns, wie selbstverständlich der Anspruch auf Wahrheit im Sinne der Korrespondenztheorie ist. Die Redundanztheorie der Wahrheit ist deshalb keine Alternative zur Korrespondenztheorie. Sie ist eher ein Hinweis auf die Selbstverständlichkeit des Wahrheitsanspruches von Propositionen über die Außenwelt im Sinne der Korrespondenztheorie.

2. Einwände gegen die klassische Definition und Tarskis Reformulierung

Gegen die Definition der Wahrheit als Übereinstimmung von Proposition und Tatsache ergeben sich aber mehrere Einwände:

a) Die Definition ist zirkulär. Denn woher wissen wir, daß es wahr ist, daß die Wahrheit in der Übereinstimmung zwischen Proposition und Tatsache besteht. Wir müßten also wissen, ob es tatsächlich mit einer Tatsache übereinstimmt, daß die Wahrheit einer Proposition in einer Übereinstimmung mit einer Tatsache besteht. Wir müßten also unsere Definition der Wahrheit mit der Wahrheit vergleichen können, um beurteilen zu können, ob unsere Definition mit ihr übereinstimmt oder nicht.

b) Die Definition ist erkenntnistheoretisch nicht neutral. Die Position setzt nämlich einen naiven erkenntnistheoretischen Realismus voraus, wonach eine Außenwelt objektiv und unabhängig von der Auffassungsweise des Menschen an sich existiert, also z.B. der Schnee tatsächlich weiß ist und dies uns nicht nur auf Grund unserer Wahrnehmung so erscheint. Doch woher wissen wir, daß eine Proposition mit einer Tatsache, „wie sie wirklich ist", übereinstimmt. Um das beurteilen zu können, müßten wir nämlich die Proposition und unabhängig von ihr auch die Tatsache kennen, um entscheiden zu können, ob die Proposition mit der Tatsache übereinstimmt oder nicht. Wir müßten quasi den Gesichtspunkt des „Auges Gottes"[88] einnehmen, der beides voneinander unabhängig zu sehen vermag.

c) Da wir den Gesichtspunkt Gottes aber nicht einnehmen können, so läuft die Definition in ein unendliches Zurückgehen auf unendlich viele Tatsachen, in einen unendlichen Regreß aus. Denn wir wollen beurteilen können, ob die Proposition P_1 „Der Schnee ist weiß" mit der Tatsache übereinstimmt, daß der Schnee weiß ist. Dazu müssen wir die erwähnte Tatsache in einer Proposition P_2 fixiert haben. Dann erst können wir beurteilen, ob P_1 mit P_2 übereinstimmt oder nicht. Woher wissen wir aber, daß P_2 mit der Tatsache, daß der Schnee weiß ist, übereinstimmt oder nicht? Dazu müssen wir auch diese Tatsache in einer Proposition P_3 fixiert haben, um dann beurteilen zu können, ob P_2 mit P_3 übereinstimmt oder nicht usw. Wir können also nicht den Satz bzw. den Sinn des Satzes – die Proposition – mit der Tatsache vergleichen, um festzustellen, ob der Satz mit der Tatsache übereinstimmt oder nicht, weil wir keinen vom Satz bzw. der Proposition unabhängigen Zugang zu der Tatsache haben. Zwar sehen wir mit unseren leiblichen Augen die weiße Farbe des Schnees. Die Tatsache jedoch, daß der Schnee weiß ist, hat noch kein Mensch mit seinen leiblichen Augen gesehen. Die Tatsache, daß der Schnee weiß ist, gibt es nicht ohne den Satz. Genauer gesprochen gibt es die Tatsache nicht ohne den Sinn des Satzes oder der Aussage, nicht ohne die Proposition.

Aus diesen drei Gründen können wir die klassische Theorie, wonach Wahrheit in einer Übereinstimmung mit der Wirklichkeit besteht, nicht so übernehmen, wie sie ursprünglich von Aristoteles formuliert wurde. Doch gibt es eine Methode, die es uns erlaubt, an der klassischen Wahrheitsdefinition festzuhalten, allerdings nur in Sprachen, deren Struktur vorher genau bestimmt worden ist. Alfred Tarski (1902–1983) hat sie in seiner Abhandlung „Der Wahrheitsbegriff in den formalisierten Sprachen" (1935) vorgeschlagen. Zwar spricht er von Aussagen, da er der Ansicht ist, daß der Begriff der Proposition nicht klar und eindeutig genug ist. Doch braucht uns seine terminologische Entscheidung am Verständnis des Grundsätzlichen seines Lösungsvorschlages nicht zu hindern. Selbstverständlich meint auch A. Tarski nicht Aussagen im Sinne von bloß physikalischen Gegebenheiten wie einer bloßen Abfolge von Lauten oder von Druckerschwärze. Er meint sinnvolle Aussagen. Diesen allerdings kann Wahrheit und Falschheit nur in abgeleiteter Art und Weise zukommen. Ursprünglich ist nur der Sinn einer Aussage – die Proposition – wahr oder falsch.

A. Tarski formuliert die klassische Definition wie folgt: „(1) Eine wahre Aussage ist eine Aussage, welche besagt, daß die Sachen sich so und so verhalten, und die Sachen verhalten sich eben so und so."[89] Das allgemeine Schema wahrer Aussagen stellt sich ihm aber folgendermaßen dar: „(2) x ist eine wahre Aussage dann und nur dann, wenn p."[90] Dabei symbolisiert x einen beliebigen Einzelnamen einer Aussage und p die Aussage selber. Als konkretes Beispiel für einen solchen „Anführungsnamen" x einer Aussage kann der Ausdruck „es schneit" dienen. Er symbolisiert die Aussage, daß es schneit. Dann gilt nach (2): „(3) ‚es schneit' ist eine wahre Aussage dann und nur dann, wenn es schneit."[91]

Wenn wir nun statt des Anführungsnamens x die Aussagenvariable „p" verwenden, so ist eine Aussage „p" dann und nur dann wahr, wenn p. Die Wahrheit einer Aussage „p" besteht also in der Entfernung der Anführungszeichen. Wahrheit ist in einer Formulierung W.V.O. Quines

„disquotation", d.h. eben Streichung der Anführungszeichen. Die Aussage etwa „Der Schnee ist weiß" ist dann und nur dann wahr, wenn der Schnee weiß ist. Dieses äquivalente Verhältnis zwischen „‚p' ist wahr" und p nennt man auch das Äquivalenzschema: „p" ist wahr. ≡ .p.

Auf den ersten Blick erscheint dieses Schema nicht nur trivial, sondern nur eine neue Formulierung der klassischen Wahrheitsdefinition zu sein. Das ist auch die Absicht A. Tarskis. Doch die Pointe seiner Reformulierung besteht darin, daß die Wahrheit nun nicht mehr eine Beziehung zwischen Aussage und Wirklichkeit, sondern eine Beziehung zwischen zwei verschiedenen Aussagen darstellt, nämlich einer objektsprachlichen und einer metasprachlichen. Eine objektsprachliche Aussage spricht über außersprachliche Objekte, eine metasprachliche über die objektsprachliche Aussage über die Objekte. Unter Objekten kann jeder beliebige außersprachliche Gegenstand verstanden werden. Die metasprachliche Aussage ist so die Aussage „p" bzw. „Der Schnee ist weiß". Die objektsprachliche dagegen ist p bzw. der Schnee ist weiß.

Der Vorteil dieser Wahrheitsdefinition liegt so darin, daß diese nicht mehr an einen erkenntnistheoretischen Realismus gebunden, sondern – jedenfalls in der Absicht A. Tarskis – erkenntnistheoretisch neutral ist: „... wir können die semantische Auffassung der Wahrheit annehmen, ohne irgendeine epistemologische Einstellung aufzugeben, die wir gehabt haben mögen. Wir können bleiben: naive Realisten, kritische Realisten, Idealisten, Empiristen oder Metaphysiker – was immer wir vorher gewesen sein mögen. Die semantische Auffassung ist hinsichtlich all dieser Einstellungen völlig neutral."[92]

Die „semantische Auffassung" der Wahrheit sagt nämlich nur, was der Ausdruck „wahr" bedeutet. Sie sagt es aber nur bei Aussagen von Sprachen, deren formale Struktur vorher genau bestimmt worden ist. Es muß so genau angegeben worden sein, ob eine Aussage der Objekt- oder der Metasprache angehört. Der Ausdruck „wahr" bedeutet nämlich für A. Tarski einen Begriff, der zur Metasprache gehört, wo er nun auch nicht redundant ist.

Die „semantische Auffassung" beabsichtigt aber keineswegs, „die Bedingungen festzulegen, unter denen wir berechtigt sind, irgendeine gegebene und insbesondere irgendeine empirische Aussage zu behaupten".[93] Sie gibt noch kein Kriterium ab, wann wir eine bestimmte Aussage als wahr zu behaupten berechtigt sind. Der Nachteil der „semantischen Auffassung" liegt so darin, daß sie nur eine Definition der Bedeutung des Ausdrucks „wahr" bzw. „Wahrheit" abgibt, aber noch kein Kriterium der Wahrheit.

Dagegen beansprucht die klassische Wahrheitsdefinition, sowohl eine Definition als auch eine Bedingung oder ein Kriterium der Wahrheit zu bieten. Sie sagt sowohl, was Wahrheit ist, nämlich Übereinstimmung mit den Tatsachen, als auch, wann wir eine empirische Proposition zu behaupten berechtigt sind, nämlich eben dann, wenn sie mit den Tatsachen übereinstimmt. Doch können wir die klassische Definition in der Tarskischen Reformulierung nur als semantische Definition der Wahrheit gelten lassen, nicht aber als Kriterium.

Deshalb scheinen mir Wahrheitstheorien, die nur auf Tarskis Äquivalenzschema aufbauen, dem alltäglichen und klassischen Begriff der Wahrheit unangemessen zu sein. Nach ihnen ist das Prädikat „wahr" nur ein semantisches Prädikat und bedeutet nicht mehr als das, was im Aequivalenzschema steht: ‚p' ist wahr. ≡ .p. Dagegen erkannte A. Tarski meines Erachtens richtig, daß der klassische Wahrheitsbegriff mehr bedeutet als das Äquivalenzschema. Man nennt Wahrheitstheorien, die nur auf Tarskis Äquivalenzschema aufbauen, denn auch minimal.[94] Wegen dieser Unangemessenheit einer Definition der Wahrheit, welche kein Kriterium der Wahrheit abgibt, müssen wir uns nach anderen Kriterien umsehen.

3. Fünf Kriterien der Wahrheit

a) Ein erstes Kriterium scheint die Kohärenz zu sein. Eine objektsprachliche Proposition ist dann wahr, wenn sie mit anderen objektsprachlichen Propositionen kohäriert, d.h. zusammenhängt. Unter Kohärenz wird dabei soviel wie Konsistenz, unter Konsistenz – in einer schwachen Deutung – soviel wie Widerspruchsfreiheit verstanden. Die objektsprachliche Proposition, wonach sich die Sonne um die Erde dreht, ist dann wahr, wenn dieser Satz mit einem System von anderen Propositionen widerspruchsfrei zusammenhängt, etwa denjenigen des Ptolemäischen Weltsystems. Die Proposition aber, wonach sich die Erde um die Sonne dreht, ist dann wahr, wenn sie mit denjenigen des Kopernikanischen Weltsystems widerspruchsfrei zusammenhängt.

Der widerspruchsfreie Zusammenhang einer Proposition mit dem System kann auch in einem stärkeren Sinne so gedeutet werden, daß die Proposition aus dem System logisch ableitbar ist. Danach folgt aus dem Ptolemäischen Weltsystem, daß sich die Sonne um die Erde, und aus dem Kopernikanischen, daß sich die Erde um die Sonne dreht.

Richtig ist an der Kohärenztheorie, daß die Wahrheit einzelner Propositionen nicht unabhängig von derjenigen anderer Propositionen ist. Meistens kommt Wahrheit nicht einer einzelnen Proposition, sondern einem System von Propositionen zu. Es stellt eine im Prinzip unzuläßige Vereinfachung dar, wenn wir eine einzelne Proposition isolieren und ihr Wahrheit zuschreiben. Doch sagt uns die Kohärenztheorie nur, wann eine Proposition innerhalb eines schon akzeptierten Systems „wahr" oder „falsch" ist. So z.B. ist „Die Erde dreht sich um die Sonne" innerhalb des Ptolemäischen Weltsystems falsch. Doch offensichtlich ergibt die Kohärenztheorie noch kein Kriterium dafür ab, wie wir uns zwischen zwei in sich kohärenten Systemen wie z.B. dem Ptolemäischen und dem Kopernikanischen entscheiden können. Eine Proposition oder ein System von Propositionen mag „kohärent“ sein. Doch ist es auch wahr?

b) Als weiteres Wahrheitskriterium haben wir bei Axiomen die Evidenz kennengelernt. Allerdings ist die Evidenztheorie der Wahrheit keineswegs nur auf Axiome beschränkt worden. Auch Propositionen über Erfahrungsdaten können als wahr gelten, weil die Erfahrungsdaten evident sind. Wir haben also bei der Evidenz eine geistige und eine sinnliche Evidenz zu unterscheiden. Doch wie schon bei den Axiomen, so lassen sich auch bei Sinnesevidenzen Grenzfälle angeben, wo die Evidenz als Wahrheitskriterium nicht mehr genügt. Bei der Euklidischen Geometrie haben wir das beim neunten Axiom „Das Ganze ist größer als der Teil“ und beim Parallelenaxiom bereits gesehen. Es gilt aber auch bei moralischen Axiomen. So schreiben die Verfasser der amerikanischen „Unabhängigkeitserklärung“ (1776) in der Präambel: „Wir halten diese Wahrheiten für von selbst evident, daß alle Menschen gleich geschaffen sind, daß sie durch ihren Schöpfer mit gewissen unveräußerlichen Rechten versehen sind, daß sich unter diesen befinden Leben, Freiheit und das Streben nach Glück“.

Daß alle Menschen durch ihren Schöpfer gleich geschaffen sind, ist keineswegs von selbst evident. Wenn es von selbst einleuchtete, ließe sich schwer erklären, weshalb das Aristoteles noch nicht eingeleuchtet hat. Die erwähnten geometrischen Axiome haben ihm ja eingeleuchtet. Für Aristoteles nämlich gibt es Sklaven von Natur aus: „Wer nämlich von Natur nicht sich selbst, sondern einem anderen gehört, wiewohl er Mensch ist, der ist von Natur ein Sklave. Einem anderen aber gehört ein Mensch, wenn er dessen Besitz ist, wiewohl er Mensch ist. Ein Besitz aber [ist ein Sklave] im Sinne eines handlungsfähigen und selbständigen Werkzeuges.“[95] Zwar ist nicht jeder Sklave von Gesetzes wegen auch Sklave von Natur aus. Er ist es aber dann, wenn er an der Vernunft nur insoweit teilhat, daß er sie in anderen vernimmt, aber nicht selbst über sie verfügt. Ein solcher

Sklave aber darf nach Aristoteles fast wie ein Haustier gehalten werden, hat er doch eine ähnliche Funktion: „Beide, Sklaven und Haustiere, helfen uns bei der Befriedigung unserer leiblichen Bedürfnisse".[96] Das „unveräußerliche Recht" der Freiheit haben so Sklaven für Aristoteles sowenig wie Haustiere. Was also für die Gründungsväter der Vereinigten Staaten evident war, war es nicht für Aristoteles. Was die Gründungsväter als von selbst evident bezeichnet haben, das war eine erworbene Evidenz. Ebenso ist für uns heute noch weitgehend evident, daß z.B. höhere Säugetiere als „Sklaven" im Sinne von Haus- und Nutztieren gehalten, geschlachtet und gegessen werden dürfen. Vielleicht ist es für spätere Generationen einmal nicht mehr evident.

Ferner sind auch Sinnesevidenzen wie z.B., daß ein Bein im Wasser der Badewanne uns gebrochen erscheint oder daß die Sonne auf- und untergeht, noch nicht gültige Kriterien der Wahrheit. In Wirklichkeit ist das Bein ja nicht gebrochen und geht die Sonne weder unter noch auf. Weiterhin gibt es Menschen, für die es völlig evident ist, daß eine Verschwörung gegen sie stattfindet, wenn ihnen etwas nicht nach Wunsch geht, wiewohl dem keineswegs so sein muß.

Der Haupteinwand gegen Evidenz als Wahrheitskriterium ist somit der, daß Evidenz selbst schwerlich ein Kriterium abgibt, das echte Evidenz von einem subjektiven Gewißheitserlebnis unterscheiden läßt. Deshalb verbürgt dieses Kriterium den Anspruch auf Objektivität, den seine Vertreter aber machen, nicht. Blaise Pascal (1623–1662) meint sogar, daß es die Vernunft als einleuchtend darstellt, daß auch den einleuchtendsten Sätzen nicht zu glauben sei. Man braucht allerdings die Skepsis nicht so weit zu treiben. Sehr wohl kann nämlich die Evidenz als ein Prima-facie-Kriterium dienen. In den meisten Fällen aber, wo die Evidenz tatsächlich unbestritten ist, ist dies nur ein Zeichen dafür, daß wir hinsichtlich einer Proposition übereinstimmen. Eine Proposition oder ein System von Propositionen mag nämlich durchaus evident sein. Doch ist es auch wahr?

c) Die Übereinstimmung einer Gruppe von Menschen ist das Thema der Konsenstheorie der Wahrheit, die z.B. von Jürgen Habermas (*1929) vertreten wurde.[97] Nach ihr ist eine objektsprachliche Proposition dann wahr, wenn sie in einem Diskurs, d.h. in einem durch Argumentation gekennzeichneten Gespräch, die Zustimmung aller finden kann. Das bedeutet also nicht, daß eine objektsprachliche Proposition schon deshalb wahr ist, weil sie die Zustimmung aller findet. Wer zur Wahrheit wandert, wandert nach einem Sprichwort allein. Allerdings strebt niemand danach, noch am Ende der Wanderung allein zu sein. Aber natürlich weiß auch der Konsenstheoretiker, daß eine Wahrheit möglicherweise auch nur von einer Minderheit oder gar von Einzelnen erkannt wird. Gleichwohl war sie schon zu einem Zeitpunkt wahr, als sie noch nicht die Zustimmung aller oder der meisten gefunden hat. Die Tragik manches schöpferischen Menschen, von Sokrates (469–399 v. Chr.) bis zu Julius Robert Mayer (1814–1878), dem Entdecker des physikalischen Grundgesetzes von der Erhaltung der Energie, bestand vielmehr darin, daß ihre Erkenntnisse nicht die Zustimmung der Zeitgenossen gefunden haben. Doch kann eine Behauptung im Prinzip auch dann wahr sein, wenn nur ein einziger sie erkannt hat. So kann im Falle eines Justizirrtums der verurteilte Angeklagte der einzige sein, der klar um seine Unschuld weiß.

Nun meint die Konsenstheorie der Wahrheit nicht die mögliche Zustimmung aller unter irgendwelchen Bedingungen, sondern nur unter den Bedingungen einer „idealen Sprechsituation". Solche sind, daß alle möglichen Teilnehmer eines Diskurses die gleiche Chance haben, informative, argumentative, expressive und direktive Sprechhandlungen zu vollziehen.[98] Konkret heißt das, daß der Prozeß der Meinungsbildung in einem herrschaftsfreien Gespräch erfolgt, worin keiner den anderen mit irgendeinem materiellen oder immateriellen Druckmittel zur Zustimmung zwingen kann, daß alle sich von Argumenten überzeugen lassen und nicht auf ihrer Meinung beharren, um recht zu behalten und das Gesicht zu wahren, daß das Ansehen einer Person nichts gilt und anderes mehr. Diese „ideale Sprechsituation" ist aber nach J. Habermas „weder ein empirisches Phänomen noch bloßes Konstrukt, sondern eine in Diskursen unvermeidlich reziprok vorgenommene Unterstellung".[99]

Doch wann wissen wir, daß eine solche Unterstellung realisiert ist? Die Mechanismen der Macht, des Rechthabens und der instinktiven Unterwerfung unter Autoritäten können derart unmerklich verlaufen, daß es fast unmöglich erscheint, in einem konkreten Fall klar entscheiden zu können, ob der Prozeß der Zustimmung unter den Bedingungen einer „idealen Sprechsituation" stattgefunden hat oder nicht. Die Konsenstheorie der Wahrheit scheint mehr den Status eines Ideals zu haben, von dem sich ein Diskurs leiten lassen sollte. Sie gibt aber kein Kriterium dafür ab, wann eine Proposition tatsächlich wahr ist. So schreibt auch J. Habermas: „ Noch der Ausdruck ‚ideale Sprechsituation' führt, soweit er eine konkrete Gestalt des Lebens suggeriert, in die Irre."[100] Wohl aber gibt uns der tatsächliche Konsens ein Kriterium dafür ab, wann eine Proposition als wahr anerkannt wird. Was als wahr anerkannt oder angesehen ist, das *scheint* wahr zu sein, bzw. ist wahrscheinlich oder plausibel. Aristoteles hat das so formuliert:

„Wahre und erste Sätze sind solche, die nicht durch andere, sondern durch sich selbst überzeugen (denn nicht darf man bei den wissenschaftlichen Prinzipien nach dem Warum suchen, sondern jedes dieser Prinzipien muß durch sich selbst überzeugen); plausible aber sind solche, die allen oder den meisten oder den Weisen wahr scheinen, und unter diesen entweder allen oder den meisten oder den am meisten bekannten und berühmten."[101]

Was nun „allen oder den meisten oder den Weisen" wahr scheint, und unter diesen „entweder allen oder den meisten oder den am meisten bekannten und berühmten", das kann Wahrscheinlichkeit oder Plausibilität beanspruchen. Doch mehr kann aus dem tatsächlichen Konsens nicht gefolgert werden. Auch wenn die „am meisten bekannten und berühmten Weisen" übereinstimmen, können sie sich täuschen, ganz abgesehen davon, daß sich „die Weisen" meistens nicht einig sind.

Der zukünftige Konsens der Weisen ist aber auch dann, wenn er unter den Bedingungen einer „idealen Sprechsituation" stattfinden sollte, weder vorhersagbar noch als Kriterium der Wahrheit verfügbar. Zwar ergibt sich aus der Wahrheit einer Proposition oder eines Systems von Propositionen, daß ihr in einer „idealen Sprechsituation" alle Weisen oder wenigstens die „am meisten bekannten und berühmten" zustimmen müssen. Doch folgt aus der Zustimmung der Weisen schon die Wahrheit?

Der Konsens ist nur eine Folge davon, aber noch kein Kriterium dafür, daß eine Proposition oder ein System von Propositionen wahr ist. Eine Proposition oder ein System von Propositionen mag den tatsächlichen Konsens aller in einer „realen" oder den vorgestellten Konsens in einer „idealen Sprechsituation" gefunden haben. Doch ist es auch wahr?

d) Als ein weiteres Kriterium bietet sich die pragmatische Theorie der Wahrheit an. Sie ist schon vor ihrer ausdrücklichen Formulierung durch William James (1842–1910) verschiedentlich vorweggenommen worden. So meint z.B. Goethe in seinem Gedicht „Vermächtnis": „Was fruchtbar ist, allein ist wahr". Explizit formuliert sie W. James, wobei er allerdings nicht von Propositionen, sondern von Ideen spricht: „Wahre Ideen sind die, welche wir uns aneignen, welche wir geltend machen, bestätigen und verifizieren können. Falsche Ideen sind solche, bei denen dies nicht möglich ist."[102] Danach ist die Wahrheit nichts Statisches, sondern etwas Dynamisches. Sie entsteht wesentlich im Prozeß des Wahrmachens, d.h. im Prozeß der Verifikation. Die Nützlichkeit aber ist das Kriterium, an dem sich dieser Prozeß der Verifikation oder Falsifikation zu orientieren hat: „Wahre Ideen wären nie als solche ausgewählt worden, hätten nie einen gemeinsamen Namen erworben, am wenigsten von allem einen Namen, der einen Wert nahelegt, wenn sie nicht von Anfang an in dieser Art nützlich gewesen wären.“[103]

Das Kriterium der Wahrheit ist so für den pragmatischen Wahrheitsbegriff die Nützlichkeit im weitesten Sinne des Wortes. Nehmen wir z.B. an – um ein scheinbar plausibles Beispiel zu geben –, daß wir uns in einer fremden Stadt verirrt haben. Durch Fragen erhalten wir eine Auskunft, wie wir den kürzesten Weg zu unserem Hotel finden können. Diese Auskunft ist wahr, wenn wir mit ihrer Hilfe das Hotel auf dem kürzesten Wege finden. Nach der pragmatischen Wahrheitstheorie ist auch der Glaube an die Existenz einer Außenwelt und die Existenz anderer Menschen deshalb wahr, weil er für unser Leben im weitesten Sinne nützlich ist. Ähnliches gilt sogar für die Existenz Gottes: „Nach pragmatischen Grundsätzen ist die Hypothese von Gott wahr, wenn sie im weitesten Sinne des Wortes befriedigend arbeitet.“[104]

Hier aber wird deutlich, daß am pragmatischen Kriterium der Wahrheit etwas unbefriedigend ist. Wer an die Existenz Gottes glaubt, wird nicht deshalb an die Existenz Gottes glauben, weil diese Hypothese für ihn befriedigend arbeitet, also einen Placebo-Effekt hat. Erst weil er an die Existenz Gottes glaubt, kann er vielleicht sein Schicksal leichter tragen. Ebenso glauben wir nicht deshalb an die Existenz der Außenwelt und an die anderer Menschen, weil dies für unser Leben förderlich ist. Erst weil wir an die Existenz der Außenwelt und anderer Menschen glauben, können wir unser Leben und das anderer fördern und die Außenwelt zu unseren Gunsten verändern. Das pragmatische Wahrheitskriterium scheint Wahrheit mit Nützlichkeit zu verwechseln. Zwar kann die Wahrheit nützen, wie eine wahre Auskunft nützen kann. Doch ist nicht jede nützliche Auskunft schon wahr, und nicht jede schädliche schon falsch. Eine wahre

Auskunft wie „Sie haben Krebs“ kann manchmal mehr schaden als eine falsche, wenn sie den Gesundheitszustand des Patienten verschlechtert. Ebenso kann eine falsche Auskunft wie „Sie haben ja noch ein jugendliches Herz“ einem alternden Herzkranken mehr nützen als eine wahre, wenn sie sein subjektives Wohlbefinden verbessert. Auch hat sich die Hypothese von Gott schon für unzählige Menschen als nützlich erwiesen, um Schicksalsschläge und schweres Leid zu ertragen. Doch ist sie deswegen auch wahr? Hinzu kommt, daß bei der Ersetzung von Wahrheit durch das, was „befriedigend im weitesten Sinne“ ist, unbestimmt bleibt, was denn „im weitesten Sinne“ befriedigend ist. Das Wahrheitskriterium des Pragmatismus ist zu vage. Aber auch wenn es genau genug wäre, um „im weitesten Sinne befriedigend“ zu sein, so bliebe wieder die Frage offen: Eine Proposition oder ein System von Propositionen mag „im weitesten Sinne“ befriedigend sein. Doch ist es auch wahr?

e) Schließlich ist das Ziel, dem wir uns annähern, wenn wir unablässig die wissenschaftliche Methode befolgen, von Charles Sanders Peirce (1839–1914) zum Wahrheitskriterium erkoren worden: „Die Meinung, die vom Schicksal dazu bestimmt ist, daß ihr letztlich alle Forscher zustimmen, ist das, was wir unter Wahrheit verstehen, und der Gegenstand, der durch diese Meinung vorgestellt wird, ist das Reale. Das ist die Art und Weise, wie ich Realität erklären würde.“[105] Die Zustimmung aller Forscher deutet an, daß sich auch Ch. S. Peirce des Konsenses als Kriterium der Wahrheit bedient. Kriterium der Wahrheit aber ist hier weder eine tatsächliche Übereinstimmung, noch die in einer „idealen Sprechsituation“, sondern die in der Zukunft liegende endgültige oder finale Übereinstimmung aller Forscher. Zweifelsohne hat die Wahrheit eine vereinheitlichende Wirkung, insofern ihr letztlich jeder Vernünftige zustimmen muß. Doch folgt aus dieser vereinheitlichenden Kraft noch nicht die Wahrheit. Abgesehen davon, daß nicht feststeht, was die wissenschaftliche Methode ist, so sagt uns auch diese Theorie noch nicht, wann eine konkrete Proposition oder ein System von Propositionen wahr ist. Denn da wir diesen Endzustand nicht kennen, so wissen wir nicht, ob eine bestimmte Proposition jetzt schon wahr ist. Wir wissen aber auch nicht, wie weit sie vom Endzustand entfernt ist. Hinzu kommt, daß wissenschaftliche Forschung im Prinzip endlos weitergehen kann. Nehmen wir gleichwohl an, daß der endgültige Konsens einmal erreicht sei. Dann bleibt immer noch die Frage offen, ob eine Proposition, die den letzten Konsens erreicht hat, auch wahr ist. Denn es könnte ja sein, daß der endgültige Konsens der endgültige Irrtum und das terminale Verhängnis aller Forscher ist. Es ist nämlich logisch möglich, daß eine Proposition falsch ist, auch wenn sie den Konsens aller zukünftigen Forscher erreicht hat. Die finale Zustimmung aller kann so wie die Zustimmung unter den Bedingungen einer „idealen Sprechsituation" nur eine Folge davon, nicht aber das Kriterium dafür sein, daß eine Proposition oder ein System von Propositionen wahr ist. Eine Proposition oder ein System von Propositionen mag den endgültigen Konsens aller gefunden haben. Doch ist es auch wahr?

4. Die Supervenienz des Begriffs der Wahrheit über die fünf Kriterien

Das Argument der offenen Frage, das sich bei all diesen Kriterien anbringen läßt, zeigt, daß keines dieser fünf Kriterien ausreicht, um zu sagen, daß eine objektsprachliche Proposition P wahr ist.[106] Denn eine Proposition oder ein System von Propositionen mag kohärent, evident, konsensfähig, befriedigend sein oder gar die finale Zustimmung aller Forscher finden. Immer noch läßt sich die Frage stellen: Ist die Proposition oder das System von Propositionen auch wahr? Der Begriff der Wahrheit enthält so einen Bedeutungsüberschuß, der durch die erwähnten fünf Kriterien nicht ausgeschöpft wird. Der Begriff der Wahrheit ist – um es mit einem Fremdwort zu sagen – über die erwähnten Wahrheitskriterien supervenient (von supervenire = hinzukommen): Er kommt zu den erwähnten Wahrheitskriterien hinzu, läßt sich aber nicht auf sie reduzieren.[107]

Das Fremdwort hilft uns, zweierlei zu verstehen: Erstens, daß der Begriff der Wahrheit zu den fünf Kriterien hinzukommt und insofern von ihnen abhängt, als ohne sie die Wahrheit an sich für uns wohl nicht erfaßbar wäre. So können wir mittels Tarskis Äquivalenzschema „‚p' ist wahr. ≡ .p" allein nicht erfassen, was der klassische und alltägliche Wahrheitsbegriff bedeutet. Zweitens gibt das Fremdwort zu verstehen, daß der Begriff der Wahrheit gleichwohl einen Überschuß über die fünf Wahrheitskriterien enthält. Der Begriff der Supervenienz der Wahrheit bringt sowohl die Abhängigkeit des Begriffs der Wahrheit von den fünf Kriterien als auch die Überschüssigkeit des Begriffs der Wahrheit über die fünf Kriterien zum Ausdruck.

Aus der Supervenienz aber ergibt sich ein wichtiges Resultat: Eine Proposition oder ein System von Propositionen ist noch nicht für uns wahr, wenn sie nach einem der fünf Kriterien wahr ist. Denn es läßt sich ja immer noch die Frage stellen, die offen bleibt. Eine Proposition oder ein System von Propositionen ist vielmehr *letztlich* nur dann auch für uns wahr, wenn die Proposition oder das System auch an sich wahr ist. So z.B. ist es nicht schon für uns wahr, daß wir im Lotto das große Los gewonnen haben, wenn es mit unseren sonstigen Überzeugungen kohäriert, evident oder nützlich ist und den Konsens unserer Mitmenschen findet. Es ist erst dann für uns wahr, wenn die Million tatsächlich eintrifft.

Sind die erwähnten fünf Wahrheitskriterien aber nicht ausreichend, um angeben zu können, wann P wahr ist, so sind sie darum nicht wertlos. Doch sind sie alle nur Prima-facie-Kriterien, d.h. Kriterien, die durch andere Erwägungen außer Kraft gesetzt werden können. So kann die Million auch dann nicht eintreffen, wenn das Eintreffen mit unseren sonstigen Überzeugungen kohäriert. Umgekehrt kann eine Proposition auch dann wahr sein, wenn sie nicht mit einem System bestehender Propositionen kohäriert, wie z.B. die Proposition desjenigen, der erstmals gesagt hat, daß die Erde nicht flach, sondern rund sei. Eine Proposition kann wahr sein, auch wenn sie nicht evident ist, wie z.B. die, daß unendliche Mengen Teilmengen haben, die mit der ganzen Menge äquivalent sind. Sie kann auch wahr sein, wenn sie nicht auf den Konsens in einem Diskurs von Fachwissenschaftlern stößt, wie z.B. die Proposition J.R. Mayers, daß sich Bewegung in Wärme verwandelt. Sie kann wahr sein, auch wenn sie für unser Gefühl im weitesten Sinne unbefriedigend ist, wie z.B. dann, wenn sie, sprichwörtlich gesprochen, traurig, aber wahr ist. Schließlich könnte eine Proposition auch dann wahr sein, wenn sie vielleicht nie den endgültigen Konsens aller Forschenden findet.

Nun könnten wir weitere Wahrheitskriterien zu formulieren suchen, wie z.B. das der Schönheit oder Eleganz. Nicolas Boileau (1636–1711) schreibt z.B.: „Nichts anderes ist schön als das Wahre. Das Wahre allein ist liebenswert." Doch ließe sich an alle weiteren Wahrheitskriterien wieder die offene Frage richten: Wenn die Proposition diesem neuen Kriterium genügt, ist sie dann auch wahr?

Dieses Ungenügen aller Wahrheitskriterien hat eine wichtige Folgerung. Wir besitzen kein ausreichendes Kriterium dafür zu entscheiden, wann eine objektsprachliche Proposition P objektiv wahr ist. Das hat im Prinzip schon Xenophanes (um 570 – um 475 v. Chr.) gewußt. Ich zitiere ihn in der schönen Übersetzung K. Poppers:

„Sichere Wahrheit erkannte kein Mensch
und wird keiner erkennen
Über die Götter und alle die Dinge, von denen ich spreche.

Sollte einer auch einst die vollkommenste Wahrheit verkünden,
Wissen könnt' er das nicht:
Es ist alles durchwebt von Vermutung."[108]

Unter der „vollkommensten Wahrheit" können wir – wenn wir den Gedanken des Xenophanes in eine heutige Sprache übertragen dürfen – die objektive Wahrheit verstehen. Auch dann also, wenn einer die objektive Wahrheit verkünden sollte, so wüßte er das nicht. Warum? Weil er kein Kriterium dafür hat, um sagen zu können, daß die Proposition P objektiv wahr ist. Zwar haben wir zwischen subjektivem Fürwahrhalten und objektiver Wahrheit zu unterscheiden. Gleichwohl beruht jede von uns formulierte Wahrheit P auf einem Fürwahrhalten. Um es mit einem Bild zu sagen, welches von dem skeptischen Philosophen Sextus Empiricus (um 200–250) stammt:

„Denn nehmen wir an, daß in einem dunklen Haus, in dem viele Kleinode liegen, einige Leute nach Gold suchen. Dann wird es passieren, daß jeder von diesen eines der Dinge im Haus anfaßt und dabei glaubt, daß er Gold angefaßt habe. Aber keiner wird davon überzeugt sein, daß er Gold angefaßt hat, auch wenn er es in der Hand hat. So ist auch die Schar der Philosophen in die Welt gekommen wie in ein großes Haus, um die Wahrheit zu suchen. Aber es ist vernünftig, daß der, welcher die Wahrheit erfaßt hat, bezweifelt, ob er erfolgreich war."[109]

5. Die klassische Definition als ausschlaggebendes Kriterium und Ideal

Wann also dürfen wir eine objektsprachliche Proposition P für wahr halten? Wann dürfen wir sagen, daß „Der Schnee ist weiß" wahr ist? Nachdem das grundsätzliche Ungenügen der diskutierten und im Prinzip auch weiterer Wahrheitskriterien wie desjenigen der Schönheit festgestellt ist, scheint es nicht sinnvoll zu sein, nach einem neuen zu suchen. Es scheint vielmehr nichts anderes übrigzubleiben, als zur klassischen Definition der Wahrheit zurückzukehren: Wahrheit ist die Übereinstimmung zwischen Erkenntnis und Wirklichkeit bzw. Proposition und Tatsache. Nun ist die klassische Wahrheitsdefinition auch selbst ein Kriterium der Wahrheit (vgl. S. 95). Es ist meines Erachtens die ausschlaggebende Perspektive, an der die anderen Kriterien zu messen sind. Denn eine objektsprachliche Proposition oder ein System von Propositionen mag kohärent, evident, konsensfähig, befriedigend sein und die endgültige Zustimmung aller Forscher gefunden haben. Wenn sie oder es nicht mit der Wirklichkeit übereinstimmt, dann ist sie oder es nicht wahr. Die klassische Wahrheitsdefinition kann also meines Erachtens den Begriff der Wahrheit so erklären, daß er am wenigsten von seinem Bedeutungsüberschuß verliert. Mit diesem Begriff verbinden wir nämlich eine Bedeutung, welche durch die anderen Kriterien nicht wiedergegeben wird, da diese die Wahrheit auf etwas letztlich Subjektives – Kohärenz, Evidenz, Nützlichkeit oder Konsens – reduzieren. Deshalb konnten sie auch von K. Popper als subjektive Wahrheitstheorien bezeichnet werden.[110] Wenn aber eine Proposition nicht der Wahrheit im Sinne von Übereinstimmung genügt, so scheint die Objektivität, die wir dem Begriff der Wahrheit zuschreiben, dem Begriff abhanden gekommen zu sein.

Allerdings haben wir gegen diese klassische Definition drei Einwände formuliert. Um sie trotz dieser drei Einwände als Kriterium der Wahrheit behaupten zu können, müssen wir sie einschränken:

a) Die Zirkularität der Wahrheitsdefinition ist für alle Versuche, philosophische Grundbegriffe zu definieren, typisch: Wir können philosophische Grundbegriffe nicht definieren, ohne sie schon vorauszusetzen. Es ist richtig, daß wir einen Begriff von Wahrheit als Übereinstimmung schon voraussetzen, um Wahrheit als Übereinstimmung von Proposition und Tatsache zu definieren. Doch gilt dasselbe im Prinzip von jeder anderen Definition der Wahrheit. Weil dem so ist, konnten wir auch bei jedem der anderen Wahrheitskriterien die Frage stellen, deren Antwort offen bleibt: Wenn die Proposition P eines dieser Kriterien erfüllt, ist sie dann auch wahr? Analoges kann man für andere Grundbegriffe wie den des Seins oder des Guten ausmachen. Mit Recht meint z.B. G. Frege, daß es vergeblich wäre, „durch eine Definition deutlicher zu machen, was unter ‚wahr' zu verstehen sei"[111]. Dasselbe gelte von jeder Erklärung von dieser Form:

„‚A ist wahr, wenn es die und die Eigenschaften hat, oder zu dem und dem in der und der Beziehung steht'. Immer käme es wieder im gegebenen Falle darauf an, ob es wahr sei, daß A die und die Eigenschaften habe, zu dem und dem in der und der Beziehung stehe. Wahrheit ist offenbar etwas so Ursprüngliches und Einfaches, daß eine Zurückführung auf noch Einfacheres nicht möglich ist."[112]

In diesem Sinne würde wohl G. Frege der Tarskischen Reformulierung der klassischen Wahrheitsdefinition noch nicht den Status einer eigentlichen oder expliziten Definition der Wahrheit zubilligen. Eine explizite Definition ist nämlich eine solche, bei der das, was zu definieren ist – d.h. das Definiendum – durch das Definierende – d.h. das Definiens – ersetzt werden kann. Um die klassische Wahrheitsdefinition aufrechtzuerhalten, dürfen wir sie also nicht mehr als eine explizite Wahrheitsdefinition, sondern nur als implizite Definition verstehen. Eine implizite Definition können wir auch Erläuterung nennen.[113] Eine Erläuterung aber ist eine Begriffsbestimmung, welche die Kenntnis des Begriffs, den sie bestimmen will, schon ausdrücklich oder unausdrücklich voraussetzt.

b) Die klassische Wahrheitserläuterung setzt einen erkenntnistheoretischen Realismus voraus, d.h. eine Theorie, wonach wir die Wirklichkeit erkennen können, wie sie an sich ist. Sie setzt nämlich voraus, daß eine Außenwelt objektiv existiert, also z.B., daß der Schnee tatsächlich eine Farbe hat und dies uns nicht nur auf Grund unserer Wahrnehmung so erscheint. Diesen erkenntnistheoretischen Realismus können wir vermeiden, wenn wir die klassische Erläuterung der Wahrheit auf einen hypothetischen Realismus einschränken. Wir behaupten also nicht, daß eine Proposition mit einer Tatsache übereinstimmt, „wie sie wirklich ist", sondern nur, daß eine Proposition mit einer Tatsache übereinstimmt, „wie sie uns erscheint". Dazu müssen wir *nicht* die Proposition und unabhängig von ihr auch die Tatsache an sich kennen, um entscheiden zu können, ob die Proposition mit der Tatsache übereinstimmt oder nicht. Wir brauchen nicht den Gesichtspunkt des „Auges Gottes" einzunehmen. Wir müssen die Tatsachen nur insoweit kennen, als wir sie z.B. auf Grund unserer Beobachtungen sprachlich formuliert haben. Die objektsprachliche Proposition „Der Schnee ist weiß" können wir aber mit Schnee vergleichen, der – unter entsprechenden Umständen beobachtet – für unsere Augen weiß ist. Ob der Schnee auch für das Auge Gottes oder an sich weiß ist, das ist eine Frage, die wir hiermit noch nicht beantwortet haben und auch nicht zu beantworten brauchen. Der Gesichtspunkt Gottes wäre von uns aus gesehen so etwas wie eine „Sicht aus dem Nirgendwo". Dagegen können wir nichts anderes, als eine „Sicht von Irgendwoher", d.h. eine menschliche Perspektive, einnehmen. Aus einer menschlichen Perspektive gesehen, ist Wahrheit nicht mehr eine Beziehung zwischen Proposition und Tatsache an sich, sondern eine Beziehung zwischen Proposition und hypothetischer Tatsache.

Die klassische Wahrheitserläuterung ist zwar innerhalb eines erkenntnistheoretischen Realismus entstanden: „Nicht deshalb, weil wir mit Wahrheit glauben, daß du weiß bist, bist du weiß; sondern weil du weiß bist, sagen wir, die dies sagen, die Wahrheit".[114] Gleichwohl hat sie nur in einem hypothetischen Realismus Gültigkeit. Denn es ist eine Hypothese, daß der Schnee weiß ist. Gegen die Sonne gesehen ist er vielleicht gelb. Allerdings müssen wir für diese Einschränkung einen Preis bezahlen. Wir können nämlich nicht mehr sagen, ob eine Proposition oder ein System von Propositionen an sich wahr ist. Das ist die zweite Einschränkung.

c) Den unendlichen Regreß können wir ebenfalls vermeiden, da wir ja die Realität der Tatsache, daß der Schnee weiß ist, innerhalb eines hypothetischen Realismus festsetzen. Zwar müssen wir, um beurteilen zu können, ob eine Proposition P_1 mit einer Tatsache übereinstimmt schon die Tatsache implizit oder explizit in einer Proposition P_2 formuliert haben. Dann erst können wir beurteilen, ob P_1 mit P_2 übereinstimmt oder nicht. Die Frage aber, woher wir wissen, daß P_2 mit der Tatsache an sich übereinstimmt oder nicht, stellen wir nicht mehr, da wir bei P_2 anhalten. Dieses vorläufige Anhalten bei einer Proposition, die nur eine hypothetische Tatsache wiedergibt, ist die dritte Einschränkung.

Nun haben wir mit der Proposition „Der Schnee ist weiß" ein einfaches Beispiel übernommen, da sich hier das Problem der Wahrheit besser studieren läßt als an einem komplexen. Hier scheint das vorläufige Anhalten bei einer Proposition P_2 berechtigt zu sein. Wofern wir nicht einer kollektiven Sinnestäuschung erliegen, dürfen wir hypothetisch annehmen, daß der Schnee – unter geeigneten Umständen beobachtet – weiß ist. Wie ist es nun aber mit der Wahrheit bzw. der objektiven Wahrheit? Denn unser Wahrheitsstreben scheint nicht befriedigt, wenn wir nicht die Wahrheit bzw. die objektive Wahrheit gefunden haben. Das wäre eine Proposition oder ein System von Propositionen, die oder das mit der „Wirklichkeit an sich" übereinstimmt. Solange wir nämlich dies nicht haben, ist mit Einspruch zu rechnen, sei es von anderen oder auch von uns selbst. Der Begriff der Wahrheit beansprucht nämlich eine Objektivität, welche durch eine nur hypothetische Objektivität nicht eingelöst werden kann.

Was nun die objektive Wahrheit ist, das mag bei der Frage, ob der Schnee weiß ist oder nicht, völlig unerheblich sein. Doch gibt es Fälle, wo es sehr wichtig ist, daß ein Sachverhalt objektiv wiedergegeben wird, wie z.B. vor Gericht. Jeder Richter hat die Pflicht, die objektive Wahrheit ausfindig zu machen, soweit er sie ausfindig machen kann. Es ist seine natürliche Arbeitshypothese, daß sich ein Sachverhalt – z.B. ein bestimmter Verkehrsunfall – auf eine bestimmte Art und Weise zugetragen hat, auch wenn gegebenenfalls nicht mehr im nachhinein genau erkannt oder rekonstruiert werden kann, wie er sich zugetragen hat. Aber schon die Rekonstruktion eines Verkehrsunfalles kann schwierig genug sein. Hier mag das vorläufige Anhalten bei einer Proposition P_2 nicht berechtigt sein. Denn es könnte ja sein, daß P_2 auf einer Täuschung beruht und durch eine Proposition P_3 revidiert werden muß. P_3 aber muß vielleicht durch P_4 revidiert werden usw.

Noch schwieriger wird es jedoch bei wissenschaftlichen Theorien, sei es über die Natur oder über die Geschichte. Hier könnte es sein, daß eine Proposition P_2 durch P_3 und P_3 durch P_4 usw. oder ein System von Propositionen SP_2 durch SP_3 und SP_3 durch SP_4 usw. ins Unendliche revidiert werden muß. Denn es gibt ja kein oberstes Gericht, welches der Wahrheitssuche ein Ende setzte. Gleichwohl ist es eine natürliche Forderung des gesunden Menschenverstandes, daß es eine „Wirklichkeit an sich" gibt, auch wenn sie nicht erkannt werden kann. Gesunden Menschenverstand aber wollen auch die Wissenschaftler haben.

Erläutern wir das wieder an einem einfacheren Beispiel, nämlich an der Übersetzung eines literarischen Textes. Eine solche besteht aus einem System von Sätzen. Ein Satz kann das Original mehr oder weniger getreu wiedergeben, sich dem Original weniger oder mehr annähern. Dieser Annäherungsprozeß kann im Prinzip endlos weitergehen. Ein

Übersetzer setzt jedoch voraus, daß ein Satz nicht beliebig zu übersetzen ist. Ebenso setzt er voraus, daß ein Text einen Sinn hat, den es zu übersetzen gilt. Dieser Sinn kann mehrdeutig sein. Gleichwohl setzt er einen originalen Sinn voraus, auch wenn jede konkrete Übersetzung nur eine Übersetzungshypothese ist.

Das Problem bei komplexen wissenschaftlichen Theorien, die sich weit von der Sinneserfahrung entfernen können, besteht jedoch darin, daß sie nicht mehr unmittelbar, sondern nur mittelbar am „Original" der Erfahrung zu überprüfen sind. So wird eine Theorie über die Kernstruktur bei mittleren Temperaturen nur sehr indirekt durch Beobachtungsdaten in einer „Nebelkammer" zu kontrollieren sein. W. V. O. Quine geht sogar so weit zu behaupten, daß Theorien einander widersprechen und doch mit allen möglichen Sinnesdaten zusammenstimmen können.[115] Das nennt er die Unterbestimmtheit einer Theorie durch die Erfahrung. Hier scheint es illusorisch zu sein, diese Theorien auf ihre Übereinstimmung mit einer auch nur hypothetischen „Wirklichkeit" zu überprüfen. Da nämlich beide Theorien mit ihr übereinstimmen, kann die Übereinstimmung nicht mehr ein Kriterium zur Bevorzugung der einen Theorie vor der anderen abgeben. Hier scheint das Suchen nach *der* Wahrheit aussichtslos zu werden. Man scheint sich vielmehr mit bloßer Kohärenz, Konsens, Schönheit oder Nützlichkeit im weitesten Sinne des Wortes begnügen zu müssen. In der Tat sind ja die erwähnten Kriterien Prima-Facie-Kriterien, die auf den ersten Blick durchaus gültig sind. Häufig ist man z. B. in der Erfahrungswissenschaft auf ein rein pragmatisches Wahrheitskriterium angewiesen. So mag eine bewährte naturwissenschaftliche Theorie durchaus zweckmäßig und brauchbar sein, auch wenn wir nicht wissen können, ob sie wahr ist.

Trotzdem glaube ich, daß man ebenfalls bei empirischen Theorien, die sich von der unmittelbaren Sinneserfahrung entfernen, an der klassischen Wahrheitserläuterung auch im

Sinne eines Kriteriums festhalten muß, – wofern wir einmal von der Unterbestimmtheit im Sinne W. V. O. Quines, wofür es schwer ist, ein Beispiel aus der normalen Wissenschaftspraxis zu finden, absehen dürfen.[116] Wenn eine Theorie über die empirische Wirklichkeit allen anderen Kriterien genügt, aber nicht mit der empirischen Wirklichkeit übereinstimmt, dann ist sie nicht wahr. Der erwähnte hypothetische Realismus und die Vorläufigkeit der Wahrheit jeder Proposition scheinen jedoch diese natürliche Forderung unerfüllbar zu machen. Um an ihr trotzdem festzuhalten, müssen wir die klassische Wahrheitserläuterung von der Ebene der Wirklichkeit auf die Ebene eines Ideals heben. In der Tat hat der klassische Begriff der Wahrheit auch eine wertende Bedeutung, die wir noch vernachlässigt haben. So meint z. B. Georg Wilhelm Friedrich Hegel (1770–1831) stellvertretend für den unbefangenen Menschen und Philosophen: „Dem unbefangenen Menschen wird die Wahrheit immer ein großes Wort bleiben und das Herz schlagen lassen."[117]

Wahrheit als Übereinstimmung mit einer Wirklichkeit an sich ist nur ein Ideal und unerreichbar. Erreichbar ist nur eine Übereinstimmung mit einer hypothetischen Wirklichkeit. Dieses Ideal hat aber in gewissem Sinne die Funktion eines moralischen Ideals, weil es ein gewisses Absehen vom persönlichen Blickwinkel und Interesse verlangt. Es ist ein Ideal, das man auch als Objektivität im Sinne von Unparteilichkeit umschreiben kann. Was Unparteilichkeit ist, das ist leicht zu verstehen, wenn wir uns an die „Wahrheitsdefinition" O. Spenglers erinnern, nach der die Wahrheit nur ein „Produkt der Presse" war. Dann wäre mit der untergegangenen sowjetischen Parteizeitung „Prawda" – das heißt „Wahrheit" – die Wahrheit selbst untergegangen. Ein Historiker, der die Ursachen des Golfkrieges erforscht, hat sich diesem Ideal von Wahrheit ebenso zu verpflichten wie ein Physiker, der die Kernstruktur bei mittleren Temperaturen oder gar die Sicherheit eines Kernkraftwerkes untersucht. Wiewohl persönliche oder parteiliche Interessen ein starker Antrieb zur wissenschaftlichen Forschung sein können, sollten Wissenschaftler keine solchen Interessen verfolgen.

Natürlich gehen wir jeweils von unserer Perspektive aus. Wahrheit im Sinne einer Übereinstimmung mit einer Wirklichkeit an sich wäre eine Perspektive, wie sie nur Gott einnehmen könnte. Die Perspektive Gottes ist offensichtlich für Menschen nicht erreichbar. Aber gleichwohl ist das menschliche Streben nach Wahrheit mit einem Streben nach der Göttlichkeit verglichen worden.

Was nämlich auch von Menschen erreicht werden kann, ist der Versuch, von allen persönlichen Vorurteilen und Interessen abzusehen, um eine Sachlage so darzustellen, wie sie ist. Die Methode, dies zu erreichen, besteht darin, die eigenen Propositionen mit den hypothetischen Tatsachen zu vergleichen und gegebenenfalls sie durch diese widerlegen zu lassen. Ebenso gilt es, die eigenen Perspektiven der Kritik auszusetzen und gegebenenfalls durch die Perspektiven anderer widerlegen zu lassen. Dieser Suchprozeß kann im Prinzip endlos weitergehen. Das ist wohl auch der Sinn des unendlichen Regresses, wonach man jeden Satz wieder an einer Tatsache und diese wieder an einer weiteren prüfen kann usw. Was zuletzt tatsächlich erreicht wird, wird auch nur eine Hypothese sein. Irgendwo wird man schon aus äußeren Gründen anhalten müssen.

Doch geht ein solcher hypothetischer Realismus mit einem „naiven" oder An-sich-Realismus dann zusammen, wenn wir den zweiten als Ideal verstehen. Er ist aber ein Ideal, das den hypothetischen Realismus der empirischen Forschung und theoretischen Vernunft zu leiten hat. Diesem Ideal können wir uns annähern, auch wenn wir es nicht erreichen. Mittels der normativen Umorientierung läßt sich so an der klassischen Wahrheitserläuterung und ihrem Bedeutungsüberschuß festhalten, wenn auch nicht auf der faktischen, sondern nur auf der normativen Ebene.

Insofern sich unser Fürwahrhalten diesem Ideal annähern kann, hat zwar nicht die objektive Wahrheit, wohl aber unser Fürwahrhalten Grade: Zwar kann keine Hypothese das erwähnte Ideal erreichen. Doch kann eine Hypothese dem Ideal dann näher kommen als eine andere, wenn sie deren Fehler vermeidet. Zwar läßt sich der Grad der Wahrheitsnähe unseres Fürwahrhaltens von P nicht positiv definieren. Wir können nicht abmessen, wieweit P von der unerreichbaren Wahrheit noch entfernt ist.

Doch läßt er sich negativ als Grad der relativen Irrtumsferne präzisieren: Die Hypothese, daß die Erde kugelförmig ist, kommt der Wahrheit näher als die, daß sie eine Scheibe ist, da sie die Irrtümer der ersten Hypothese vermeidet. Die Hypothese aber, daß die Erde eine nach den Polen hin leicht abgeplattete Kugel, d.h. ein Rotationsellipsoid, ist, kommt der Wahrheit näher als die, daß sie kugelförmig ist, da sie die Irrtümer der zweiten Hypothese vermeidet usw. So dürfen wir doch hoffen, daß das Sprichwort recht hat: Die Wahrheit und der Morgen klären sich nach und nach auf.

V. Sein

1. Die vier Bedeutungen von „ist“

Wenn Wahrheit im gekennzeichneten Sinne Übereinstimmung von Erkenntnis und Wirklichkeit ist, muß aber endlich gefragt werden: was ist wirklich? Eine Antwort würde lauten: Alles, was ist. Doch was bedeutet der Ausdruck „ist“? Wie es schon unmöglich war, den Begriff der Wahrheit explizit zu definieren, so ist es auch unmöglich, die Bedeutung des Ausdrucks „ist“ mittels einer expliziten Definition zu erfassen. Jede Definition von der Art „Die Bedeutung von ‚ist‘ ist das und das“ würde die Bedeutung des Ausdrucks „ist“, den es zu definieren gilt, wieder verwenden.

Der substantivierte Infinitiv von „ist“ heißt „Sein“. Im folgenden soll der Infinitiv „Sein“ auf dieselbe Art und Weise wie das Partizip „Seiendes“ gebraucht werden. Ebensowenig wie die Bedeutung des finiten Ausdrucks „ist“ können wir aber die Bedeutung des substantivierten Infinitivs „Sein“ explizit definieren. Wenn wir definieren „Das Sein *ist* das und das“, so verwenden wir den zu definierenden Begriff wieder in der Definition. Auch mit der Bedeutung des Ausdruckes „ist“ setzen wir so schon ein Verständnis von Sein voraus, das wir doch erst verstehen wollen. Auch bei jeder expliziten Definition des Seins, wie z.B. „Das Sein ist die Wirklichkeit“, ließe sich wieder die Rückfrage stellen: Ist die Wirklichkeit schon das Sein? Diese Frage müßten wir verneinen. Denn auch das, was nicht die Wirklichkeit, sondern nur eine Einbildung ist, *ist* ja auch. Wie der Begriff der Wahrheit, so ist auch der des Seins ein nicht explizit definierbarer Grundbegriff der Philosophie. Wie der Begriff der Wahrheit, so ist auch der des Seins über jede explizite Definition „supervenient“. Deshalb können wir auch den Begriff des Seins nicht explizit, sondern nur implizit definieren. Wir können den Begriff des Seins nur erläutern, d.h. bewußt machen, was wir auf unentfaltete Art und Weise schon von ihm wissen.

Wie der Begriff der Wahrheit, so ist aber auch der Begriff des Seins *mehrdeutig*. Wenn wir sagen „Sokrates ist", so bedeutet der Ausdruck „ist" nicht dasselbe, wie wenn wir sagen „Sokrates ist ein Mensch". Im ersten Falle meint der von Sokrates ausgesagte Ausdruck „ist" soviel wie „Sokrates existiert"; im zweiten dagegen eine Verbindung von Sokrates und Mensch. Im ersten Falle hat „ist" eine existentielle, im zweiten eine kopulative Bedeutung. Bei der kopulativen Bedeutung können wir drei weitere Unterscheidungen vornehmen.

Wenn wir sagen „Sokrates ist ein Mensch", so heißt das, daß Sokrates Mitglied einer Klasse, nämlich derjenigen der Menschen ist. Statt Mitglied spricht man auch von Element. Der Ausdruck „Klasse" hat hier aber nicht die Bedeutung einer bestimmten gesellschaftlichen Schicht, sondern meint eine Gesamtheit. Eine Klasse in diesem Sinne ist die Gesamtheit all derjenigen Gegenstände oder Wesen, die eine gemeinsame Eigenschaft haben. Die Klasse der Menschen z.B. ist die Gesamtheit all derjenigen Wesen, welche die gemeinsame Eigenschaft haben, Mensch zu sein. Auf eine solche Klasse können wir uns nicht nur mit dem bestimmten Artikel im Plural, sondern auch im Singular beziehen. Statt „Die Menschen sind Lebewesen" können wir auch sagen „Der Mensch ist ein Lebewesen". Ein einzelner Mensch – etwa Sokrates – ist etwas Konkretes und Sichtbares. Die Klasse der Menschen dagegen ist etwas Abstraktes, d.h. etwas, das von den einzelnen und konkreten Menschen „weggezogen" worden und nicht mehr sichtbar ist. So haben wir diese allen Menschen gemeinsame, abstrakte Eigenschaft, das Menschsein, noch nie gesehen. Was wir gesehen haben, sind nur einzelne Menschen.

Wenn nun Sokrates ein Mensch ist, so ist er ein Element der Klasse der Menschen. Wenn ferner der Mensch ein Lebewesen ist, so ist auch die Klasse der Menschen in derjenigen der Lebewesen eingeschlossen. Im einen Falle (a) bedeutet der Ausdruck „ist" eine Element-, im anderen (b) eine Klasseneinschlußrelation. Der Unterschied liegt darin, daß im Falle der Klasseneinschlußrelation Merkmale der größeren Klasse auch solche der kleineren sind. Wie z. B. die Klasse der Lebewesen unsichtbar ist, so auch die der Menschen. Im Falle der Zugehörigkeit eines Elementes zu einer Klasse aber sind die Eigenschaften der Klasse nicht schon Eigenschaften der Elemente. Hat z. B. die Klasse der Menschen keinen Kopf, so hatte Sokrates sehr wohl einen Kopf. Weiterhin können wir auch sagen, daß Sokrates Sokrates ist. Dann bedeutet (c) das kopulative „ist" soviel wie „ist identisch mit".[118] Das Wort „ist" hat also eine existentielle und zumindest drei kopulative Bedeutungen. Das Wort „ist" hat somit mindestens vier verschiedene Bedeutungen.

Wenn der Ausdruck „ist" vier verschiedene Bedeutungen hat, so heißt das aber nicht, daß der Ausdruck „ist" nur Verschiedenes bedeutet bzw. homonym ist. Bei einem homonymen Ausdruck nämlich hat dieselbe Ausdrucksgestalt nur verschiedene Bedeutungen. So z. B. kann der Ausdruck „Schloß" sowohl ein Türschloß als auch ein Gebäude, etwa das Schloß am Wolfgangsee, bedeuten. Demgegenüber bedeutet die Ausdrucksgestalt „ist" nicht nur Verschiedenes. Der Ausdruck „ist" hat nämlich eine Hauptbedeutung, auf welche die verschiedenen anderen Bedeutungen hingeordnet sind.

Welches aber ist die Hauptbedeutung von „ist", die existentielle oder eine der drei kopulativen? Ich würde meinen, die existentielle. Damit nämlich eine Proposition wie „Sokrates ist ein Mensch" wahr sein kann, müssen wir voraussetzen, daß Sokrates existiert. Wenn Sokrates nicht existierte, so wäre die Proposition nicht wahr. Eine wahre Proposition muß also einen Bezugsgegenstand in der Wirklichkeit haben, auch wenn die Existenz dieses Bezugsgegenstandes nur hypothetisch ist. Ebenso setzt die Wahrheit einer Proposition, wie „Der Mensch ist ein Lebewesen", die Existenz einer Klasse, die Wahrheit von „Sokrates ist Sokrates" die Existenz von Sokrates voraus. Das ist ein logisches

Gesetz, das so formuliert werden kann: Wenn eine Proposition wahr ist, dann setzt sie voraus, daß es etwas gibt, von dem sie etwas Wahres aussagt. Man nennt dies auch das Gesetz der Existenzverallgemeinerung: Aus der Wahrheit einer Proposition wird der allgemeine Schluß gezogen, daß es etwas gibt, worauf die Proposition zutrifft.

Die kopulative Bedeutung von „ist" setzt also in diesem logischen Sinne die existentielle voraus. Deshalb dürfen wir annehmen, daß von den erwähnten vier Bedeutungen von „ist" die existentielle logisch grundlegend ist. Sind zwar die vier Bedeutungen von „ist" verschieden, so bedeutet „ist" gleichwohl nicht nur Verschiedenes. Die verschiedenen kopulativen Bedeutungen des Wortes „ist" sind vielmehr auf *eine* Grundbedeutung wie auf ihr Zentrum hingeordnet. Der Ausdruck „ist" hat *eine* zentrale Bedeutung, nämlich die der Existenz. Das hat Aristoteles erstmals erkannt, auch wenn er die erwähnten Unterscheidungen zwischen den verschiedenen Bedeutungen von „ist" noch nicht macht und das Zentrum der verschiedenen Bedeutungen von „ist" nicht Existenz, sondern Substanz nennt.[119] Den Ausdruck „Substanz" können wir auch mit Wesen übersetzen.

Die Lehre von dem, was ist, nennt man nun auch die Lehre vom Seienden oder Ontologie. „On" heißt Seiendes, „logos" Lehre. Aristoteles formuliert ihr Thema erstmals und programmatisch so:

„Es gibt eine Wissenschaft, welche das Seiende als Seiendes erforscht und das, was ihm an sich zukommt. Diese ist mit keiner der sogenannten Teilwissenschaften identisch. Keine der anderen nämlich erforscht das Seiende allgemein als Seiendes, sondern, indem sie einen Teil von ihm abschneiden, betrachten sie an diesem Teil, was ihm zukommt, wie z.B. die mathematischen Wissenschaften."[120]

Die anderen Wissenschaften sind also Teilwissenschaften, wie z.B. die Mathematik, Physik oder die Biologie. Sie „schneiden sich" einen Teil vom Ganzen „ab" und erforschen das Seiende nur unter dem Gesichtspunkt, daß es zählbar, bewegt oder belebt ist. Die Ontologie dagegen „schneidet" nichts vom Ganzen „ab" und erforscht das Seiende unter dem Gesichtspunkt, daß es ist. Sie ist insofern keine Teil- oder Spezialwissenschaft, sondern Wissenschaft von dem, was allem, was ist, gemeinsam ist. Alles, was ist, ist. Deshalb ist das Sein allem, was ist, gemeinsam. Die Ontologie als Lehre vom Seienden als Seiendes ist so keine spezielle, sondern allgemeine Ontologie. Sie ist die Lehre von allem, was ist, insofern es ist. Da jedoch die existentielle Bedeutung von „ist" primär ist, so lautet deren Grundfrage „Was ist bzw. was gibt es?" primär: „Was existiert?"

2. Reale Existenz und reale Tatsachen

Die nächstliegende Antwort lautet wohl: Alles, was sinnlich erfahrbar ist. Sinnlich erfahrbar sind z.B. Steine, Pflanzen, Tiere und Menschen. Ihnen schreiben wir eine wirkliche oder reale Existenz zu. Freilich haben wir im letzten Kapitel gelernt, daß auch die reale Existenz nur hypothetisch ist. Doch können wir mit dieser Einschränkung all dem, was wir sinnlich erfahren, Realität zusprechen. Wenn wir diese Einschränkung gemacht haben, dann können wir die hypothetische reale Existenz der Einfachheit halber auch reale Existenz nennen.

Reale Existenz erläutern wir dabei in Übereinstimmung mit dem alltäglichen Verständnis als eine durch Sinneserfahrung belegbare Existenz. So z.B. haben wir alle schon Steine, Pflanzen, Tiere und Menschen gesehen. Deshalb sagen wir, daß Steine, Pflanzen, Tiere und Menschen existieren. Auf die weitere Frage, ob Steine, Pflanzen, Tiere und Menschen auch wirklich oder real existieren, würden wir antworten: Selbstverständlich ja. Was denn könnte wirklicher sein als das, was wir sehen und greifen können? So haben wir schon alle Steine geschleppt, den Rasen gemäht, Katzen gestreichelt und Menschen in die Arme genommen. Erfahrbarkeit durch unsere Sinne ist das Kriterium der realen Existenz.

Dieses Kriterium bedeutet aber nicht, daß nur das real existiert, was wir tatsächlich sinnlich erfahren. Es mag z.B. auf dem Meeresgrund manchen Goldschatz geben, den noch niemand gesehen hat. Trotzdem existiert er real, da er vielleicht einmal durch einen „Schatztaucher" gesehen und gehoben werden kann. Sinnliche Erfahrbarkeit als Kriterium der Existenz bedeutet vielmehr, daß nur das real existiert, was wir sinnlich erfahren können. Was wir dagegen nicht sinnlich erfahren können, das hat keine reale Existenz. So z.B. haben wir noch nie ein geflügeltes Pferd gesehen, es sei denn in gemalter Form, wie z.B. im Fresko „Perseus auf dem Pegasos" von Giovanni Battista Tiepolo (1696–1770) in Venedig. Ein gemaltes Pferd aber ist kein wirkliches Pferd. Ein geflügeltes Pferd hat keine reale Existenz, es sei denn auf einem Fresko. Deshalb ist das Kriterium dessen, was real existiert, auch das Kriterium dessen, was nicht real existiert.

Was real existiert, existiert in Verbindung mit anderem. Diese Verbindung kann auf verschiedene Art und Weise geschehen. Die Art und Weise aber, wie diese Verbindung geschehen kann, wird durch *Kategorien* eingegrenzt. „Kategorie" (von katēgoria) heißt wörtlich Anklage, dann aber auch Aussage. So können wir von Sokrates aussagen, daß er so und so groß ist, z.B. 170 cm. Seine Größe fällt unter die Kategorie der Quantität. Wir können auch aussagen, daß er eine bestimmte Gestalt hat, daß er z.B. beleibt ist. Die Gestalt fällt unter die Kategorie der Qualität. Wir können weiterhin aussagen, daß er sich zu einer bestimmten Zeit an einem bestimmten Ort aufhält. So z.B. hält er sich schon um sieben Uhr morgens auf dem Marktplatz Athens auf. Ort und Zeit fallen unter die Kategorien des Raumes und der Zeit. Ferner können wir aussagen, daß er etwas tut, wie z.B., daß er bereits herumgeht. Weiterhin können wir sagen, daß er etwas erleidet. Er leidet nämlich unter der Kälte, hat er doch nur ein Schaffell an. Herumgehen und Frieren fallen unter die Kategorien des Tuns und Leidens. Schließlich können wir auch von ihm aussagen, daß er zu anderen Menschen in einer bestimmten Beziehung steht, wie z.B., daß er mit Xanthippe verheiratet und Vater von drei Kindern ist. Das Verheiratet- und Vatersein gehört in die Kategorie der Beziehung. Zuletzt können wir sagen, daß er Mensch ist. Das ist die Kategorie des Wesens, insofern sie aussagt, was er ist.

Freilich ist der Ausdruck „Wesen" mehrdeutig. Er meint einmal das konkrete, dann aber auch das abstrakte Wesen. Das konkrete Wesen ist der konkrete Sokrates, der Sokrates aus Fleisch und Blut. Das abstrakte Wesen dagegen ist dasjenige an Sokrates, was zurückbleibt, wenn vom konkreten Sokrates alles Fleisch und Blut „weggezogen" bzw. entfernt worden ist. Dann bleibt zuletzt das zurück, was er mit allen anderen Menschen gemeinsam hat. Das ist zuletzt nur noch das bloße Menschsein. Wie nun der Ausdruck „Wesen", so ist auch der Ausdruck „Substanz" mehrdeutig. Er bedeutet die konkrete und die abstrakte Substanz. Die konkrete Substanz ist aus Materie und Form „zusammengewachsen", die abstrakte Substanz dagegen ist das, was übrigbleibt, wenn die Materie entfernt ist. Auch diese Unterscheidung von Kategorien geht auf Aristoteles zurück.[121]

Wieviele Kategorien es nun bei Aristoteles gibt, ist eine strittige Frage. Doch entscheidend ist seine Einsicht, daß das, was existiert, in Verbindung mit anderem vorkommt, das auch existiert. Die Art und Weise aber, wie das Seiende in Verbindung mit anderem vorkommen kann, ist durch solche Kategorien vorgegeben. Die Kategorien sind so einerseits die allgemeinsten Begriffe, unter welche die Prädikate eines einfachen Satzes fallen. Ein einfacher Satz ist ein Satz, der aus Subjekt, Prädikat und vielleicht noch einem Objekt besteht. Ein einfacher Satz ist nicht aus mehreren

Sätzen zusammengesetzt. Er kann aber Teil eines zusammengesetzten Satzes werden. Die Kategorien jedoch sind nicht nur die allgemeinsten Begriffe, unter welche die Prädikate eines einfachen Satzes fallen. Sie bilden auch die allgemeinsten Gattungen, worunter die mit den sprachlichen Prädikaten bezeichneten Dinge eingeordnet werden können.[122] Es sind die größten „Schubfächer", wohinein wir fast alles Seiende „versorgen" können.

Die Verbindungen der Dinge bzw. des Seienden innerhalb der Kategorien nennt man heute auch Tatsachen. So z.B. ist es eine Tatsache, daß Herr oder Frau Meier so und so groß ist, diese oder jene Gestalt hat, sich zu einer bestimmten Zeit an einem bestimmten Ort aufhält, etwas tut oder erleidet, Vater oder Mutter ist. Von einer Tatsache sagt man nicht, daß sie ist, sondern daß sie der Fall ist. Da die Welt nicht nur aus Seiendem, sondern aus Verbindungen von Seiendem besteht, ist es ein Fortschritt im Denken, wenn L. Wittgenstein seinen „Tractatus logico-philosophicus" (1921) mit den Worten einleitet: „Die Welt ist alles, was der Fall ist. Die Welt ist die Gesamtheit der Tatsachen, nicht der Dinge".[123]

Ein Ding ist bzw. existiert, eine Tatsache dagegen ist der Fall. Ein Ding ist etwas Seiendes, eine Tatsache aber eine Verbindung von Seiendem. Die Verbindungen des Seienden geschehen innerhalb des Rahmens bestimmter Möglichkeiten. Diese Möglichkeiten der Verbindung von Seiendem mit Seiendem werden durch Kategorien eingegrenzt. Wir können nicht alles mit allem verbinden. So z.B. können wir nicht sagen: Sokrates ist eine Primzahl. Das wäre ein Kategorienfehler, insofern das Wesen des Sokrates nicht unter die Kategorie der Größe oder Zahl fällt. Ebensowenig können wir sagen: Herr Meier oder Frau Müller ist eine Quadratwurzel, da das Wesen von Herrn Meier oder Frau Müller nicht unter die Quadratwurzeln fällt, es sei denn in einem bildlichen Sinne. Die Welt ist so die Gesamtheit der Tatsachen, insofern die Welt alles ist, was kategorial geordnet ist. Die Frage „Was existiert?“ läßt sich jetzt genauer so formulieren: Was für Tatsachen sind der Fall?

3. Physische und psychische Tatsachen

Hier kommen uns als erstes wohl Tatsachen in den Sinn, für die wir mit unseren äußeren Sinnen einen Beleg erbringen können, wie z.B., daß der Schnee weiß ist. Das ist eine physische Tatsache. Zwar sehen wir mit unseren Augen nicht die Tatsache, daß der Schnee weiß ist. Wir sehen aber die weiße Farbe des Schnees, genauer gesprochen, allerdings nur die weiße Farbe dieses konkreten Schneeballs. Der Gesichtssinn, womit wir diesen Beleg beibringen können, ist nach außen gerichtet. Er ist wie die anderen vier Sinne ein äußerer Sinn. Tatsachen nun, wofür wir einen Beleg durch unsere äußeren Sinne erbringen können, wollen wir *physische Tatsachen* nennen. Nun haben wir gelernt, daß auch physische Tatsachen, wie z.B. die, daß der Schnee weiß ist, hypothetisch sind. Aber wenn wir diese Einschränkung gemacht haben, können wir vereinfachend physische Tatsachen real nennen, auch wenn sie dies nur in einem hypothetischen Sinne sind.

Doch nicht alle Tatsachen können wir mit unseren äußeren Sinnen belegen. So z.B. kann ich die weiße Farbe des Schnees sehen. Aber das Sehen selber sehe ich nicht. Trotzdem ist es eine reale Tatsache, daß ich einen weißen Schneeball sehe, den Pfiff eines Murmeltiers höre, den Geruch von Zigarren rieche, den Saft von Zitronen schmecke und nach meinem Hausschlüssel taste. Weiterhin ist es auch eine reale Tatsache, daß ich einen Schmerz empfinde, wenn ich z.B. von einer Wespe gestochen werde. Den Stachel der Wespe kann ich noch sehen. Den Schmerz kann ich weder sehen noch mit einem anderen der äußeren Sinne wahrnehmen.

Ich empfinde aber den Schmerz. Freilich werden die erwähnten Tatsachen nicht durch meine äußere, sondern nur durch meine innere Wahrnehmung belegt. Wie die äußere Wahrnehmung, so setzt aber auch die innere in der Regel eine Reizung meiner Nervenenden voraus. Um es mit dem etwas dramatischen Bild eines Schülers zu sagen: Die Brandungen der Welt stoßen auf die Klippen meines Körpers.

Tatsachen nun, die wir nur mit unserer inneren Wahrnehmung belegen können, wollen wir *psychische Tatsachen* nennen. Wir können sie auch als Bewußtseinstatsachen bezeichnen. Auch der Begriff des Bewußtseins läßt sich nicht explizit definieren, sondern nur erläutern. Der Begriff Bewußtsein umfaßt alles, was im Bewußtsein vorkommen kann. Im Alltag gebrauchen wir den Ausdruck Bewußtsein allerdings in einem engeren Sinne. Nun kommt Verschiedenes im Bewußtsein vor. Verschieden haben denn auch die Philosophen das Bewußtsein eingeteilt. Im Alltag sprechen wir heute noch von Fühlen, Wollen und Denken.

Da hier nicht klar ist, wie die verschiedenen Fähigkeiten der Seele einander zugeordnet sind, so scheint mir die Einteilung einleuchtender, welche Descartes, der Begründer der neuzeitlichen Bewußtseinsphilosophie, in seinen „Meditationen über die erste Philosophie" (1641) eingeführt hat und dann Franz Brentano (1838–1917) in seiner „Psychologie vom empirischen Standpunkt" (1874) aufnahm. Descartes unterscheidet (a) Ideen, (b) Urteile und (c) Akte des Wollens;[124] F. Brentano in der Nachfolge Descartes ebenfalls (a) Vorstellungen, (b) Urteile und (c) Akte des Wollens, wofür er auch Gemütsbewegungen, Interessen oder Akte der Liebe und des Hasses sagt.[125]

Der Ausdruck „Idee" (a) bedeutet dabei soviel wie Vorstellung. Der Ausdruck „Vorstellung" ist aber zweideutig. Wir können darunter den Akt des Vorstellens und das Vorgestellte, d.h. den Vorstellungsinhalt, verstehen. Wenn Vorstellungen ein Teil des Bewußtseins sind, so sind damit Akte des Vorstellens gemeint. Auch diesen Begriff der Vorstellung kann man nicht explizit definieren: Ein Vorstellungsakt ist alles, was ich vorstelle. Ein Vorstellungsakt also – so läßt sich erläutern – ist alles, was im Bewußtsein vorkommen kann. Ein Urteil (b) besteht darin, daß wir eine Proposition als wahr oder falsch anerkennen. Das Urteil ist dabei von der Proposition zu unterscheiden. Ein Urteil ist etwas Psychisches und kann wie eine Vorstellung von Mensch zu Mensch variieren. Eine Proposition, d.h. der Inhalt einer Aussage (vgl. S. 89), dagegen ist nichts Seelisches, sondern wir setzen voraus, daß die Proposition trotz unterschiedlicher seelischer Vorgänge bei verschiedenen Menschen identisch ist. So können wir den Satz des Pythagoras als wahr anerkennen oder nicht. Der Sinn des Satzes, die Proposition $a^2 + b^2 = c^2$, aber besteht gleichwohl unabhängig davon, ob wir ihn als wahr anerkennen oder nicht. Ein Akt des Wollens (c) besteht darin, daß wir etwas als gut begehren oder als schlecht meiden.

Nach diesem Modell ist das Bewußtsein geschichtet: Die unterste Schicht sind (a) Vorstellungen; (b) Urteile sind die zweite und (c) Akte des Wollens die dritte Schicht. Dabei setzen Urteile Vorstellungen, Akte des Wollens dagegen Urteile und Vorstellungen voraus: Ohne Vorstellungen kann ich nichts als wahr oder falsch annehmen und nichts als gut oder schlecht begehren. Ebenso kann ich ohne Urteil, d.h. ohne etwas als gut oder schlecht bewertet zu haben, es auch nicht als gut begehren oder als schlecht ablehnen. Wenn ich einen Apfel begehre, so deshalb, weil ich vorher ausdrücklich oder unausdrücklich das Urteil gefällt habe, daß er gut sei. Wenn ich verdorbene Milch meide, so deshalb, weil ich vorher ausdrücklich oder unausdrücklich das Urteil gefällt habe, daß sie schlecht sei. Begehren und Meiden sind nämlich in der Regel nicht „blind“, sondern „sehend“, weil sie auf einem Urteil beruhen. Dieses Urteil aber muß keineswegs immer ausdrücklich oder ausgesprochen sein. So empfinden wir Menschen manchmal schon „auf den ersten Blick“ als sympathisch oder unsympathisch, angenehm oder unangenehm. Shakespeare formuliert: „Who ever lov'd, that lov'd not at first sight?" („Wer liebte je und nicht beim ersten Blick?").[126]

Was nun in unserem Bewußtsein der Fall ist, das ist eine Bewußtseinstatsache im weiteren Sinne. Ein ausgesprochenes Urteil dagegen ist bereits eine Bewußtseinstatsache im engeren Sinne. Aber natürlich sind nicht alle Bewußtseinstatsachen im weiteren Sinne uns auch im engeren Sinne bewußt. So kann ich ein Gesicht in einer Menschenmenge sehen, ohne es bewußt zu sehen. Erst später, wenn ich es wiedersehe, kann ich mir bewußt werden, daß ich dieses Gesicht schon einmal gesehen habe. Es ist eine erstaunliche, im Verlaufe der Evolution erworbene Eigenschaft der Menschen, sich Gesichter – etwa im Unterschied zu Masken oder Namen – merken zu können. Ich kann auch einen Schmerz empfinden, ohne daß er mir bewußt wird, weil er noch nicht die Intensität erreicht hat, um auf ihn aufmerksam zu werden. Erst der stärkere Schmerz ist eine Bewußtseinstatsache im engeren Sinne. F. Nietzsche zitiert: „‚Man brennt etwas ein, damit es im Gedächtnis bleibt: nur was nicht aufhört, *weh zu tun,* bleibt im Gedächtnis'".[127]

So kann ich auch eine Proposition bejahen, ohne um sie explizit zu wissen. Jedes Kind, das seiner Mutter einen Widerspruch vorwirft, bejaht stillschweigend bereits das Axiom vom Nichtwiderspruch. Augustinus (354–430) berichtet in seinen „Confessiones" (um 400): „Ich sah einen eifersüchtigen Kleinen und erfuhr: Noch nicht konnte er sprechen, aber bleich, mit bitterem Blick betrachtete er seinen Mitsäugling".[128] Wiewohl der Säugling also noch kein Wort und wohl auch noch keinen Begriff für Eifersucht hat, so scheint er doch bereits eifersüchtige Gefühle zu hegen, um die er nicht weiß. Aber auch jener Knabe, den Sigmund Freud (1856–1939) in seiner „Traumdeutung" (1900) erwähnt, schien eine unbewußte Eifersucht zu empfinden: „Das Kind war bisher das einzige; nun wird ihm angekündigt, daß der Storch ein neues Kind gebracht hat. Das Kind mustert den Ankömmling und äußert dann entschieden: ‚Der Storch soll es wieder mitnehmen'".[129]

Aber auch wir Erwachsenen können von Motiven bewegt werden, deren wir uns nicht bewußt sind. Wir können glauben, helfen zu wollen, wollen uns aber nur in den Vordergrund spielen. Umgekehrt kann jemand meinen, aus Geltungsdrang zu handeln, und wird doch von lautereren Motiven bewogen, als er von sich glaubt. Ein Willensakt und d.h. ein Bewußtseinsakt im weiteren Sinn kann also vollzogen werden, ohne daß er von einem Bewußtseinsakt im engeren Sinne begleitet ist. Auf der Karte unseres Gemüts sind – wie I. Kant in seiner „Anthropologie in pragmatischer Hinsicht" (1798) sagt – nur wenige Stellen illuminiert: „So ist das Feld *dunkler* Vorstellungen das größte im Menschen."[130]

Eine Vorstellung ist dann dunkel, wenn sie sprachlich nicht artikuliert ist. Nun folgt aber daraus, daß es auf der Karte unseres Gemütes nur wenige illuminierte, d.h. erleuchtete Stellen gibt, noch nicht, daß es nicht weitere Stellen gibt, die erleuchtet werden könnten. Ebensowenig folgt daraus, daß wir uns eines Bewußtseinsaktes nicht bewußt sind, daß wir ihn nicht zu artikulieren in der Lage wären. Wie es Dinge gibt, die ich mit meinen äußeren Sinnen nicht wahrnehme, so gibt es Bewußtseinsakte, die mir nicht bewußt sind. Das scheint zunächst ein Widerspruch zu sein.

Der Widerspruch löst sich auf, wenn wir sagen: Eine Bewußtseinstatsache im weiteren Sinne muß nicht im engeren Sinne bewußt sein. Sie muß uns aber bewußt werden können. Sie wird uns dann bewußt, wenn wir sie sprachlich artikulieren. Doch wie es mehr physische Tatsachen gibt, als wir sprachlich artikulieren, so auch mehr psychische.

Gottfried Wilhelm Leibniz (1646–1716) meint sogar: „Eine Seele aber kann in sich selbst nur das lesen, was in ihr auf unterschiedene Art und Weise vorgestellt ist; sie kann alle ihre Falten nicht auf einmal entfalten, denn sie gehen ins Unendliche".[131] Aber um zu zeigen, daß die unentfalteten

Falten der Seele ins Unendliche gehen, müßten wir sie sprachlich so artikulieren, daß deren Artikulation immer weiter gehen könnte. Wie könnten wir über das, was wir überhaupt nicht sprachlich zu artikulieren vermögen, Rechenschaft geben? Was immer wir uns vorstellen mögen, müssen wir im Prinzip nach dem Erlernen der Sprache auch ausdrücken können, denn sonst würden wir es uns nicht vorstellen können.

Das nennt man auch das Prinzip der Ausdrückbarkeit.[132] Wir können dieses Prinzip auch das der Artikulierbarkeit nennen. Das unbewußte „Wissen" muß artikuliert werden können. Freilich ist zuzugeben, daß das artikulierte Aussprechen dessen, was man unbewußt „weiß", nicht so leicht ist, wie eine geschlossene Hand zu öffnen. Jeder Lehrer hat wohl schon erfahren, daß es nicht nur für Kinder und Schüler, sondern auch für Erwachsene sehr schwer ist, das auszudrücken, was sie schon unbewußt wissen. So weiß jedes Kind schon, wie Milch schmeckt. Doch kann es auch sagen, wie sie schmeckt? So wissen wir alle, wie ein Klavier tönt. Doch können wir auch sagen, wie es tönt? So wissen wir alle unbewußt, was das Wort „ist" bedeutet. Doch dieses unbewußte Wissen um die Bedeutung von „ist" sprachlich zu artikulieren – das ist sehr schwer.

Physische Tatsachen können wir durch unsere äußere Wahrnehmung, psychische dagegen durch unsere innere Wahrnehmung belegen. Beide Arten von Tatsachen können wir daher reale Tatsachen nennen, da beide durch unsere Wahrnehmung belegbar sind. Dieses Weltbild, wonach es zwei Arten von Tatsachen gibt, nämlich physische und psychische, wird häufig dualistisch genannt. Es geht auf Descartes zurück, nach dessen „Meditationen über die erste Philosophie" der Mensch aus zwei Dingen besteht, einem ausgedehnten und einem denkenden.[133] Das ausgedehnte ist der Leib, das denkende das Bewußtsein. Meinen Leib kann ich vermittels meiner äußeren Wahrnehmung, mein Bewußtsein dagegen unmittelbar durch meine innere Wahrnehmung erfahren. Zuerst aber bin ich nach außen gerichtet. Erst wenn ich mich auf mich zurückwende, erfahre ich mein Inneres.

Nun scheint es so zu sein, daß physische Tatsachen realer sind als die psychischen. Es scheint realer zu sein, daß der Schnee weiß ist, als daß ich die weiße Farbe des Schnees sehe. Es scheint realer, daß es eine Außenwelt, als daß es eine Innenwelt gibt. Gleichwohl zeigt Descartes, daß dem nicht so ist. Ich kann nämlich leichter an aller äußeren Wahrnehmung als an der inneren zweifeln. Ich kann leichter daran zweifeln, daß der Schnee weiß ist, als daran, daß ich die weiße Farbe des Schnees sehe. Wie wir bereits gesehen haben, bietet die sinnliche Evidenz nur ein Prima-Facie-Kriterium der Wahrheit. Wie es nun nach Descartes eine „Sache der Klugheit ist, denen niemals voll zu vertrauen, welche uns auch nur einmal getäuscht haben",[134] so läßt sich aus nur einem Fall von Täuschung durch die Sinne darauf schließen, daß sie auch wieder täuschen können.

Untrüglicher als die äußere erscheint deshalb die innere Wahrnehmung. Im „Hamlet" Shakespeares sagt Polonius z.B. zu Ophelia: „Zweifle an der Sonne Klarheit, / Zweifle an der Sterne Licht, / Zweifl', ob lügen kann die Wahrheit / Nur an meiner Liebe nicht."[135] Seine Liebe ist ihm gewisser als „der Sonne Klarheit" und „der Sterne Licht". „Der Sonne Klarheit" und „der Sterne Licht" könnten nämlich nur ein Traum sein – wie die weiße Farbe des Schnees. Aber auch dann würden wir noch Bewußtseinsakte vollziehen, nämlich träumen. Psychische Tatsachen erscheinen insofern realer als physische, als wir die Existenz der einen leichter bezweifeln können als die der anderen. Die Existenz der physischen ist insofern hypothetischer als die der psychischen.

F. Brentano schreibt in der Nachfolge Descartes': „Allein die innere Wahrnehmung hat, abgesehen von der Besonderheit ihres Objektes, auch noch anderes, was sie auszeichnet, namentlich jene unmittelbare, untrügliche Evidenz, die unter allen Erkenntnissen der Erfahrungsgegenstände ihr allein zukommt".[136] Das ist richtig, wenn auch nur in dem Sinne, daß die Evidenz der inneren Wahrnehmung in höherem Maße untrüglicher ist als die der äußeren. Freilich ist auch die „unmittelbare, untrügliche Evidenz" der inneren Wahrnehmung nur eine Prima-Facie-Evidenz. Man kann sich nicht nur über seine eigenen Gefühle gegenüber anderen Menschen, wie z.B. das der Liebe, täuschen, man kann auch an einer Empfindung, wie z.B. einer Schmerzempfindung, zweifeln, da man sich Schmerzen ja auch einbilden kann.

Doch nun entsteht ein weiterer Einwand: Können wir die psychischen Tatsachen nicht auf die physischen reduzieren, so daß wir nur noch *eine* Art von Tatsachen hätten, nämlich physische. Das wäre dann nicht mehr ein dualistisches, sondern ein monistisches, physikalistisches Weltbild. Ist es nicht so, daß die psychischen Tatsachen gleichsam nur das Kleid von physischen sind? Jede Vorstellung, jedes Urteil, jeder Willensakt ist doch nichts anderes als ein Gehirnprozeß. Diese Voraussetzung steht am Anfang des großen neuzeitlichen Forschungsprogramms der Naturalisierung des Bewußtseins.

Es verhält sich hiermit ähnlich wie in der neuzeitlichen Naturwissenschaft, wo z.B. die Phlogistontheorie der Verbrennung durch die Oxidationstheorie ersetzt wurde. Nach der einen Theorie enthalten verbrennbare Körper einen bestimmten Stoff, das Phlogiston, das bei ihrer Verbrennung entweicht. Nach der anderen dagegen enthält die Luft schon selber einen brennbaren Teil, die „Feuerluft" bzw. den Sauerstoff. Ebenso scheint es möglich zu sein, das vorwissenschaftliche „Phlogiston" der psychischen Tatsachen durch eine bestimmte Art von physischen Tatsachen zu ersetzen. Wie uns bereits mit unseren äußeren Sinnen wahrnehmbare Erscheinungen anders erscheinen als sie, physikalisch gesehen, sind – Farben und Töne erscheinen uns ja auch nicht als Licht- und Schallwellen – so erscheinen uns gewisse Gehirnprozesse nur als psychische Tatsachen. Psychische

Tatsachen hätten danach nur eine scheinbare psychische Existenz. In Wirklichkeit sind sie nichts anderes als physische Tatsachen.

Allerdings kann nicht gesagt werden, daß dieses Programm der Naturalisierung des Bewußtseins erfolgreich war. Dies nicht deshalb, weil die Wissenschaft vom menschlichen Gehirn noch nicht genug fortgeschritten wäre, sondern aus grundsätzlicheren, nämlich begrifflichen Gründen. Bereits G. W. Leibniz brachte folgenden Einwand vor:

„Man muß übrigens bekennen, daß die Vorstellung und das, was von ihr abhängt, durch mechanische Erklärungen, d.h. aus den Gestalten und den Bewegungen, unerklärlich ist. Bilden wir uns ein, daß es eine Maschine gibt, deren Struktur uns denken, fühlen und vorstellen ließe. Dann könnte man sie sich so vergrößert vorstellen, daß sie dieselben Verhältnisse derart bewahrte, daß man in sie eintreten könnte wie in eine Mühle. Doch dies gesetzt, wird man bei der Besichtigung ihres Inneren nur einzelne Teile finden, von denen die einen die anderen stoßen, und nie etwas, womit eine Vorstellung zu erklären wäre".[137]

Nun ist der Einwand zwar zirkulär, da er bereits voraussetzt, was er beweisen will. Gleichwohl illustriert er etwas, was Vorstellungen eigentümlich ist. Eine Vorstellung, d.h. etwas Psychisches, kann man nicht durch etwas Physisches erklären, da das Psychische etwas begrifflich anderes ist als das Physische. Zwar sind Tatsachen Tatsachen. Doch die Belege für physische Tatsachen sind öffentlich zugänglich, die Belege für psychische sind nur mir zugänglich. Die Belege für physische Tatsachen sind mir mittelbar durch die äußeren Sinne gegeben, die Belege für psychische dagegen unmittelbar durch innere Wahrnehmung. Eine innere Wahrnehmung zu haben, bedeutet im Besitz einer Innenperspektive zu sein.[138] Physische Tatsachen dagegen nehmen wir nur von außen wahr. Wenn wir also die psychischen Tatsachen auf physische reduzieren könnten, so würde etwas vom begrifflichen Gehalt, den wir mit psychischen Tatsachen verbinden, verlorengehen, etwa die Innenperspektive. Bei jeder reduktionistischen Erklärung „Vorstellungsakte sind nichts anderes als Gehirnprozesse" ließe sich zurückfragen: Ein Vorstellungsakt mag nichts anderes sein als ein entsprechender Gehirnprozeß. Doch ist der entsprechende Gehirnprozeß schon ein Vorstellungsakt?

Diese Frage würden wir verneinen, da wir den Begriff des Psychischen durch physische Kriterien nicht ausschöpfen können. So z.B. können wir vielleicht einen Gehirnprozeß lokalisieren, wenn wir einen Schmerz empfinden. Aber der Schmerz selber ist kein lokalisierbares Stück der Hirnrinde. Ebenso ist der jeweilige Schmerz nur mir zugänglich. Nur das Schmerzverhalten ist, wie das Stück der Hirnrinde, im Prinzip für jedermann zugänglich. Mein leidender Gesichtsausdruck aber hat wie ein Stück meiner Hirnrinde noch keine Innenperspektive. Man nimmt ihn vielmehr von außen wahr.

Ebenso können wir einen Gehirnprozeß lokalisieren und sogar Augenbewegungen messen, wenn wir träumen. Doch kann kein anderer meine Träume so wahrnehmen wie ich selbst. Nur die Erzählung meiner Träume können andere auch wahrnehmen. Dann nehmen sie aber meine Träume nicht von innen, sondern von außen wahr. Sie hören nämlich die Worte, womit ich meine Träume erzähle. So ist die Bemerkung L. Wittgensteins zwar richtig: „Ein ‚innerer Vorgang' bedarf äußerer Kriterien".[139] Doch kein äußeres Kriterium erschöpft die Bedeutung, welche wir mit dem Begriff eines „inneren Vorganges" verbinden. Wegen dieser begrifflichen Irreduzibilität des Psychischen auf das Physische können wir weiterhin von diesem dualistischen Weltbild ausgehen.

4. Semantische Existenz und semantische Tatsachen

Nun gibt es noch eine Art der Existenz, die wir nicht mehr als real bezeichnen können, insofern wir sie nicht mehr durch unsere äußeren oder inneren Wahrnehmungen belegen können. Wir nehmen z.B. alle an, daß es auch Dinge gibt, wie z.B. Zahlen und Verbindungen von Zahlen. So glauben wir alle, daß es die 1 und die Verbindung 1 + 1 = 2 gibt. Sinnlich erfahrbar sind nur materialisierte Ziffern, z.B. die Ziffern an unserer Armbanduhr. Wenn wir aber sagen, daß 1 + 1 = 2 ist, so meinen wir nicht, daß die Ziffer 1 an unserer Armbanduhr, zur Ziffer 1 hinzugefügt, die Ziffer 2 ergibt. Die Ziffer 1 zur Ziffer 1 hinzugefügt, ergäbe nämlich nur die Ziffer 11. Wir meinen vielmehr, daß die Bedeutung der Ziffer 1, zur Bedeutung der Ziffer 1 addiert, die Bedeutung der Ziffer 2 ergibt. Wir nehmen offensichtlich an, daß die Ziffern 1 und 2 eine Bedeutung haben. Dieser erst schreiben wir Existenz zu, wenn wir sagen, daß es die Zahl 1 gibt oder daß die Addition 1 + 1 = 2 gilt. Ferner gibt es Klassen, wie z.B. die erwähnte Klasse der Menschen. Auch dieser Klasse schreiben wir Existenz zu. Auch Klassen können miteinander verbunden werden, wenn wir z.B. sagen: „Der Mensch ist ein Lebewesen". Danach ist die Klasse der Menschen in die der Lebewesen eingeschlossen.

Nach einer bestimmten, von B. Russell und A.N. Whitehead in den „Principia Mathematica" verfochtenen Theorie sind Zahlen Klassen von Klassen.[140] Die 1 wäre die Klasse aller Einerklassen, die 2 die Klasse aller Zweierklassen, die 3 die Klasse aller Dreierklassen usw. Eine Einerklasse [x] ist die Klasse, die als einziges Element x enthält. Sie ist zu unterscheiden von diesem Element [x]. Sie besitzt nämlich zumindest eine Eigenschaft, die das Element nicht besitzt, – sie enthält ein Element. Die Klasse aller Einerklassen ist nun die Klasse aller Klassen, die als einziges Element x enthalten.

Die Klasse aller Zweierklassen ist die Klasse aller Klassen, die als einzige Elemente x und y enthalten, wobei gilt: $x \neq y$. Die Klasse aller Dreierklassen ist die Klasse aller Klassen, die als einzige Elemente x, y und z enthalten, wobei gilt: $x \neq y \neq z$; usw.

Was für eine Existenz haben nun Klassen und Klassen von Klassen? Offensichtlich hat noch niemand Klassen oder Klassen von Klassen gesehen, gehört, geschmeckt, getastet oder gerochen. Klassen sind nicht durch unsere äußere Wahrnehmung erfahrbar. Aber sind sie vielleicht durch eine innere Wahrnehmung erfahrbar? Eine mögliche Antwort, die Platon zugeschrieben wird, ist, daß wir solche unsichtbaren Dinge wie Klassen zwar nicht mit unserem leiblichen, aber mit unserem „geistigen Auge" erfassen. Dieses geistige Auge ist ein Intellekt, der nicht mehr schließt, sondern wie unser leibliches Auge die Fähigkeit haben soll, etwas unmittelbar zu sehen. Allerdings sieht er nicht mehr das Sichtbare, sondern das Unsichtbare. Das Paradoxon, wie wir das Unsichtbare „sehen" können, scheint sich also folgendermaßen aufzulösen: Wir sehen das Unsichtbare zwar nicht mit unserem leiblichen, sondern mit unserem geistigen Auge.

Nun ist die Hypothese eines geistigen Auges zwar ein wunderbares Bild dafür, wie wir Dinge wahrnehmen, für deren Vorhandensein wir keinen sinnlichen Beleg durch eine äußere Erfahrung erbringen können. Doch dem Bild eine Realität einzuräumen, würde uns eine Beweislast aufladen, die wir schwerlich einlösen könnten. Einmal nimmt bereits unser leibliches Auge nicht unmittelbar etwas wahr, sondern etwas als etwas (vgl. S. 50–51). Was vom leiblichen Auge gilt, soll aber nicht vom geistigen gelten?

Ferner bedarf ein „innerer Vorgang" wie eine intellektuelle Anschauung, um L. Wittgenstein zu wiederholen, äußerer Kriterien. Aber welches wäre das äußere Kriterium dafür, daß ich eine „intellektuelle Anschauung" habe? Wenn ich eine solche Erfahrung habe, so kann ich deren Existenz anderen, die sie nicht haben und nicht an sie glauben, nicht durch ein äußeres Kriterium zeigen. Wenn sie andere haben, so können sie sie mir, der ich sie nicht habe, ebenfalls nicht durch ein äußeres Kriterium zeigen. Die Hypothese einer intellektuellen Anschauung ist intersubjektiv weder verifizierbar noch falsifizierbar. Sie bleibt allein der Introspektion, d.h. der Innenschau, zugänglich und damit privater Natur. Das eröffnet der subjektiven Willkür des Schauenden einen großen Spielraum. Die Flügel der intellektuellen Anschauung können uns zwar über die Realität und unsere Mitmenschen hinausheben. Gleichen sie aber nicht auch den Flügeln der Engel, die damit ihre Augen verdecken? [141]

Die Behauptung aber, daß ich eine besondere Anschauung habe, die andere nicht haben, wird schwerlich diejenigen überzeugen, die sie nicht haben. Würden sie aber überzeugt, so durch den Glauben an eine Autorität. Eine intellektuelle Anschauung ist eher eine metaphorische Hilfskonstruktion, womit das Paradoxon verständlich gemacht werden soll, daß wir Dinge „sehen" können, die wir nicht sehen können. Aus der Metapher einer intellektuellen Anschauung aber auf die Realität dieser Anschauung zu schließen, wäre ein Fehler. So scheiden die sinnliche und intellektuelle Anschauung als Erfassungsmittel von unsichtbaren Klassen aus. Wie erfassen wir dann das Unsichtbare?

Allerdings wußte wohl bereits Platon, daß diese intellektuelle Schau eine Metapher bildet, wenn er davon sprach, daß nur die „beste Seele, die, Gott folgend, sich ihm angleicht"[143] in einem „überhimmlischen Ort"[142] das Unsichtbare „mit Mühe sehen"[144] kann. In der Tat sagt er auch: „Das Unkörperliche nämlich als das Größte und Schönste wird nur durch den Logos und durch nichts anderes sonst deutlich gezeigt ...".[145] Das Wort Logos heißt wörtlich Rede. Bei Platon bedeutet es auch Erklärung, Definition. Wird das Unkörperliche als das Größte und Schönste nur durch den Logos und auf keine andere Weise deutlich gezeigt, so kann dies nur durch Rede, Erklärung oder Definition und nicht durch eine sinnliche oder geistige Anschauung geschehen.

Von der wörtlichen Bedeutung von Logos wollen wir aber hier ausgehen. So reden wir doch davon, daß es Abstrakta wie etwa den Menschen (im klassifikatorischen Sinne) oder Zahlen gibt. Mittels der Sprache können wir beliebig viele abstrakte Ausdrücke bilden, indem wir z.B. Adjektive substantivieren. So können wir das Adjektiv rot substantivieren und das abstrakte Substantiv bilden: die Röte. Ebenso können wir das Adjektiv weiß substantivieren und das Substantiv bilden: die Weiße. Dann ließe sich statt „Der Schnee ist weiß" sagen: „Der Schnee hat Weiße in sich". Wenn wir nun wahre Propositionen über solche Abstrakta bilden, wie z.B. „Die Weiße ist eine Farbe", „Der Mensch ist ein Lebewesen" oder „1 + 1 = 2", setzen wir aber nach dem Gesetz der Existenzverallgemeinerung voraus, daß es Klassen gibt, wie z.B. die Klasse der Weiße, der Menschen, der Eins oder der Zwei.

Doch diese Abstrakta bestehen nicht in der realen Welt, sondern in unserer abstrahierenden Darstellungsweise der realen Welt, in der Sprache. Zwar sind Abstrakta nicht in der Weise sprachlich, wie es Wörter sind, wenn wir sie als bloße Laut- oder Schriftgebilde auffassen. Sie sind aber in der Weise sprachlich, wie es Bedeutungen von Wörtern sind. Was gibt es also noch, wenn Abstrakta keine reale Existenz besitzen? Offensichtlich die Bedeutungen abstrakter Wörter.

Sogar ein Skeptiker, der annimmt, daß abstrakte Wörter keine Bedeutung haben, würde noch Bedeutungen dieser Wörter voraussetzen. Um nämlich sagen zu können, daß z.B. der abstrakte Ausdruck „der Mensch" keine Bedeutung besäße, geht auch er noch von einem intersubjektiven Sinn dieses Ausdrucks aus. Die Bedeutungen der Wörter gehören in die Semantik. Abstrakta haben so nicht mehr eine reale, aber eine semantische Existenz.[146]

Reale Existenz ist eine durch äußere oder innere Sinneswahrnehmung belegbare Existenz. Semantische Existenz aber definiere ich so, daß die Bedeutung des Ausdrucks, von dem Existenz ausgesagt wird – die Bedeutung von „Der Mensch ..." in „Der Mensch ist ein Lebewesen" oder die Bedeutung der Ziffer „1" in „1 + 1 = 2" –, keinen erfahrbaren Bezugsgegenstand mehr in der Realität hat, sondern selber zum Bezugsgegenstand wird. Insofern wende ich die treffende Bemerkung G. Freges „Die ungerade Bedeutung eines Wortes ist also sein gewöhnlicher Sinn"[147] auch auf abstrakte Gegenstände an. Die „ungerade Bedeutung eines Wortes" ist in der mißverständlichen Terminologie G. Freges der Bezugsgegenstand eines Wortes in der ungeraden oder indirekten Rede. In der indirekten Rede spreche ich von der Rede eines anderen. Wenn ich z.B. die Mitteilung mache „Hans sagte mir, daß er zu Hause sei", so beziehe ich mich mit der indirekten Rede „... daß er zu Hause sei" nur indirekt auf das Zu-Hause-Sein von Hans. Direkt beziehe ich mich auf die Rede von Hans „... daß er zu Hause sei".

Analog ist es bei abstrakten Gegenständen, wo der Gegenstand nicht mehr ein Gegenstand der Außenwelt, sondern der Sinn des Ausdrucks ist. Wenn wir z.B. sagen „Der Mensch ist ein Lebewesen", so beziehen wir uns mit dem Ausdruck „Der Mensch ..." nicht mehr auf einen einzelnen Menschen der Außenwelt, etwa Hans. Wir referieren vielmehr mit „Der Mensch ..." auf die Bedeutung des Ausdrucks „Der Mensch ..." in „Der Mensch ist ein Lebewesen". Ebenso beziehen wir uns mit der Aussage „Die Klasse der Menschen ist in die der Lebewesen eingeschlossen" nicht mehr auf eine bestimmte Tatsache in der Außenwelt. Wir referieren vielmehr auf den Inhalt der Aussage. Den Inhalt einer Aussage nennen wir auch die Proposition. So beziehen wir uns mit einer solchen Aussage auf eine Proposition.

Wenn wir aber sagen „1 + 1 = 2", so beziehen wir uns mit dem Ausdruck „1" nicht mehr auf ein einzelnes Ding –

etwa einen Stein – in der Außenwelt, sondern auf die Bedeutung des Ausdrucks „1". Ebenso beziehen wir uns mit „1 + 1 = 2" nicht mehr auf zwei einzelne Dinge in der Außenwelt. Wir beziehen uns vielmehr auf die Proposition 1 + 1 = 2.

So wird bei solchen Aussagen über Abstrakta nicht mehr ein Ding der realen Welt, sondern der Inhalt einer Aussage bzw. die Proposition selber zum Bezugsgegenstand. Das können wir die Vergegenständlichung von Propositionen nennen, so daß daraus Tatsachen werden. Diesen Bezugsgegenstand bzw. diese Verbindung von Bezugsgegenständen können wir freilich nicht mehr sehen, weder mit einem sinnlichen noch mit einem geistigen Auge. Wenn wir aber gleichwohl sagen, daß diese Bezugsgegenstände existieren, so meinen wir, es existieren die Bedeutungen der entsprechenden Ausdrücke bzw. die Inhalte der entsprechenden Aussagen. Solche Propositionen, wie z.B. „Die Klasse der Menschen ist in die der Lebewesen eingeschlossen" oder „1 + 1 = 2", sind nun nicht mehr reale Tatsachen. Da es trotzdem der Fall ist, daß die Klasse der Menschen in die der Lebewesen eingeschlossen und 1 + 1 = 2 ist, können wir gleichwohl noch von Tatsachen sprechen. Aber es sind *semantische Tatsachen*. Durch den Akt der sprachlichen Bezugnahme auf solche Tatsachen werden die Bedeutungen der Ausdrücke selber zu Tatsachen *gemacht*.

Semantische Existenz ist so im Unterschied zur realen eine vom Menschen geschaffene Existenz. Semantische Tatsachen sind gemachte Tatsachen. Semantische Tatsachen sind nämlich die objektivierten Gebrauchsregeln abstrakter Ausdrücke. Wenn wir sie aber zu Tatsachen gemacht haben, so gewinnen diese Bedeutungen bzw. Bedeutungsverbindungen einen den Naturtatsachen analogen Status. Freilich nur einen analogen Status. Denn diese semantischen Tatsachen existieren nicht von Natur. Doch nachdem wir sie zu Tatsachen gemacht haben, existieren sie so, als ob sie von Natur bestünden. Sie existieren nämlich so, als ob sie unabhängig davon wären, daß sie erst durch die menschliche Fähigkeit, die entsprechenden abstrakten Ausdrücke zu bilden, entstanden sind.

Haben sie diesen vom Menschen scheinbar unabhängigen Status gewonnen, so kann man den menschlichen Ursprung vergessen und der Meinung verfallen, sie seien wirklich unabhängig. Dann läßt sich die Frage stellen, wo sie existieren und wie man sie wahrnehmen kann. Da man diese Bedeutungen bzw. Bedeutungsverbindungen in der sinnlich erfahrbaren Welt nicht findet und mit keinem unserer äußeren Sinne wahrnehmen kann, konnten manche Philosophen – man nennt sie auch Platoniker oder Platonisten – auf den Gedanken kommen, daß sie in einer unsichtbaren Welt „zu Hause" seien, die wir nur mit einem geistigen Auge sehen können. Platon dagegen scheint gewußt zu haben, daß diese unkörperlichen Dinge nur durch Rede, Erklärung oder Definition „und durch nichts anderes sonst" deutlich gezeigt werden und die geistige Schau dieser unkörperlichen Wesen an die Rede gebunden bleibt.

So haben wir neben den realen Tatsachen – den physischen und psychischen – auch noch semantische Tatsachen anzunehmen. Es kann ihrer so viele geben, wie es objektivierbare Bedeutungen gibt. Da sich diese Bedeutungen nicht mehr durch innere oder äußere Erfahrung belegen lassen, können sie beliebig vermehrt werden. Dem Reich der semantischen Tatsachen ist keine andere Grenze gesteckt als die, daß sie sich nicht logisch widersprechen dürfen. Wir können nicht nur annehmen, daß es die Klasse der Einerklassen, Zweierklassen, Dreierklassen gibt. Wir dürfen auch annehmen, daß es die Klasse der Viererklassen, Fünferklassen usw. bis zur Klasse jener Klasse gibt, die unendlich viele Elemente unter sich enthält.

Mit G. Cantor lassen sich sogar unendlich viele Klassen von Klassen annehmen, die selber wieder unendlich viele Elemente unter sich enthalten. Doch keine intellektuelle Anschauung ist in der Lage, unendlich viele Klassen mit jeweils unendlich vielen Elementen zu sehen. Klassen und Hierarchien von Klassen haben nur eine semantische Existenz, da wir sinnvoll darüber sprechen können. Ein rundes Quadrat dagegen hat nicht einmal mehr semantische Existenz, da wir nicht mehr sinnvoll von einem runden Quadrat sprechen können.

Weil semantische Gegenstände im Prinzip beliebig vermehrt werden können, konnten Philosophen wie Wilhelm von Ockham (um 1290 – um 1349) auf den Gedanken kommen, daß sie nicht mehr als nötig vermehrt werden sollten, und die Devise formulieren: „Das Seiende ist nicht zu vermehren außer, wenn eine Notwendigkeit dafür besteht".

5. Das Sein der Universalien, das Sein fiktiver Dinge und das Sein des Nichts

a) Das Sein der Universalien

Der Begriff der semantischen Existenz erlaubt uns, auch Stellung zu nehmen im sogenannten Universalienproblem. Aristoteles definiert das Universale als das, „was von solcher Natur ist, daß es von mehrerem ausgesagt wird."[148] So sind auch die Bedeutungen allgemeiner Namen universal, da sie von mehreren Einzeldingen ausgesagt werden. Z.B. wird die Bedeutung des allgemeinen Namens Mensch von mehreren einzelnen Menschen ausgesagt, wenn wir feststellen: Sokrates ist ein Mensch, Platon ist ein Mensch, Aristoteles ist ein Mensch, usw. Zu den allgemeinen Namen aber zählt man nicht nur Substantive wie Mensch, Haus u.a.m., sondern auch Adjektive, seien es Adjektive zur Bezeichnung von Eigenschaften oder zur Bezeichnung von Beziehungen. So können wir auch sagen: Sokrates ist so und so groß und älter als Platon, Platon ist so und so groß und älter als Aristoteles, Aristoteles ist so und so groß und älter als sein Schüler Theophrast usw. Auch die Wörter groß und älter werden hier von mehreren Menschen ausgesagt. Die meisten Wörter in unseren Sätzen sind denn auch Universalien. Das Universalienproblem besteht nun in der Frage, auf welche Art und Weise dieses Gemeinsame existiert. Porphyr (232–305) hat in seiner „Einführung" (nach 268) in die Kategorienlehre des Aristoteles die entscheidenden Optionen so formuliert:

„Existieren die Gattungen und Arten real oder befinden sie sich nur in bloßen Gedanken und, wenn sie real sind, sind sie Körper oder unkörperlich; ferner sind sie von den Sinnesdingen abgetrennt oder existieren sie real in ihnen und abhängig von ihnen, – darüber werde ich es vermeiden zu sprechen, da eine solche Abhandlung tief geht und einer größeren Untersuchung bedarf". [149]

Wagen wir es gleichwohl, in einer „kleineren" Untersuchung ein Wort zu diesem Problem zu sagen, ohne freilich schon dessen ganze Tiefe ausloten zu können. Gattungen und Arten sind Klassen. Die Gattungen bilden die Ober-, die Arten die Unterklassen. So z.B. bezeichnet in der Aussage „Der Mensch ist ein Lebewesen" der allgemeine Name „der Mensch" die Art oder Unterklasse, der allgemeine Name „ ein Lebewesen" aber die Gattung oder Oberklasse.

Bezüglich der Art und Weise, wie Universalien existieren, unterscheidet nun Porphyr zwei verschiedene Möglichkeiten. Die eine (a) nennt man den Universalienrealismus. Er wurde insbesondere von Platon und Aristoteles vertreten. Nach dieser Position existieren die Gattungen und Arten real, auch wenn sie offensichtlich nicht Körper, sondern unkörperlich sind. Die andere (b) bezeichnet man als Universalienkonzeptualismus. Er wird in der Neuzeit unter anderen von John Locke (1632–1704) verfochten. Danach existieren die Gattungen und Arten nur in unserem Geist, in Gedanken oder Begriffen.

Allerdings erwähnt Porphyr eine weitere Position nicht, nämlich (c) den Universaliennominalismus. Danach gibt es, wie für den Konzeptualismus, in der Wirklichkeit nur Einzeldinge. Im Unterschied zum Konzeptualismus aber existieren für den Nominalismus die Arten und Gattungen nur in den Namen. Wenn die Namen nur als Laut- oder Schriftgebilde aufgefaßt werden, so existieren die Universalien nur als „Hauch der Stimme". Diese Position ist in dieser Formulierung aber so extrem, daß man, ähnlich wie bei der Leugnung des Satzes der Identität und des Nichtwiderspruches, daran zweifeln darf (vgl. S. 83–84), ob jemand sie überhaupt ernsthaft vertreten hat. So wäre ja nach dem Nominalisten auch der allgemeine Name Nominalist nur ein „Hauch der Stimme". Dann könnte auch die Stimme des Nominalisten den Namen des Nominalismus nur noch „hauchen", ihn aber weder andern Personen noch sich selber gegenüber verständlich machen.

In der Tat neigen denn auch einige der unter dem Namen des Nominalismus in die Geschichte eingegangene Philosophen, wie z. B. der erwähnte W. v. Ockham (vgl. S. 143), dem Konzeptualismus zu. Der ebenfalls als Nominalist geltende W. V. O. Quine dagegen nimmt sogar die Existenz abstrakter Gegenstände zumindest im Sinne eines nützlichen Mythos an, denn: „Die Wissenschaft würde hoffnungslos verkrüppelt sein ohne abstrakte Gegenstände".[150] Zu den abstrakten Gegenständen gehören auch die Klassen.

Beim ersten Glied der obigen Einteilung, d. h. beim (a) Realismus, unterscheidet Porphyr wieder zwei Möglichkeiten: (a') die Arten und Gattungen sind von den Körpern abgetrennt oder (a") sie existieren in ihnen und sind abhängig von ihnen. Die erste (a') dieser Möglichkeiten ist der platonische, die zweite (a") der aristotelische Universalienrealismus. Wir können also zwischen dem (a) Universalienrealismus, (b) dem Universalienkonzeptualismus und (c) dem Universaliennominalismus unterscheiden, wobei

(a) der Realismus in die (a') platonische und in die (a") aristotelische Variante zerfällt.

Nach der platonischen (a') Variante „haben wir die Gewohnheit, jeweils ein Eidos für die vielen einzelnen Dinge zu setzen, denen wir denselben Namen beilegen."[151] Der Name Eidos oder Idee ist das platonische Wort für das, was man heute Universalien oder Klassen nennt. Die platonischen Ideen existieren als selbständige Wesen oder Substanzen, von denen sich wieder Prädikate aussagen lassen: „Ungeworden und unvergänglich", immer mit sich identisch, „unsichtbar und auch sonst nicht sinnlich wahrnehmbar" sind sie das, was „das Denken zum Gegenstand hat".[152]

Die platonischen Ideen sind somit nicht Ideen im heutigen Sinne von subjektiven Vorstellungen. Sie bilden vielmehr etwas Objektives. So würde das Universale Mensch auch dann existieren, wenn es keine Menschen gäbe, als eine selbständige, mit sich identische, „ungewordene und unvergängliche" Substanz, die sich weder mit leiblichen Augen noch sonstwie wahrnehmen läßt, sondern die dem Denken [von Göttern] zu schauen bestimmt ist. Der sichtbare Sokrates dagegen ist keine selbständige und mit sich identische Substanz, sondern nur ein gewordenes und vergängliches Phänomen, das wir mit unseren Augen und sonstwie wahrnehmen können.

Nach der aristotelischen Variante (a") hat Platon insoweit recht, als er die reale Existenz eines Universale für die vielen Dinge annimmt, denen wir jeweils denselben Namen beilegen. Aristoteles führt auch explizit die Unterscheidung zwischen Arten und Gattungen ein, wobei er den platonischen Ausdruck Eidos für Art reserviert.

Wesen oder Substanz aber ist für Aristoteles das, was wieder der jeweiligen Art zugrundeliegt und „weder von einem Subjekt ausgesagt wird noch in einem Subjekt ist, wie z.B. ein bestimmter Mensch oder ein bestimmtes Pferd."[153] So z.B. liegen die konkreten Menschen aus Fleisch und Blut der Art Mensch zugrunde, und wir sagen nicht „Der

Mensch ist Sokrates oder Sokrates ist in ihm", sondern umgekehrt „Sokrates ist ein Mensch und das Menschsein ist in Sokrates". Die Arten und Gattungen dagegen sind für Aristoteles nur Substanzen im sekundären oder abstrakten Sinne.

Im Unterschied zu Platon existieren sie aber für Aristoteles nicht als selbständige Substanzen, sondern nur als unselbständige Prädikate: „Denn es scheint unmöglich zu sein, daß Substanz irgend etwas ist, was allgemein ausgesagt wird."[154] Die erste oder konkrete Substanz ist nämlich ein Dieses oder etwas Einzelnes, erst die sogenannte „zweite" oder abstrakte Substanz dagegen etwas Allgemeines. Das Allgemeine aber, das vom Einzelnen ausgesagt wird, existiert nicht selbständig, sondern ist nur eine Beschaffenheit dieses Einzelnen. Wenn wir z.B. sagen „Sokrates ist ein Mensch", so sagen wir von einem einzelnen Individuum eine Beschaffenheit aus, nämlich das Menschsein. Das Menschsein oder die Art aber ist kein bestimmtes Individuum wie etwa der sichtbare Sokrates aus Fleisch und Blut, sondern eine Beschaffenheit, die sich durch ihre besondere Beschaffenheit von anderen Arten unterscheidet. Wie bei Platon die Ideen, so können wir auch bei Aristoteles diese allgemeine Qualität geistig wahrnehmen. So sehen wir in Sokrates durch eine Art von Induktion etwas Allgemeines, nämlich einen Menschen: „Denn auch die Wahrnehmung schafft auf diese Art und Weise das Allgemeine [in den Einzelwesen]".[155]

Damit nähert sich Aristoteles dem Konzeptualismus. Für diese Position existieren die Universalien jedoch im Unterschied zu Platon und auch zu Aristoteles nicht real, sondern nur in Gedanken oder Vorstellungen. So schreibt John Lokke in seinem „Versuch über den menschlichen Verstand" (1690): „Um zum Schluß zu kommen: das ganze Geheimnis der Gattungen und Arten, das solch einen Lärm macht in den Schulen und mit Recht so wenig Beachtung findet außerhalb ihrer, besteht in nichts anderem als in den abstrakten, mehr oder weniger umfassenden Ideen, an denen Namen hängen. In all dem gilt beständig und ausnahmslos, daß jeder allgemeinere Name für eine solche Idee steht und nur einen Teil dessen enthält, was darunter erfaßt wird."[156]

Zum Beispiel steht der Name Mensch für die Idee des Menschen und beinhaltet nur einen Teil dessen, was wir unter diesem Begriff verstehen. Während aber für Platon der Begriff Eidos oder Idee für etwas Objektives steht, das unabhängig vom Menschen existiert, so bedeutet der Begriff Idee für John Locke etwas Subjektives, das vom Menschen selbst geschaffen wird. Im Unterschied zu Aristoteles existieren die Universalien aber nicht real in den Einzeldingen.

Zusammenfassend können wir deshalb mittels einer mittelalterlichen Charakteristik sagen: Für den platonischen Realismus existieren die Universalien „vor den Dingen", für den aristotelischen „in den Dingen", für den Konzeptualismus aber erst „nach den Dingen".

Nun besitzen aber nach unserer Voraussetzung Klassen keine reale, sondern nur eine semantische Existenz (vgl. S. 139). Arten und Gattungen aber sind Unter- und Oberklassen. Folglich besitzen sie keine reale, sondern nur eine semantische Existenz. Offensichtlich sehen wir die Bedeutungen von Wörtern nicht mit unseren leiblichen Augen. So hat noch niemand die Bedeutung der allgemeinen Namen Mensch und Lebewesen mit seinen leiblichen Augen gesehen, weder getrennt von den Sinnesdingen noch real in ihnen.

Die Existenz einer intellektuellen Anschauung aber ist zu ungewiß, um von ihr ausgehen zu können (vgl. S. 137–138). Nur von einer Seele, die nicht inkarniert ist, könnte man allenfalls annehmen, daß sie in der Lage wäre, nicht nur etwas Einzelnes, sondern auch etwas Allgemeines ohne allgemeine Namen – und d. h. auch – ohne sprachliche Symbole zu sehen. Doch ob es eine Seele ohne Körper gibt, ist noch ungewisser als die Existenz einer intellektuellen Anschauung. Aber auch wenn es eine intellektuelle Anschauung gibt und die Universalien als selbständige Wesen existieren, so bleibt immer noch die Frage offen: Wie haben wir die Beziehung zwischen diesen Universalien und den Sinnesphänomenen zu denken?

Platon verwendet hierzu verschiedene Bilder, wie z. B. das der Teilhabe der Sinnesphänomene an den Ideen oder das der Abbildung der Ideen in den Sinnesphänomenen. Die Metapher der Teilhabe deutet darauf hin, daß die Ideen jenseits und abgetrennt von den Sinnesphänomenen existieren, die der Abbildung dagegen, daß sie in ihnen sind. Doch wenn die jenseitigen Ideen in den Sinnesphänomenen sind, dann ist die *eine* Idee entweder „im Bereich der unzähligen werdenden Phänomene zerstreut und vieles" oder „als eine mit sich identische Einheit von sich selber getrennt – was völlig unmöglich zu sein scheint – und kommt als dasselbe und eine zugleich in einem und in vielem vor."[157] Die Beziehung von Ideen und Sinnesphänomenen führt so in einen Widerspruch. Platons vielleicht letztes Wort dazu im „Timaios" lautet, daß die Sinnesphänomene „auf eine schwer auszusprechende, Staunen erregende Art und Weise Abdrücke [der Ideen] bilden, der wir später nachgehen".[158] Leider scheint er später dieser Frage nicht mehr mit der wünschenswerten Deutlichkeit nachgegangen zu sein.

Die aristotelische Position dagegen kommt unserem gewöhnlichen Realitätsverständnis näher und erkennt, daß Universalien nicht selbständig existieren, sondern von den Einzeldingen abhängig sind. Die „schwer auszusprechende" Beziehung zwischen Sinnesphänomenen und Ideen wird nun zur alltäglichen Prädikation eines Universale von einem Einzelding. Damit gelingt es Aristoteles auch die platonische Trennung der Universalien von den Einzeldingen zu vermeiden. Die Universalien existieren nämlich in den Einzeldingen, von denen sie prädiziert werden. Allerdings macht auch Aristoteles noch die Voraussetzung einer intellektuellen Anschauung, wenn er eine Wahrnehmung des Allgemeinen annimmt. Ferner führt auch die aristotelische Position in einen Widerspruch.

Er ist zum platonischen spiegelverkehrt. Wenn nämlich das Universale in den Einzeldingen existiert, so ist das Universale individuiert oder etwas Einzelnes und durch allgemeine Namen nicht mehr erfaßbar. So kommt das Menschsein in Sokrates, Platon, Aristoteles usw. als deren individuierte Beschaffenheit vor. Dann stellt sich aber die Frage, wie ein individuiertes Universale gleichwohl noch allgemein, d.h. verschiedenen Individuen wie Sokrates, Platon, Aristoteles usw. gemeinsam und über verschiedene Raum- und Zeitstellen hin verteilt sein kann. Aristoteles scheint das Problem dadurch gelöst zu haben, daß die Universalien nur der Möglichkeit nach infolge unserer geistigen Abstraktion allgemein sind. Damit handelt er sich aber bereits eine Grundschwierigkeit des Konzeptualismus ein.

Nach der konzeptualistischen Position existieren die Arten und Gattungen nur im menschlichen Geist als Gedanken oder Begriffe. Dann wären sie Ideen oder Vorstellungen. Ideen oder Vorstellungen aber sind Teile einer Einzelseele und damit nicht mehr allgemein, sondern individuell und subjektiv (vgl. S. 42). Sind die Universalien aber subjektiv, so sind sie nicht mehr „gemeinsames Eigentum von vielen“, um mit G. Frege zu sprechen.[159] Ferner gehen wir nach dem Gesetz der Existenzverallgemeinerung davon aus, daß Klassen existieren, wenn wir die Proposition „Der Mensch ist ein Lebewesen“ für wahr halten (vgl. S. 121). Damit setzen wir voraus, daß nicht nur unsere Vorstellung von der Klasse, sondern die Klasse der Menschen existiert. Wir beziehen uns also mit wahren Propositionen auf etwas, was sich außerhalb unseres Geistes befindet.

Noch weniger meinen wir mit „Der Mensch ist ein Lebewesen“, daß nur der Name im Sinne des Lautgebildes oder „Hauches“ Mensch existiert. Wir denken mit solchen wahren Propositionen vielmehr nicht nur an etwas, was außerhalb unseres Geistes, sondern auch an etwas, was außerhalb unserer sprachlichen Äußerungen existiert, nämlich eben die Klasse der Menschen. So meinen wir mit der Proposition „Der Mensch ist ein Lebewesen“ nicht, daß der Name der Klasse Mensch, sondern daß die Klasse der Menschen existiert. Dann kann aber auch der allgemeine Name Mensch nicht nur ein „Hauch unserer Stimme“ für die vielen einzelnen Menschen sein, wie der Nominalismus nach dieser extremen Formulierung behauptet.

Weder der Realismus, noch der Konzeptualismus, noch der extreme Nominalismus können so auf befriedigende Art und Weise die von Porphyr gestellte Frage beantworten, auf welche Art und Weise die Arten und Gattungen existieren. Der Realismus behauptet zu viel, der Konzeptualismus aber und erst recht der extreme Nominalismus, behaupten zu wenig.

Existieren die Arten und Gattungen aber nur semantisch, so existieren die Universalien weder als Realitäten, noch als Gedanken, noch als Namen, sondern nur als Bedeutungen von Namen. Im Unterschied zum realen Platonismus wollen wir diese Position einen semantischen Platonismus nennen. Nach ihm existieren die Universalien zwar wie beim realen Platonismus „unsichtbar und auch sonst nicht sinnlich wahrnehmbar“,[160] objektiv und auf andere Art und Weise als die Sinnesphänomene. Doch in Abweichung von ihm sind sie nicht „ungeworden und unvergänglich“,[161] sondern werden vielmehr vom Menschen geschaffen. Erst Menschen können ja den allgemeinen Namen eine Bedeutung geben, die sie dann zum Bezugsgegenstand ihres Sprechens machen.

Damit wenden wir die erwähnte Bemerkung G. Freges „Die ungerade Bedeutung eines Wortes ist also sein gewöhnlicher Sinn“ nicht nur auf Propositionen (vgl. S. 140–141), sondern auch auf Universalien an. Wir können dies auch die Vergegenständlichung des Sinnes allgemeiner Namen nennen. Existieren aber solche semantischen Gegenstände, so haben die Universalien im Unterschied zu den Sinnesphänomenen keine sinnlich erfahrbare, sondern nur eine semantische Existenz. Ferner existieren sie nicht objektiv in dem starken Sinne, daß sie unabhängig vom Menschen sind, sondern nur in dem schwachen, daß wir deren intersubjektive Identität voraussetzen.

Mit Aristoteles geht der semantische Platonismus davon aus, daß wir diesen intersubjektiv selbigen Sinn häufig durch Abstraktion der zwischen den Einzelwesen bestehenden Ähnlichkeiten gewinnen. Das ist besonders deutlich bei natürlichen Arten, zu denen in gewisser Weise auch der Mensch gehört. So gewinnen wir den allgemeinen Namen Mensch durch Abstraktion von den wahrnehmbaren Eigenschaften, welche die vielen und verschiedenen menschlichen Individuen miteinander gemeinsam haben.

Mit dem Konzeptualismus nimmt der semantische Platonismus an, daß Universalien vom Menschen gemacht werden. So wird erst durch eine geistige Abstraktionsleistung die gemeinsame Bedeutung des Namens Mensch geschaffen, die wir dann zum Gegenstand unseres Sprechens machen.

Mit dem Nominalismus nimmt der semantische Platonismus an, daß in der Wirklichkeit nur Einzelnes existiert, das Allgemeine jedoch in den allgemeinen Namen liegt. Doch müssen wir im Gegensatz zum extremen Nominalismus nochmals betonen, daß das Allgemeine nicht in den jeweiligen allgemeinen Namen als Laut- oder Schriftgebilden existiert, die ja von Mensch zu Mensch variieren, sondern in den Bedeutungen dieser Namen.

Der semantische Platonismus versucht so Momente des Platonismus, des Aristotelismus, des Konzeptualismus und des Nominalismus zu integrieren, ohne die Realität der Universalien zu fordern oder deren intersubjektive Selbigkeit zu bestreiten. Werden die Bedeutungen der allgemeinen Namen aber zu Bezugsgegenständen gemacht, so kann man auf den Gedanken kommen, daß sie unmittelbar wahrgenommen oder „gesehen“ werden. Gleichwohl ist es nicht ein physischer Mensch, der beispielsweise in der Proposition „Der Mensch ist ein Lebewesen“ gesehen wird, sondern nur gleichsam ein Mensch oder ein Quasi-Mensch. Der semantische Platonismus ist insofern auch ein „Quasiplatonismus“ und die Schau der Universalien nur gleichsam eine Schau oder eine „Quasischau“.

Freilich ist auch der semantische Platonismus „schwer anzunehmen“, andererseits aber auch schwer, „nicht anzunehmen“,[163] wie das bereits Glaukon, der Halbbruder Platons, vom realen Platonismus sagt. Er ist „schwer anzunehmen“, weil wir kein scharfes Kriterium der Identität solch luftiger Gebilde wie semantischer Gegenstände besitzen. Das hat vor allem W. V. O. Quine betont.[164] So können wir z. B. sehen, daß ein Individuum heute noch dasselbe wie gestern ist und dessen Identität gegebenenfalls durch seine Fingerabdrücke verifizieren. Doch wie können wir feststellen, daß die unsichtbare Bedeutung des allgemeinen Namens Mensch, die wir gestern verwendet haben, heute nicht etwas anderes ist? Wir müssen uns wohl im Geiste L. Wittgensteins mit der Tatsache geglückter Verständigung über die Zeit hinweg *innerhalb* einer Sprachgemeinschaft begnügen, wenn wir etwa sagen „Der Mensch ist ein Lebewesen“.

Der semantische Platonismus ist andererseits auch „schwer nicht anzunehmen“, da wir nicht nur in den Wissenschaften, sondern in unserer alltäglichen Verständigung allgemeine semantische Gegenstände und deren Identität voraussetzen. Aristoteles hat diesen Gedanken treffend so formuliert und wohl auch von Platon übernommen: „Denn nicht etwas Bestimmtes bezeichnen, heißt nichts bezeichnen. Wenn die [allgemeinen] Namen aber nichts mehr bezeichnen, dann wird die gegenseitige Unterredung aufgehoben, in Wahrheit aber auch die Unterredung mit sich selbst.“[165]

b) Das Sein fiktiver Dinge und das Sein des Nichts

Der Begriff der semantischen Existenz erlaubt es uns, ein weiteres Problem anzugehen, nämlich das Problem der fiktiven Dinge – der goldenen Berge, geflügelten Pferde, Zentauren usw. – sowie das Problem des Nichts. Fiktive Dinge sind Dinge, die im Unterschied zu einem wirklichen Pferd, einem wirklichen Berg und einem wirklichen Menschen keine reale Existenz besitzen. Fiktive Dinge aber sind im Unterschied zu logisch unmöglichen Dingen, wie z.B. zu einem runden Quadrat, logisch möglich. Sachverhalte, in denen sie vorkommen, verletzen also noch nicht das Gesetz vom Nichtwiderspruch. So ist es kein logischer Widerspruch zu sagen, daß ein Pferd Flügel haben oder eine Kuh sprechen kann, auch wenn es in der Realität noch keine Pferde mit Flügeln oder sprechende Kühe gibt. Dagegen kann ein Quadrat aus logischen Gründen nicht rund sein. Denn ein rundes Quadrat ist kein Quadrat.

Was aber ist der ontologische Status von Dingen, die nicht sind? Die fiktiven Dinge und das Nichts existieren ja nicht: Wenn wir sagen (a) „Einen goldenen Berg gibt es nicht" oder (b) „Das Nichts gibt es nicht", so drücken wir eine wahre Proposition aus. Nun setzt jedoch eine wahre Proposition voraus, daß es etwas gibt, wovon sie etwas Wahres aussagt. Deshalb folgt aus der wahren Proposition (a) die wahre Proposition (a') „Es gibt ein x, so daß gilt, daß dieses x ein goldener Berg ist". Ebenso folgt aus der wahren Proposition (b) die wahre Proposition (b') „Es gibt ein x, so daß gilt, daß dieses x das Nichts ist". Aus der Verneinung der Existenz fiktiver Dinge und des Nichts folgt also die Bejahung der Existenz. Das ist ein Widerspruch. So erscheint der ontologische Status von Dingen, die nicht sind, widersprüchlich: Sie existieren nicht *und* sie existieren doch.

Der Widerspruch verschwindet, wenn wir zwischen einer realen und einer semantischen Existenz unterscheiden. Aus den Propositionen (a) und (b) folgen zwar die Propositionen (a') und (b'). Aber in (a) und (b) ist nicht angegeben worden, ob ein goldener Berg und das Nichts reale oder semantische Existenz haben. Nun hat bis jetzt noch niemand in der Natur einen Berg gesehen, der nur aus Gold besteht. Ebenso hat noch niemand im wörtlichen Sinne das Nichts gesehen (auch wenn schon mancher im übertragenen Sinne vor dem Nichts gestanden hat). Deshalb existieren goldene Berge und das Nichts nicht realiter, sondern nur semantisch, insofern wir von goldenen Bergen und dem Nichts sinnvoll, d.h. logisch widerspruchsfrei, sprechen können. So glaubte M. Heidegger (1889–1976), auch vom Nichts noch sinnvolle Aussagen machen zu können, wie z.B. „Das Nichts selbst nichtet".[166]

Die Propositionen (a) und (b) sind also so umzuformulieren in (α) „Einen goldenen Berg gibt es nicht realiter" und (β) „Das Nichts gibt es nicht realiter". (a') und (b') aber so: (α') „Es gibt semantisch ein x, so daß gilt, daß dieses x ein goldener Berg ist" und (β') „Es gibt semantisch ein x, so daß gilt, daß dieses x das Nichts ist". Die beiden Propositonen aber, (α) „Einen goldenen Berg gibt es nicht realiter" und (α') „Es gibt semantisch einen goldenen Berg", widersprechen sich ebensowenig wie (β) „Das Nichts gibt es realiter nicht" und (β') „Das Nichts gibt es semantisch".

So verneinen negative Existenzsätze nur die Existenz eines realen Bezugsgegenstandes von Ausdrücken wie „goldener Berg" oder „das Nichts", aber nicht den Sinn oder den semantischen Bezugsgegenstand. Die Bedeutung des Ausdrucks wird vielmehr selbst zum Bezugsgegenstand. Insofern wende ich wieder die Bemerkung G. Freges „Die ungerade Bedeutung eines Wortes ist also sein gewöhnlicher Sinn"[167] auch auf fiktive Gegenstände an, wo, wie z.B. bei goldenen Bergen, der Gegenstand nicht mehr ein Gegenstand der Außenwelt, sondern der Sinn des Ausdrucks ist. Da Vorstellungen privat bleiben, wir unter einem goldenen Berg aber doch etwas Gemeinsames verstehen, kann die Bedeutung von „goldener Berg" nicht in unserer Vorstellungswelt liegen. Hinzu kommt, daß wir uns unter einem goldenen Berg nicht unsere Vorstellung von einem goldenen Berg, sondern einen goldenen Berg selber vorstellen. Wird der Sinn des Ausdrucks aber selber zum Bezugsgegenstand, so hat der Sinn selber eine, wenn auch nur semantische Existenz. Das können wir die Vergegenständlichung des Sinnes von Namen für fiktive Dinge nennen.

Deshalb gilt auch das Gesetz der Existenzverallgemeinerung (vgl. S. 121) bei negativen Existenzsätzen nicht mehr schlechthin. Es muß vielmehr der Kontext angegeben werden, worin es gilt, nämlich ob in der realen oder in der semantischen Welt. Bei negativen Existenzsätzen über fiktive Gegenstände aber müssen wir es dahingehend modifizieren, daß solche Existenzsätze nur die reale, aber nicht die semantische Existenz verneinen. So verneint der Satz „Einen goldenen Berg gibt es nicht" nur die reale Existenz eines goldenen Berges, nicht aber die semantische. Um wahr zu sein, setzt er vielmehr stillschweigend die semantische Existenz voraus. Da negative Existenzsätze über fiktive Gegenstände die semantische Existenz nicht verneinen, sondern stillschweigend voraussetzen, so folgt aus einem negativen Existenzsatz über fiktive Gegenstände zwar nicht deren reale, wohl aber deren semantische Existenz. So kann die Unterscheidung zwischen realer und semantischer Existenz auch das Problem lösen, wie wir sinnvoll über Dinge sprechen können, die nicht existieren. Fiktive Dinge haben wie abstrakte keine reale, sondern nur eine semantische Existenz.

Das heißt nicht, daß ich zwischen den abstrakten und den fiktiven Gegenständen keinen Unterschied anerkennen muß. Während die ersten für die Wissenschaft, wie z.B. die Mengenlehre, Physik und Biologie, unentbehrlich erscheinen, so sind die zweiten – etwa die Götter Homers – Schöpfungen, die nur im Rahmen der antiken Mythologie akzeptiert werden. Goldene Berge aber gibt es vielleicht nur in der Grimmschen Märchenwelt, Polonius und Ophelia nur in Shakespeares „Hamlet". Im Unterschied zu dem, was real existiert, ist jedoch das, was semantisch existiert, von Menschen gemacht. Darüber hinaus ist es aber auch kontextabhängig, insofern es nur innerhalb eines Rahmenwerkes von Existenzsetzungen Sinn hat, sei es das der Mengenlehre G. Cantors, der modernen Physik und Biologie, der griechischen Mythologie, der Grimmschen Märchen oder von Shakespeares „Hamlet“. Der Unterschied zwischen abstrakten und fiktiven Gegenständen besteht so wesentlich darin, daß der Kontext, in dem sie existieren, anders ist. Aber so unterschiedlich Zahlen, ideale Massenpunkte, natürliche Arten, die Götter Homers, goldene Berge, Polonius und Ophelia in Funktion und Gehalt auch sind – sie haben nur eine semantische Existenz.

In gewisser Weise ist aber auch die reale Existenz kontextabhängig. Sie ist abhängig vom Kontext der artspezifischen menschlichen Erfahrung. Sie ist aber nicht mehr abhängig von einem der erwähnten Kontexte innerhalb dieser Erfahrung. Wenn wir diese Unterscheidung zwischen dem Kontext der artspezifischen menschlichen Erfahrung und dem spezifischen Kontext innerhalb dieser Erfahrung gemacht haben, können wir auch vereinfachend sagen, daß reale Existenz kontextunabhängig, semantische dagegen kontextabhängig ist.

So gibt unsere Erläuterung des Begriffes „Sein“ folgende Antwort auf die Frage „Was existiert, bzw. was für Tatsachen sind der Fall?“. Reale und semantische Tatsachen sind der Fall. Da die realen Tatsachen sowohl physischer als auch psychischer Natur sein können, läßt sich auch sagen: Physische, psychische und semantische Tatsachen sind der Fall. Eine solche Unterscheidung zwischen drei Arten von Tatsachen können wir – um einen Ausdruck K. Poppers zu verwenden – eine Ontologie der drei Welten nennen.[168] Die physische Welt ist die Gesamtheit der physischen, die psychische die Gesamtheit der psychischen und die semantische die Gesamtheit der semantischen Tatsachen.

Fundamentaler jedoch ist die Unterscheidung in zwei Welten, in die reale und die semantische Welt. Selbstverständlich gehört der Begriff des Seins, den wir bei dieser erläuternden Unterscheidung schon vorausgesetzt haben, nicht der realen Welt an. Für den Begriff des Seins gibt es keine äußere oder innere Erfahrung. Sein ist, wie I. Kant sagt, „offenbar kein reales Prädikat".[169] Aber auch das Nichts ist kein reales Prädikat. Der Begriff des Nichts gehört wie der des Seins in die semantische Welt.

VI. Gut

1. Das moralisch und das außermoralisch Gute

Unter dem, was ist, ist einiges für uns dadurch ausgezeichnet, daß es gut ist. Aber was ist gut? Die klassische Definition, die auf Platon und Aristoteles zurückgeht, lautet: „Das Gute ist das, wonach alles strebt".[170] Strebt alles nach dem Guten, so streben auch alle Menschen danach. Wir können deshalb die klassische Definition so abwandeln: Das Gute ist das, wonach jeder Mensch strebt.

Doch auch an diese Definition läßt sich wieder die Rückfrage stellen, deren Antwort offen bleibt: Ist das, wonach jedermann strebt, auch das Gute? Diese Frage würden wir verneinen. Wonach jedermann strebt, ist nicht immer das Gute. So scheint jedermann nach Lust zu streben. Doch ist die Lust deswegen schon das Gute? Diese Frage können wir nicht bejahen, da es offenbar auch schlechte Lüste gibt, etwa die Lust des Sadisten. Auch der Begriff des Guten enthält so einen Bedeutungsüberschuß, der durch die genannte klassische Definition noch nicht wiedergegeben wird. Auch der Begriff des Guten ist über eine explizite Definition „supervenient". Was bereits vom Begriff des Wahren und vom Begriff des Seins gesagt wurde, gilt auch für denjenigen des Guten: Er läßt sich nicht explizit, sondern nur implizit definieren. Anders ausgedrückt: Man kann ihn nur erläutern. Den Begriff des Guten erläutern heißt, vom Begriff des Guten das bewußt machen, was wir auf unentfaltete Art und Weise schon wissen.

Auch bei der Erläuterung dieses Begriffs empfiehlt es sich, bei der Sprache zu beginnen. Wie die Ausdrücke „wahr" und „ist", so hat nämlich auch der Ausdruck „gut" *mehrere* Bedeutungen. Diese sind in der klassischen Definition „Das Gute ist das, wonach alles strebt" nicht voneinander geschieden. Wenn wir sagen „Ein Glas Wein ist gut", so meinen wir nicht dasselbe, wie wenn wir sagen „Ein Wille oder eine Absicht ist gut". Im ersten Fall meinen wir, daß das Glas Wein als Mittel zu einem Zweck gut sei, etwa zum Zweck der Gesundheit oder des Genusses. Im zweiten Fall dagegen meinen wir eher, daß ein Wille oder eine Absicht in sich gut ist. Im ersten Fall geben wir dem Ausdruck „gut" eine relative oder instrumentelle, im zweiten Falle dagegen eine (im Vergleich dazu) absolute oder moralische Bedeutung. Im folgenden wollen wir uns nicht mit dem, was bloß instrumentell oder relativ gut ist, befassen, sondern mit dem, was in sich oder in moralischer Hinsicht gut ist. Die Wissenschaft, welche das untersucht, nennt man Ethik.

Ethik ist nach einer treffenden Definition George Edward Moores (1873–1958) in den „Principia Ethica" (1903) die „allgemeine Untersuchung dessen, was gut ist".[171] Da wir uns jedoch auf das moralisch Gute beschränken, so können wir die Definition für unsere Zwecke so einschränken: Ethik ist die allgemeine Untersuchung dessen, was moralisch gut ist. Unter Moral dagegen wollen wir das der ethischen Theorie entsprechende praktische Verhalten verstehen.

Was moralisch gut ist, können wir spüren oder sagen. Wenn wir sagen, was gut ist, so äußern wir uns in Sätzen, die nicht nur beschreibender, sondern auch wertender Natur sind. Menschen und deren Eigenschaften beurteilen wir dabei unter anderem als gut oder schlecht, Handlungen dagegen eher als richtig oder falsch. Die Ethik untersucht so nicht nur, was gut und richtig, sondern auch, was schlecht und falsch ist. Was gut ist, das sollte man auch tun; was schlecht oder falsch ist, dagegen meiden. Was weder gut oder richtig noch schlecht oder falsch, sondern indifferent ist, das kann man tun oder meiden. Deshalb enthält die Sprache der Moral nicht nur wertende Aussagen, sondern auch solche, die etwas gebieten, verbieten oder erlauben. Für die Sprache der Moral sind insbesondere die Aussagen, welche etwas gebieten oder verbieten, von Bedeutung. Man nennt sie auch normative Aussagen.

Eine Untersuchung dieser wertenden oder normativen Aussagen ist selber noch keine wertende oder normative Ethik. Sie sagt uns noch nicht, was gut oder schlecht, richtig oder falsch ist und was wir tun oder lassen sollen. Sie spricht nur *über* die Aussagen, mittels derer wir sagen, daß etwas gut oder schlecht, richtig oder falsch ist, oder daß wir dies tun und jenes lassen sollen. Deshalb nennt man diese Untersuchung auch *Meta*ethik. Die Metaethik ist die Lehre von der moralischen Sprache und kennt insbesondere zwei Theorien wertender oder normativer Aussagen, den Kognitivismus und den Emotivismus.

2. Metaethik des moralisch Guten

a) Kognitivismus

Die nächstliegende Theorie ist die des Kognitivismus. Nach ihm haben moralische Aussagen denselben Status wie diejenigen, mit denen wir eine Erkenntnis ausdrücken. In der Tat: Daß wir erkennen können, was gut oder schlecht, richtig oder falsch ist, das scheint so klar zu sein, wie daß wir erkennen können, was weiß und was schwarz ist. In beiden Fällen brauchen wir nur die Augen zu öffnen. Daß es moralisch richtig ist, einen Verblutenden zu verbinden, aber falsch, ihn verbluten und sterben zu lassen, das scheint so klar sichtbar zu sein, wie daß der Schnee weiß und Pech schwarz ist.

Diese Theorie hat einmal den Vorteil, mit unserer wertenden moralischen Sprache übereinzustimmen. Wir äußern uns ja in indikativischen Sätzen („X ist gut oder schlecht, richtig oder falsch“) sowohl über moralische Eigenschaften als auch über natürliche („X ist weiß oder schwarz“) und schreiben moralischen Propositionen wie Tatsachenbehauptungen die Wahrheitswerte des Wahren oder Falschen zu.

Weiterhin kann diese Theorie auch die absolute Gültigkeit, die wir *gewissen* moralischen Werten zuschreiben, durch die Berufung auf deren Realität und Objektivität leicht erklären. Ferner ist der Realismus in der Moralphilosophie wie derjenige in der Erkenntnistheorie eine Grundeinstellung des gesunden Menschenverstandes und eine immer wiederkehrende Philosophie. Sie wurde von der Mehrheit der Philosophen, angefangen mit Platon und Aristoteles bis hin zu G.E. Moore und anderen, vertreten.[172] Zuletzt hat sie auch den Vorzug, daß wir sie im Unterschied zum moralphilosophischen Skeptizismus, nach dem wir nichts als gut oder schlecht erkennen können, nicht gleich aufgeben – außerhalb der Moralphilosophie.

Eine besonders deutliche Formulierung des moralphilosophischen Realismus findet sich in Fjiodor Michailowitsch Dostojewskijs (1821–1881) „Aufzeichnungen aus einem toten Haus“: „Indes wird wohl jeder mit mir übereinstimmen, daß es, aller erdenklichen Standpunkte ungeachtet, Verbrechen gibt, die immer und überall nach allen Gesetzen seit Anbeginn der Welt unbestreitbare Freveltaten sind und sein werden, solange der Mensch Mensch bleibt.“[173] Eine solche Freveltat wäre z.B. die Ermordung eines ganzen Volkes, der Völkermord. Umgekehrt ließe sich sagen: Es gibt Taten, die unbestreitbar moralisch richtig sind und sein werden, solange der Mensch Mensch bleibt. So ist es z.B. unbestreitbar richtig, wenn ein Mensch einen anderen oder ein Volk ein anderes vor dem Hungertod rettet.

Der Kognitivismus führt so zu einem moralischen Objektivismus und Realismus. Für ihn gibt es moralische Tatsachen in der Realität. Sie sind insofern objektiv, als sie an sich und nicht nur für uns bestehen, wie z.B. die Tatsache, daß Völkermord schlecht, Rettung vor dem Hungertod aber gut ist. Die Grundthese des Kognitivismus aber läßt sich so formulieren: Moralische Aussagen bzw. genauer deren Inhalt – die Propositionen – sind wahr oder falsch, da sie mit moralischen Tatsachen übereinstimmen oder nicht.

Bei diesen moralischen Tatsachen können wir zwischen grundlegenden und abgeleiteten unterscheiden. Eine moralische Tatsache von grundlegendem oder gar „axiomatischem" Charakter wird z.B. durch den ersten Satz im „Grundgesetz für die Bundesrepublik Deutschland" ausgedrückt: „Die Würde des Menschen ist unantastbar". Aus dieser „axiomatischen" Proposition lassen sich andere „ableiten", wie z.B. daß jeder Mensch das Recht auf Leben und körperliche Unversehrtheit hat und die Freiheit der Person unverletztlich ist (Artikel 2.1).

Aber wie erkennen wir moralische Tatsachen? Offensichtlich kann es sich im Falle moralischer Tatsachen nicht um reale Tatsachen physischer Natur handeln, wie etwa, daß Schnee weiß und Pech schwarz ist. Abgesehen davon, daß auch solche physischen Tatsachen hypothetisch sind, können wir moralische Qualitäten nicht sehen: Während wir mit unseren Augen sehen können, daß der Schnee weiß und Pech schwarz ist, so können wir einem Gesicht und einer Handlung ihre moralische Qualität nicht unmittelbar von außen ablesen: Ein Gesicht kann uns freundlich erscheinen, aber hinter dem freundlichen Lächeln unfreundliche Gedanken verbergen. Die Gesichtszüge von Verbrechern unterscheiden sich in der Regel nicht von denjenigen „anständiger" Leute, wie jeder Besucher eines Gefängnisses bestätigen kann. Eine Handlung, wie z.B. der Transport eines blutenden Menschen von einem Wagen in einen anderen, kann sowohl eine Rettungsaktion wie auch eine Entführung sein.

Die Eigenschaften „gut", „schlecht", „richtig" und „falsch" üben keine oder zumindest nicht dieselbe Wirkung auf unsere Sinnesorgane aus wie die Eigenschaften „weiß" oder „schwarz". Ebenso sehen wir es Herrn Meier oder Frau Müller noch nicht an, daß sie eine unantastbare Würde haben. Da wir diese moralischen Eigenschaften nicht mit unserem leiblichen Auge wahrnehmen, konnte der Kognitivismus auf den Gedanken kommen, daß es sich um „übernatürliche" oder metaphysische handelt, die man nur mit einem „geistigen Auge" „sehen" kann. So sehen wir nicht mit unserem leiblichen Auge, daß es richtig ist, einen Verblutenden zu verbinden, aber falsch, ihn verbluten zu lassen, oder daß ein Mensch eine unantastbare Würde hat. Dazu müssen wir unser „geistiges Auge" „aufschlagen".

Die Hypothese eines unmittelbaren geistigen Sehens ist keineswegs auf das Sehen mathematisch-geometrischer Axiome beschränkt, wie z.B. „Das Ganze ist größer als der Teil" (vgl. S. 76). Sie ist vielmehr vom „Sehen" von mathematisch-geometrischen Axiomen auf das „Sehen" von moralischen übertragen worden. Da man auch moralische Tatsachen nicht sehen kann, sie aber gleichwohl irgendwie zu existieren scheinen, so legt sich der sprachliche Ausweg eines nichtsinnlichen „Sehens" nahe. Der Kognitivismus führt so zu einem Intuitionismus (von intueor = Ich schaue hin).

Doch unabhängig davon, daß es sich bei diesem seltsamen „Augenaufschlag des Geistes" um eine metaphorische Hilfskonstruktion handelt, lieferte gerade diese geistige Intuition ein entscheidendes Argument gegen den Objektivismus: Daß Intuition ein Kriterium mit Objektivitätscharakter ist, gilt von den moralischen Axiomen sowenig wie von den Axiomen der Arithmetik und Geometrie. Das intuitiv einleuchtende Axiom, wonach das Ganze größer ist als der Teil, gilt z.B. nicht mehr bei unendlichen Mengen (vgl. S. 77). Ebenso „sah" auch ein scharfes Auge wie dasjenige des Aristoteles nicht, daß der Mensch eine unantastbare Würde hat und die Freiheit der Person unverletztlich ist. Für ihn gab es vielmehr Sklaven von Natur (vgl. S. 97–98). Es braucht vielmehr schon eine historisch gewachsene und entwickelte, d.h. eine erworbene Intuition, um dieses Axiom in seiner allgemeinen Verbindlichkeit zu „sehen".

Aber auch für eine erworbene Intuition kann es Grenzfälle geben, wo sie nicht mehr deutlich sieht. Hat z.B. ein Mensch, der seit zwei Jahren im Koma liegt, auch noch eine unantastbare Würde? Wie die mathematische, so mag sehr wohl auch die moralische Intuition zwar eine Prima-facie-Evidenz bieten (vgl. S. 78). Sie garantiert aber keineswegs die Objektivität, auf die der Objektivist Anspruch erhebt. Sie kann vielmehr durch andere „Intuitionen" korrigiert oder gar außer Kraft gesetzt werden, wie z.B. im Falle der passiven oder, bei unheilbaren und unerträglichen Leiden, unter Umständen der aktiven Sterbehilfe.

Doch läßt sich nicht nur die Objektivität dieser Intuition bezweifeln. Auch gegen den Begriff der moralischen Tatsachen kann ein Argument angeführt werden. Moralische Tatsachen haben nicht nur den Charakter von Tatsachen, sondern auch von Normen. Daß die Würde des Menschen unantastbar ist, ist nicht nur eine Tatsache, sondern auch eine Norm, nämlich das Verbot, die Würde des Menschen anzutasten: *Ist* die Würde des Menschen unantastbar, so folgt daraus, daß sie nicht angetastet werden *soll*. *Ist* Töten moralisch falsch, so *sollst* du nicht töten. Sind moralische Urteile Tatsachenbehauptungen, so folgt aus einer konstativen eine normative Proposition.

Dagegen erhebt sich aber der Einwand, daß man aus keiner konstativen Proposition auf eine normative schließen darf. Da dieser Einwand auf D. Humes „Abhandlung über die menschliche Natur" (1739–40) zurückgeht, nennt man ihn auch das Humesche Gesetz von der Unableitbarkeit eines Sollens aus einem Sein.[174] In jedem gültigen deduktiven Schluß darf der Gehalt der Konklusion nicht über den Gehalt der Prämissen hinausgehen. Ein gültiger deduktiver Schluß ist wahrheitsbewahrend (vgl. S. 54). Wenn aber aus konstativen Prämissen auf eine normative Konklusion geschlossen wird, so bewahrt die Konklusion die Wahrheit der Prämissen nicht auf, sondern geht über den Gehalt der Prämissen hinaus. Sie bringt etwas Neues hinzu, was in den Prämissen noch nicht enthalten war, nämlich ein Sollen.

Nun halten aber der Kognitivismus und Intuitionismus wertende und normative Sätze wie „Töten ist falsch!" bzw.

„Du sollst nicht töten!" für sprachlich verkleidete Tatsachenbehauptungen, die als solche wahr oder falsch sind, insofern sie mit moralischen Tatsachen übereinstimmen oder nicht. Doch dann können nach dem Humeschen Gesetz aus diesen Tatsachenbehauptungen nicht mehr normative Sätze abgeleitet werden: Stellen die Sätze „Töten ist falsch!" bzw. „Du sollst nicht töten!" eine Tatsache fest, so hat das „Du sollst ..." nicht mehr normative, sondern konstative Kraft. Dann aber ist das Verbot zu töten nicht mehr selber ein Verbot, sondern die Feststellung eines Verbots, und es scheint, daß aus ihm keine Norm auf gültige Art und Weise abgeleitet werden könne. Wie die Ableitung des Sollens aus dem Sein, so scheint es aufgrund des Humeschen Gesetzes „gänzlich unvorstellbar"[175], wie es moralische Tatsachen geben kann. Eine moralische Tatsache müßte nämlich eine Norm implizieren. Nun ist es aber „gänzlich unvorstellbar", wie eine Tatsache eine Norm implizieren kann. Damit fällt auch der entscheidende Grund für jeden moralischen Realismus, Objektivismus und Kognitivismus dahin: Wo es keine moralischen Tatsachen in der Realität gibt, da gibt es auch keine objektiven moralischen Tatsachen. Wo es keine objektiven moralischen Tatsachen gibt, da gibt es auch nicht mehr etwas, was objektiv erkannt werden kann.

b) Emotivismus

Als Alternative bietet sich nun die Hypothese D. Humes an, daß moralische Propositionen wie „X ist gut oder schlecht, richtig oder falsch" keinen kognitiven Gehalt haben, sondern nur dazu dienen, unsere Gefühle zu beschreiben. Wenn ich also z. B. sage, daß absichtlicher Mord falsch ist, so gebe ich mit dieser Proposition weder eine natürliche Tatsache der sinnlich erfahrbaren Welt noch eine metaphysische der unsichtbaren Welt wieder, sondern ich beschreibe damit nur mein Inneres. Ich beschreibe nämlich ein Gefühl des Widerwillens oder der Empörung, das ich bei absichtlichem Mord empfinde. Unsere moralische Sprache führt uns also zu einer ständigen Täuschung. Sie gibt vor, reale Eigenschaften zu beschreiben. Doch nur unsere Emotionen sind real. Deshalb nennt man diese Position Emotivismus. Da moralische Propositionen diese Gefühle beschreiben, können wir diesen Emotivismus auch als beschreibenden Emotivismus bezeichnen. Da Emotionen als subjektiv gelten, können wir auch von einem beschreibenden moralischen Subjektivismus sprechen.

Doch läßt sich hier noch einen Schritt über D. Hume hinausgehen. Eine Proposition wie „X ist gut oder richtig, schlecht oder falsch", braucht trotz der beschreibenden Form keine beschreibende Funktion zu haben. Bekanntlich gibt es keinen notwendigen Zusammenhang zwischen der Form eines Satzes und seiner Funktion (vgl. S. 36–37). Eine moralische Proposition braucht trotz der beschreibenden Form nicht eine Beschreibung zu sein, sondern kann auch eine ausdrückende Funktion besitzen. Nach dieser Position hätte also eine Aussage wie z.B. „Töten ist falsch!" überhaupt keinen Wahrheits- oder Falschheitswert, da sie mit einer inneren oder äußeren Tatsache weder übereinstimmen noch nicht übereinstimmen kann. Sie hat vielmehr die gleiche Funktion, wie wenn der Ausdruck „Töten" mit einem besonders entrüsteten Tonfall ausgesprochen würde.[176] Auf eine ähnliche Art und Weise bringt auch eine Mutter ihrem Kind die ersten moralischen Äußerungen bei. Sie sagt z.B. „Lügen, pfui!". Diesen Emotivismus nennt man auch ausdrückenden oder expressiven Emotivismus. Im Unterschied zum beschreibenden Emotivismus und Subjektivismus stellen nach der Theorie des expressiven Emotivismus moralische Aussagen überhaupt keine – auch keine inneren – moralischen Tatsachen dar, sondern drücken nur Gefühle aus. Auch dadurch können sie in anderen Personen Gefühle erwecken und sie zum Handeln anleiten.[177]

Doch gibt es gegen beide Arten des Emotivismus oder Subjektivismus wieder ein Gegenargument: Wir können offensichtlich widersprüchliche moralische Urteile fällen und uns über moralische Propositionen wie über Tatsachenbehauptungen mit guten Gründen streiten. So können wir mit guten Gründen darüber streiten, ob z.B. Abtreibung verwerflich ist oder nicht. Wären moralische Urteile aber nur Beschreibungen von Gefühlen oder nur Expressionen, so könnten sie nicht widersprüchlich sein, und es hätte keinen Sinn, über deren Richtigkeit unter Angabe von Gründen zu streiten. Gefühle können sich zwar widerstreiten. Ein Mann kann eine Frau z.B. zugleich lieben und hassen und umgekehrt eine Frau einen Mann. Aber im logischen Sinne widersprechen können sich Gefühle nicht, wie dies bei Aussagen möglich ist.

Nun braucht im Falle von moralisch indifferenten Dingen, wie z.B. dem Rauchen auf der Straße, die sprachliche Form einer Tatsachenbehauptung, wie z.B. „Rauchen ist falsch", noch keine moralisch relevante Tatsache festzustellen, sondern kann nur die persönliche Expression eines Nichtrauchers sein. Allerdings wird sie für einen fanatischen Nichtraucher eine moralische Tatsache wiedergeben. Es kommt also auch darauf an, *wer* die betreffende Aussage macht. Stellt aber eine moralisch relevante Basisproposition wie „Völkermord ist moralisch falsch" nur eine Expression dar, so auch die gegenteilige, nämlich „Völkermord ist moralisch richtig". Da beide nur versteckte Expressionen bilden, so hätte es keinen Sinn, sich unter Angabe von Gründen darüber zu streiten, welche von beiden richtig und welche falsch ist.

Doch läuft die emotivistische Auffassung bei moralischen Basispropositionen wie den erwähnten nicht nur gegen unsere theoretischen Basisüberzeugungen, welchen wir in der beschreibenden und objektivistischen sprachlichen Form Ausdruck verleihen. Sie läuft auch wider den Anspruch auf Verallgemeinerung, den wir mit dem Begriff solcher moralischen Basispropositionen verbinden. Wenn wir eine Handlung als moralisch falsch bezeichnen, so bringen wir damit eine Einstellung zum Ausdruck, von der wir erwarten, daß andere sie teilen sollten. „Mord ist moralisch falsch" heißt nicht nur „Mord ist für mich moralisch falsch", sondern auch „Mord ist für jedermann moralisch falsch". Umgekehrt erscheint es uns unannehmbar, wenn jemand sagte: „Es ist zwar falsch, wenn ich meine Erbtante heimlich umbringe, aber es ist nicht falsch für mich, da ich von deren Ableben einen Vorteil habe." Ist es falsch, wenn ich meine Erbtante umbringe, so ist es auch falsch für mich.

Dieser Anspruch auf Verallgemeinerung zeigt sich besonders deutlich darin, daß moralische Basispropositionen sozial sanktioniert sind. Wenn ich sie nicht beachte, so zieht das negative soziale Sanktionen verschiedener Abstufung nach sich, wie z.B. Gefängnis, Buße, Entzug der sozialen Achtung und andere Strafen. Wären moralische Basispropositionen aber nur persönlicher Natur, so wäre nicht einzusehen, weshalb mich andere für deren Nichtbeachtung bestrafen können. Dagegen hat eine bloße Expression wie „Mord, o weh!" diese sozial sanktionierte Verallgemeinerungsfähigkeit ebensowenig wie ein Bericht über meine Gefühle. Denn bloße Expressionen oder Berichte über die eigenen Gefühle können bei gleichen Tatsachen ganz verschieden ausfallen. Ich kann aber nicht verlangen, daß andere meine Gefühle teilen. Ebensowenig kann ich meine abweichenden Expressionen und Emotionen für andere als verbindlich erklären. Umgekehrt haben aber auch andere kein Recht, mich für meine abweichenden Gefühle zu bestrafen. Ebensowenig haben sie ein Recht, dies für meine abweichenden moralischen Expressionen und Emotionen zu tun.

Der expressive und deskriptive Emotivismus kann so schwerlich den sozial sanktionierten Anspruch auf Verallgemeinerung moralischer Basispropositionen begründen, die derartige Basispropositionen von bloßen Ausrufen und persönlichen Gefühlsberichten unterscheidet. Gleichwohl hat der expressive Emotivismus das Verdienst, auf die nichtkognitive, expressive und handlungsanleitende Funktion aufmerksam gemacht zu haben, welche moralische Basispropositionen vor nur beschreibenden Propositionen auszeichnet. Moralische Basispropositionen dienen auch dazu, etwas zu empfehlen oder zu verurteilen, so daß aus ihnen Normen ableitbar sind, wonach man das eine tun und das andere lassen soll.

So ergeben sich zwei Forderungen, die an eine befriedigende metaethische Theorie gestellt werden können: (a) Sie muß einmal dem kognitiven und objektiven Moment moralischer Basispropositionen und der realistischen Sprache der Moral Rechnung tragen. (b) Sie muß gleichzeitig auch dem emotiven und subjektiven Moment moralischer Basispropositionen gerecht werden, das im Empfehlen oder Verurteilen besteht, so daß aus moralischen Basispropositionen Normen abgeleitet werden können.

Beide Forderungen aber scheinen in einen Widerspruch zu führen und unvereinbar zu sein. Wenn moralische Basispropositionen kognitiv sind und ein objektives Moment haben, so sind sie verallgemeinerungsfähig. Es lassen sich dann aber keine Normen aus ihnen ableiten. Wenn moralische Basispropositionen aber emotiv sind und ein subjektives Moment haben, so lassen sich zwar Normen aus ihnen ableiten. Doch sind die moralischen Basispropositionen dann noch verallgemeinerungsfähig und deskriptiv?

c) Institutionalismus

Zur Lösung dieses Widerspruches lassen sich moralische Basispropositionen, wie z.B. „Es ist richtig, einen Verblutenden zu verbinden, dagegen falsch, ihn verbluten zu lassen“, als Beschreibungen von *institutionellen* Tatsachen auffassen. Moralische Tatsachen sind danach keine an sich bestehenden Tatsachen, sei es in der physischen oder in einer unsichtbaren, metaphysischen Welt, wie der Kognitivismus nahelegt. Sie sind auch nicht nur subjektive psychische Tatsachen, wie der deskriptive Emotivismus unterstellt. Sie sind aber auch nicht inexistent. Es gibt vielmehr moralische Tatsachen, doch sind sie institutioneller Natur. Entsprechend ist die Moral weder etwas nur Objektives noch etwas nur Subjektives, sondern wesentlich etwas Soziales, nämlich eine von Menschen gemachte Institution. Insofern eine moralische Institution, wie z.B. die des Tötungsverbotes, unabhängig davon besteht, ob ich sie anerkenne oder nicht, ist sie nicht subjektiv, sondern objektiv. Insofern die Institution aber von einer sprachlichen Gemeinschaft konstituiert ist, ist sie nicht in dem starken Sinne objektiv, daß sie unabhängig von einer sprachlichen Gemeinschaft besteht. Sie ist vielmehr nur objektiv im Sinne von intersubjektiv. Sie gilt zwischen verschiedenen Menschen und im Falle von moralischen Basispropositionen zwischen allen Menschen, da sie für alle Menschen maßgeblich sein soll. (Um uns hier nicht in einer Diskussion von Ausnahmen zu verlieren, wollen wir nur moralische Basispropositionen, wie z.B. das Tötungsverbot, im allgemeinen behandeln und dabei von den Ausnahmen wie Notwehr, Tötung im Kriege, Todesstrafe, Selbstmord, passiver oder aktiver Sterbehilfe absehen.)

Der Begriff der institutionellen Tatsache ist von J.R. Searle in seinem Buch „Sprechakte" eingeführt worden.[178] Institutionelle Tatsachen sind einerseits objektiv und nicht bloß eine Sache des Gefühls. Gleichwohl können sie nicht auf reale Tatsachen reduziert werden. Solche institutionellen Tatsachen sind z.B.: „Frau Müller heiratete Herrn Meier; die Dodgers schlugen die Giants drei zu zwei, nachdem sie elfmal am Schlag waren, Herr Grün ist des Diebstahls überführt worden, der Kongreß ratifizierte die Rechnungsvorlage des Ausschusses."[179] Eine institutionelle Tatsache ist nämlich im Unterschied zu einer realen, d.h. bloß physischen oder psychischen Tatsache dadurch gekennzeichnet, daß sie erst auf Grund von konstitutiven Regeln entsteht.

Diese Regeln haben die Struktur „X gilt als Y im Kontext der Gemeinschaft G". Man nennt sie konstitutiv, da sie X als Y konstituieren. Da diese Regeln aber X als Y im Kontext der Sprachgemeinschaft SG konstituieren, sind sie auch semantische Regeln: Sie geben X im Kontext der Sprachgemeinschaft SG eine bestimmte Bedeutung Y. Einer realen physischen Handlung X wird hier im Kontext einer Sprachgemeinschaft SG die Bedeutung Y gegeben, etwa die der Heirat, des Sieges, des Diebstahls oder der Ratifikation. Institutionelle Tatsachen sind so auf eine bestimmte Art und Weise interpretierte reale Tatsachen. In den institutionellen Tatsachen gehen die reale und die semantische Welt eine bestimmte Verbindung ein. Diese aber ist im Falle der institutionellen Tatsachen normativer Natur. So übernimmt Frau Müller dadurch, daß sie Herrn Meier heiratet, gewisse Verpflichtungen gegenüber Herrn Meier und umgekehrt auch Herr Meier gegenüber Frau Müller.

Wenn wir nun für Y einen normativen oder Wertbegriff – d.h. die Bedeutung eines normativen oder wertenden Ausdrucks – einsetzen, so können solche institutionelle Tatsachen auch Normen oder Werte enthalten. Zu solchen institutionellen Tatsachen moralischer Natur zähle ich nun auch die moralischen Basistatsachen, wie z.B. daß es moralisch richtig ist, einen Verblutenden zu verbinden, falsch dagegen, ihn verbluten zu lassen, oder daß Völkermord moralisch falsch, Rettung vor dem Hungertod aber moralisch richtig ist.[180] Eine bestimmte physische Handlung (oder Unterlassung) X – wie z.B. das Verbinden oder das Verblutenlassen, der Völkermord oder die Entsendung von Nahrungsmitteln – wird durch konstitutive Regeln zu Y, d.h. hier, zu einer moralisch falschen bzw. richtigen gemacht. Da die physische Handlung X eine physische Tatsache darstellt, können wir sagen, daß physische Tatsachen durch konstitutive Regeln zu institutionellen Tatsachen gemacht werden.

Aber auch psychische Tatsachen, wie z.B., daß Herr Meier auf Frau Müller eifersüchtig ist, können zu institutionellen Tatsachen werden, da Eifersucht im allgemeinen als negativ gewertet wird bzw. als „Laster“ gilt. Deshalb kann man daraus die Norm ableiten, nicht eifersüchtig zu sein. Umgekehrt wird Freiheit von Eifersucht in der Regel positiv gewertet und gilt als „Tugend“, so daß daraus die Norm ableitbar ist, daß man ein großes Herz haben soll. Da jedoch „Tugenden“ und „Laster“ von außen nicht unmittelbar sichtbar sind, sondern innere Haltungen darstellen, so sind auch die sozialen Sanktionen weniger deutlich. Ein sogenanntes Gesinnungsdelikt, wie z.B. der Tötungswunsch, ruft erst dann negative Sanktionen hervor, wenn es geäußert wird oder Vorbereitungen bekannt werden, die zur Tat führen sollen. Ebenso werden Eifersucht und Großherzigkeit, Neid und Neidlosigkeit usw. erst dann negativ bzw. positiv bewertet, wenn sie sichtbar werden. Dann erzeugen aber auch innere bzw. Bewußtseinstatsachen äußere Reaktionen bei anderen Menschen.

Aber auch semantische Tatsachen können zu institutionellen Tatsachen werden. Indem wir vom einzelnen Mord absehen und die abstrakte Proposition bilden „Mord ist moralisch falsch“, wird auch eine semantische Tatsache zu einer institutionellen gemacht. So beziehen wir uns mit der genannten Proposition nicht mehr auf einen einzelnen Mord, sondern auf die Bedeutung der Aussage „Mord ist moralisch falsch“, so daß die Bedeutung dieser Aussage selber zum Bezugsgegenstand wird. Ebenso ist der erste Artikel des „Grundgesetzes“, „Die Würde des Menschen ist unantastbar“, eine institutionelle Tatsache semantischer Natur. Sie bezieht sich ja nicht auf die unantastbare Würde von Herrn Meier oder Frau Müller, sondern auf die unantastbare Würde des Menschen im abstrakten Sinne. Aus dieser institutionellen Tatsache kann man aber die Norm ableiten, daß die Würde des Menschen nicht angetastet werden soll. Der Grund dafür besteht darin, daß schon eine Norm eingebaut ist. Der Grundsatz „Die Würde des Menschen ist unantastbar“ bedeutet auch: „Die Würde des Menschen soll nicht angetastet werden können". Das Wort „ist" hat in normativen Kontexten trotz seiner indikativischen Form eine normative Funktion.[181]

Tatsachen aus allen drei Welten, der physischen, psychischen und semantischen, können so zu institutionellen Tatsachen werden, wenn Normen bzw. Wertbegriffe in sie eingebaut werden. Zu Tatsachen aller drei Arten kann also noch eine normative, wertende und institutionelle Interpretation hinzukommen. Sind diese Normen und Wertbegriffe moralischer Natur, dann werden institutionelle Tatsachen zu solchen moralischer Natur. Sind moralische Tatsachen aber institutioneller Natur, so läßt sich die Existenz von moralischen Tatsachen behaupten, ohne gegen Humes Gesetz von der Unableitbarkeit des Sollens aus dem Sein zu verstoßen. In solchen institutionellen Tatsachen sind nämlich schon Werte und Normen enthalten.

Die institutionelle Auffassung moralischer Tatsachen kann nun einerseits erklären, inwiefern moralische Tatsachen objektiv und zugleich verallgemeinerungsfähig sind. Als Tatsachen sind sie objektiv und gelten für jedermann, wenn auch nur in dem erwähnten schwachen Sinne von objektiv, d.h. als intersubjektiv bzw. objektiv im Kontext der Sprachgemeinschaft SG. Diese umfaßt heute bei moralischen Basistatsachen die offizielle Sprache fast aller Staaten und ist in der Konvention der Menschenrechte kodifiziert. Fast kein Staat und kaum eine Einzelperson würde es heute wagen, die Behauptung offiziell zu vertreten, daß Völkermord oder Mord (von den erwähnten Ausnahmen abgesehen) moralisch erlaubt sei. Die Sprachgemeinschaft SG umfaßt hier beinahe die ganze Gemeinschaft der Menschen.

Andererseits kann diese Interpretation auch erklären, inwiefern moralische Basistatsachen ein subjektives Moment enthalten und aus ihnen Normen ableitbar sind. Sie haben insofern ein subjektives Moment, als sie von einer bestimmten Sprachgemeinschaft durch konstitutive Regeln gemacht sind. Ferner können Normen aus ihnen abgeleitet werden, da schon Normen in ihnen enthalten sind. So können wir aus der institutionellen Tatsache, daß es moralisch richtig ist, einen Verblutenden zu verbinden, aber falsch, ihn verbluten zu lassen, die Norm ableiten, daß man einen Verblutenden verbinden und ihn nicht verbluten lassen soll.

Weiterhin erklärt die institutionelle Auffassung moralischer Tatsachen auch, inwiefern moralische Tatsachen von Menschen gemacht und sanktioniert sind. Institutionelle Tatsachen sind offensichtlich von Menschen geschaffen. In solchen institutionellen Tatsachen sind aber schon Normen enthalten, deren Nichtbefolgung Sanktionen nach sich zieht. Deshalb kann auch die Nichtbeachtung institutioneller Tatsachen Sanktionen nach sich ziehen. Diese Sanktionierung ist besonders deutlich bei moralischen Tatsachen, die rechtlich institutionalisiert sind. Hinter ihnen steht der Staat als der einzige rechtmäßige Träger physischer Gewalt. So z.B. ist das Tötungsverbot mit den erwähnten Ausnahmen rechtlich fixiert. Seine Mißachtung zieht also in wohlbestimmter Abstufung, je nachdem, ob es sich um Mord, Totschlag, vorsätzliche oder fahrlässige Tötung handelt, Buße, Gefängnis und in einigen Staaten sogar die Todesstrafe nach sich.

Aber nicht alle institutionellen Tatsachen moralischer Natur sind auch rechtlich sanktioniert. Und nicht alle durch das jeweilige Recht sanktionierten institutionellen Tatsachen sind schon moralischer Natur. So z.B. war das durch ein geheimes Ermächtigungsschreiben von Hitler in Kraft gesetzte Recht, gewisse geistig behinderte und kranke Menschen zu ermorden, sicher nicht moralischer Natur. Wer so etwas getan hat, geriet zwar zur Zeit des Nationalsozialismus nicht mit dem Gesetz in Konflikt. Er wurde aber wohl von den meisten seiner Mitmenschen mißachtet, und nach dem Ende des Nationalsozialismus auch mit dem Arm des Gesetzes zu erfassen versucht. Doch auch vom Staat nicht oder nur sehr begrenzt sanktionierte Tatsachen moralischer Natur, wie z.B. daß man sich seinen Mitmenschen gegenüber freundlich und hilfsbereit verhalten soll, sind von Menschen sanktioniert, insofern freundliches und hilfsbereites Verhalten gelobt, dagegen unfreundliches und ungefälliges getadelt wird. Hier sind die Sanktionen nicht staatlicher, aber gleichwohl sozialer Natur und bestehen in einem bestimmten positiven oder negativen Verhalten der Mitmenschen, nämlich in Lob oder Tadel, Anerkennung oder Ablehnung, Förderung oder Verhinderung.

Schließlich zeigt die institutionelle Auffassung moralischer Tatsachen, inwiefern diese von mir Leistungen verlangen können, die über die Verfolgung meiner Interessen hinausgehen. Moral als soziale Institution entspricht mit ihren Forderungen nicht immer dem, was ich will. Manchmal möchte ich lieber nicht „moralisch" sein. Moral als soziale Institution ist zunächst auch nicht das, was Gott oder eine metaphysische oder übersinnliche Instanz von mir wollen. Dazu müßten wir davon ausgehen können, daß eine solche Instanz oder Gott existiert. Moral ist vielmehr primär das, was eine bzw. die Gemeinschaft der Menschen von mir will. Da hinter der Moral als sozialer Institution nicht mein Wollen, sondern das Wollen anderer steht, so kann sie auch Leistungen von mir fordern, die nicht in meinem Interesse, sondern im Interesse anderer sind.

So fordert die Institution des Tötungsverbotes, daß ich mich an das Verbot halte, auch wenn es in meinem Interesse wäre, mich nicht daran zu halten, wenn ich z.B. durch die Tötung eines Menschen einen Vorteil hätte. Aber es ist offensichtlich im Interesse eines anderen Menschen, daß er nicht ermordet wird. Umgekehrt habe ich einen Verblutenden auch dann zu verbinden, wenn mir am Leben dieses Menschen nichts gelegen ist. Aber offensichtlich liegt es im Interesse des Verblutenden, daß er verbunden wird. Ähnliches gilt für andere moralische Basispropositionen, wie z.B. daß man keinen Inzest begehen, nicht stehlen, nicht betrügen soll. Deshalb können wir auch sagen, daß die Institution der Moral zumindest hinsichtlich der Basisforderungen das ist, was eine bzw. die Gemeinschaft der Menschen von mir will – unabhängig davon, ob ich im Einzelfall auch einen Vorteil habe. Das ist nicht so mißzuverstehen, daß es die Moral grundsätzlich verbietet, die eigenen Interessen zu verfolgen. Es ist vielmehr so zu verstehen, daß die Moral die Verfolgung der eigenen Interessen einschränkt, indem sie auch die Interessen anderer zu berücksichtigen gebietet. Sie kann deshalb sogar Forderungen an mich stellen, die über die Verfolgung der eigenen Interessen hinausgehen.

In diesen institutionellen Rahmen sind nun unsere moralischen Gefühle in der Regel eingebettet. Sie sind insofern nicht einfach subjektiv, sondern in der Regel gut sozialisiert, d.h. sie verinnerlichen die konstitutiven Regeln und damit auch das Wollen einer Sprachgemeinschaft. Wir empfinden Abscheu vor einem absichtlichen Mord, weil wir so durch unsere Eltern, Lehrer und Mitmenschen erzogen sind und es die anderen auch tun. Wären wir z.B. vor dreitausend oder vielleicht auch nur dreihundert Jahren sozialisiert worden, würden die meisten von uns zwar beim Mord an einem Mitglied der eigenen Familie, des eigenen Stammes oder Volkes Empörung empfinden, Indifferenz oder sogar Genugtuung aber vielleicht bei der Ermordung eines Mitgliedes einer anderen Familie, eines anderen Stammes oder eines anderen Volkes.

Ähnlich ist es bei der Diskriminierung von Menschen wegen ihrer Rasse oder ihres Geschlechtes. Wir halten die Diskriminierung aufgrund von Rasse oder Geschlecht für verwerflich, weil wir so sozialisiert sind und die entsprechenden konstitutiven Regeln verinnerlicht haben. Hätten wir dagegen in einer anderen Zeit gelebt, so würden die meisten von uns in der Zurücksetzung von Andersfarbigen oder Frauen nichts Verwerfliches sehen. Wenn nun eine Sprachgemeinschaft diese institutionellen Tatsachen einmal fixiert hat, so können wir sie auch durch deskriptive Propositionen beschreiben und dadurch erkennen, daß Mord, Folter oder Rassendiskriminierung verwerflich sind. Aber auch dann erkennen wir nicht an sich bestehende, sondern vielmehr von Menschen gemachte, institutionelle Tatsachen.

Insofern sind unsere moralischen Gefühle in der Regel nicht nur subjektiv. Aber auch unsere moralischen Erkenntnisse sind nicht in einem strengen Sinne objektiv. Moralische Emotionen und Kognitionen sind vielmehr in den institutionellen Rahmen einer Gemeinschaft eingefügt, der sowohl objektiv als auch subjektiv ist. Er ist objektiv, insofern er intersubjektiv und unabhängig von meiner Anerkennung besteht. Er ist subjektiv, insofern er durch konstitutive Regeln entstanden ist, aus denen wieder Normen ableitbar sind. Da sich jedoch die Institution der Moral in einem hohen Maß verfestigt hat, so gewinnt sie den Anschein von etwas objektiv Gegebenem. Sie ist eine so tief verwurzelte Institution, daß ihr menschlich-sozialer Ursprung in Vergessenheit geriet. Dieser Schein der Objektivität ist sogar notwendig dafür, daß die moralischen Basisnormen allgemein anerkannt und bis zu einem gewissen Grad auch wirksam sind.

3. Normative Ethik

a) Der Begriff des Guten als Grund der Moral

Nun halten wir es aber auch für moralisch besser oder richtiger, wenn Menschen wegen ihrer Rasse oder ihres Geschlechtes nicht diskriminiert werden. Erst recht sind wir von einem intuitiven Verständnis des moralisch Richtigen und Falschen ausgegangen, wenn wir es als moralisch richtig bezeichnet haben, einen Verblutenden zu verbinden. Wie wir alle schon irgendwie wissen, was „ist" und „ist nicht" bedeuten, so auch, was moralisch „gut" und „schlecht", was „richtig" und was „falsch" meinen. Dieses unbewußte Wissen gilt es nun bewußt zu machen. Da der Begriff des Guten aber auch eine handlungsanleitende Funktion hat, so dürfen wir hoffen, durch eine Antwort auf die Frage „Was ist moralisch gut?“ auch eine Antwort auf die Frage zu finden: „Warum sollen wir moralisch gut sein?“ bzw. „Warum sollen wir moralisch richtig handeln?“

Um eine Antwort auf diese Frage durch Klärung des Begriffs des Guten zu erhalten, genügt es nicht, eine Ursache dafür anzugeben, warum wir gut bzw. richtig handeln sollen. Eine solche Ursache könnte eine innere Wirkursache oder ein Motiv sein. Solche Motive wären z.B. Furcht oder Hoffnung, etwa die Hoffnung auf eine Belohnung im Falle einer guten, die Furcht vor einer Bestrafung aber im Falle einer schlechten Tat. Wir wollen aber nicht bestraft, sondern lieber belohnt werden. Würden wir aber für das moralische Verhalten immer belohnt, für das unmoralische Verhalten dagegen immer bestraft, so wäre moralisches Verhalten gleichbedeutend mit dem, was wir im eigenen Interesse wollen. Ein Verhalten, welches die eigenen Interessen mit Geschick verfolgt, nennt man auch klug.

Offensichtlich aber ist es klug, sich so zu verhalten, daß man belohnt, unklug aber, sich so zu benehmen, daß man bestraft wird. Zwar ist das moralische Verhalten häufig auch klug; die Anständigkeit ist häufig die beste Politik (im instrumentellen Sinne). Aber manchmal ist dies nicht so. Bisweilen nämlich ist moralisches Verhalten unklug. Unsere Anständigkeit ist mitunter die größte Waffe unserer Feinde. Häufig nämlich wird die Anständigkeit nicht belohnt, sondern ausgenutzt, und man wird für sie bestraft. Nicht selten wird gerade die Unanständigkeit belohnt. Daß die „Bösen“ manchmal belohnt und die „Guten“ manchmal bestraft werden, ist uns allen bekannt, auch wenn wir das nicht so sagen können wie Shakespeare: „Some rise by sin and some by virtue fall“. („Die einen haben Erfolg durch ihre Sünden, andere Unglück infolge ihres Anstandes“).[182]

Deshalb kann eine Antwort auf die Frage „Warum sollen wir gut sein bzw. richtig handeln?“ nicht auf eine Ursache bzw. ein persönliches Motiv abstellen, wie z.B. das eigene Interesse, und sagen: Wir sollen gut sein bzw. richtig handeln, weil es in unserem eigenen Interesse ist. Wir suchen vielmehr nach einem Grund, weshalb wir gut bzw. richtig handeln sollen. Dieser Grund soll aber unabhängig davon bestehen, ob wir für unser gutes Handeln belohnt und für unser falsches bestraft werden.

Moral als soziale Institution ist zwar eine Institution mit sozialen Sanktionen. Denn sonst wäre sie so gut wie unwirksam. Doch ist eine Wirkursache der Moral, wie sie in Lohn und Strafe gegeben ist, noch nicht der Geltungsgrund der Moral. Sosehr soziale Sanktionen häufig das Motiv unseres moralischen Verhaltens sind, sowenig sind sie deswegen bereits der Grund dafür, weshalb wir uns moralisch verhalten sollten. Die Institution der Moral ist von einer bestimmten Stufe der sozialen Evolution an so tief von uns verinnerlicht worden, daß sie von uns verlangt, auch dann moralisch zu sein, wenn wir für moralisches Verhalten nicht belohnt und für unmoralisches nicht bestraft werden. Sie gleicht einem schweren Dampfer, der noch weiterfährt, auch wenn der Motor des eigenen Interesses längst abgestellt ist. Erst dann nämlich glauben wir eigentlich moralisch zu handeln, wenn wir dafür keinen Lohn erwarten.

Die Begriffserklärung des Guten versucht aber, einen Grund dafür zu geben, warum wir auch ohne Lohn moralisch sein, bzw. moralisch handeln sollten. Ein solcher Grund kann mittelbar auch eine Ursache werden und unser Handeln leiten. Der Grund der Moral wird dann wiederum zur Ursache, wenn wir ihn uns zu eigen machen und ihn unser Handeln bestimmen lassen. Diesen Grund suchen wir in dem Begriff des moralisch Guten.

b) Das Gute als Nutzen

Deshalb gehen wir im folgenden von dem Begriff des Guten und des Schlechten aus, ohne Motive wie Lohn und Strafe in Erwägung zu ziehen. Im Rahmen unserer institutionalistischen Position wollen wir die Frage „Was ist moralisch gut?" auf die Frage einschränken: Welche institutionellen Tatsachen sind moralisch gut? Dabei betrachten wir zuerst die Folgen des moralisch Guten bzw. Schlechten oder Bösen und wählen dazu eine Erläuterung Platons zum Ausgangspunkt: „Daß alles Zerstörende und Verderbende das Schlechte ist, das Erhaltende aber und Nützliche das Gute".[183]

Platon unterscheidet hier noch nicht zwischen dem, was in sich, und dem, was nur als Mittel zu einem Zweck gut ist. Er ist der Ansicht, daß alles Gute erhält und nützt, alles Schlechte aber zerstört und verdirbt. Dann erhält und nützt aber auch das moralisch Gute, während das moralisch Schlechte verdirbt und zerstört. Einfacher gesagt: Das moralisch Gute ist *nützlich*, das moralisch Schlechte dagegen *schädlich*. So ist es moralisch falsch, einen Verblutenden nicht zu verbinden, weil das dem Verblutenden schadet. Es ist aber richtig, ihn zu verbinden, weil es ihm nützt. Erst recht ist der Völkermord moralisch falsch, weil er zum Untergang eines Volkes führt. Die Lieferung von Nahrungsmitteln aber ist moralisch richtig, weil sie am Leben erhält. Die Moral ist so ganz allgemein nützlich und lebensfördernd, Unmoral dagegen schädlich und lebensverhindernd. Schwerlich hätte sich ja auch die Moral als soziale Institution durchsetzen und festigen können, wenn sie nicht im Unterschied zur Unmoral wenigstens für das Leben einer Gemeinschaft – wenn auch nicht immer für das Leben jedes Einzelnen – förderlich wäre.

So ergibt die Definition „Das Gute ist lebensfördernd und das Schlechte lebensverhindernd" folgende Antwort auf die Frage, warum wir gut sein bzw. richtig handeln sollen: Das moralisch richtige Handeln ist nützlich und lebensfördernd; das moralisch falsche Handeln dagegen schädlich und lebensverhindernd. Der Grund der Moral liegt danach in einem außermoralischen Wert, nämlich in dem der Nützlichkeit oder Lebensförderlichkeit. Entsprechend sind die institutionellen Tatsachen moralisch richtig, welche nützlich und lebensfördernd, diejenigen aber falsch, welche schädlich und lebensverhindernd sind.

Nun möchten wir aber nicht nur leben, sondern auch glücklich leben. Unglücklich leben dagegen wollen wir nicht. Wenn wir aber gefragt würden, was denn ein glückliches Leben von einem unglücklichen unterscheide, so würden wir vielleicht antworten: Das glückliche Leben ist lustvoll, das unglückliche dagegen voller Leid. Nach dieser Auffassung ist die Moral nicht nur lebensfördernd, die Unmoral nicht nur lebensverhindernd. Die Moral führt sogar zu einem glücklichen oder lustvollen, die Unmoral dagegen zu einem unglücklichen oder leidvollen Leben.

Das klingt zwar seltsam, da der Ausdruck „Moral“ heute eine lustfeindlichliche Nebenbedeutung gewonnen hat. Gleichwohl ist diese Ansicht seit der griechischen Antike bis heute vertreten worden. Man nennt sie Eudämonismus (von eudaimonía: Glück) und Hedonismus (von hēdonḗ: Lust). Eine einflußreiche neuere Version dieser Lehre hat J. St. Mill in „Der Utilitarismus“ (1863) gegeben. Er gibt dem Eudämonismus und Hedonismus den Namen des *Utilitarismus* (von utilitas: Nützlichkeit):

„Der Glaube, der als Grundlage der Moral Nützlichkeit oder das Prinzip des größten Glücks annimmt, bekennt, daß Handlungen im Verhältnis dazu richtig sind, als sie die Tendenz haben, Glück zu befördern, und moralisch falsch, als sie die Tendenz haben, das Gegenteil von Glück zu bewirken. Unter Glück wird Lust und die Abwesenheit von Schmerz, unter Unglück Schmerz und die Entbehrung von Lust verstanden.“[184]

Da J. St. Mill hier von Handlungen spricht, so können wir auch von einem Handlungsutilitarismus sprechen: Eine einzelne Handlung, wie z.B. einen Verblutenden zu verbinden, ist dann moralisch richtig, wenn sie Glück oder Lust befördert; falsch aber, wenn sie das Gegenteil von Glück oder Lust, d.h. Unglück oder Schmerz bewirkt. Freilich läßt sich der Utilitarismus auch auf Regeln ausdehnen. Deshalb spricht man auch von einem Regelutilitarismus: Eine Regel, wie z.B. „Du sollst nicht töten", ist moralisch richtig, wenn sie Glück oder Lust, moralisch falsch aber, wenn sie Unglück oder Schmerz bewirkt.

Zu diesen Regeln können wir nicht nur regulative moralische Regeln zählen wie „Du sollst nicht töten", sondern auch konstitutive moralische Regeln wie „Eine bestimmte Handlung X gilt als moralisch richtig im Kontext der Sprachgemeinschaft SG". Da solche Regeln in institutionelle Tatsachen eingehen, so können wir den Regelutilitarismus im Rahmen unserer institutionalistischen Position auch auf einen institutionellen Utilitarismus ausdehnen. Der institutionelle Utilitarismus kann wie der Regelutilitarismus im Unterschied zum Handlungsutilitarismus auf die moralische Tradition der bisherigen Regeln und Institutionen zurückgreifen, deren Folgen uns aus der Erfahrung weitgehend bekannt sind. Das ist einfacher, als wenn wir in jedem einzelnen Fall einer Handlung uns neu überlegen müßten, welches die Folgen dieser Handlungen sein werden. Nun sind die bestehenden moralischen Institutionen in einem langen Prozeß etabliert worden, und wir dürfen davon ausgehen, daß sie nicht völlig falsch sind. Freilich müssen nicht schon alle bestehenden institutionellen Tatsachen deswegen moralisch richtig sein.

Der institutionelle Utilitarismus aber gibt uns ein Kriterium dafür ab, wann institutionelle Tatsachen moralisch richtig und wann falsch sind. Diejenigen institutionellen Tatsachen sind moralisch richtig, welche Glück, Lust oder Nutzen, diejenigen aber falsch, welche Unglück, Unlust oder Schaden bewirken. So ist z.B. die institutionelle Tatsache „Die Würde des Menschen ist unantastbar" moralisch richtig, weil sie Glück, Lust oder Nutzen, die gegenteilige dagegen moralisch falsch, da sie Unglück, Schmerz oder Schaden bewirkt. Weiterhin ist auch die institutionelle Tatsache „Großherzigkeit ist gut, Eifersucht dagegen falsch" im allgemeinen moralisch richtig, da Großherzigkeit zu Glück, Lust oder Nutzen führt, Eifersucht dagegen zu Unglück, Schmerz und Schaden – und zwar sowohl für die Person, auf welche sich die Eifersucht richtet, als auch für den Eifersüchtigen selbst: Eifersucht ist bekanntlich die Leidenschaft, die mit Eifer sucht, was Leiden schafft.

Nun behauptet der Utilitarismus aber nicht, daß nur die Handlungen bzw. Institutionen gut sind, welche mein Glück, meine Lust und meinen Nutzen befördern. Der Utilitarist behauptet nicht: Gut ist, was mir nützt. Er denkt vielmehr auch an die anderen: Dabei macht der moderne Utilitarist auch keinen Unterschied zwischen den einzelnen gesellschaftlichen Schichten. Er sagt nicht: Gut ist, was nur meiner Schicht nützt, allenfalls mittelbar den anderen. Der moderne Utilitarismus ist demokratisch: Gut ist das, was der größtmöglichen Zahl von Menschen nützt. Nach einer Formel Jeremy Benthams (1748–1832) ist dabei jeder Mensch als *ein* Mensch und kein Mensch für mehr als *einen* Menschen zu zählen („Everybody to count for one, and nobody for more than one"). Jedermanns Basisinteressen zählen nämlich gleich viel. Gut ist das, was nach einer eingängigen Formel „der größtmöglichen Zahl von Menschen das größtmögliche Glück" bringt. Gut ist das, was das Glück, die Lust oder den Nutzen der größtmöglichen Zahl von Menschen maximiert.

Nach diesem Kriterium läßt sich nun auch begründen, weshalb Diskriminierung aufgrund von Rasse und Geschlecht moralisch falsch, Nichtdiskriminierung dagegen richtig ist. Denn nicht nur ist das Essen für einen Hungernden mit großer Lust, der Hungertod aber mit entsetzlichem Schmerz verbunden. Ebenso empfinden wir Schmerz, wenn wir infolge unserer Rasse oder unseres Geschlechtes z.B. eine Absage bei der Arbeits- oder Wohnungssuche erhalten oder anderweitig benachteiligt und ungerecht behandelt werden.

Institutionen und institutionelle Tatsachen, die diskriminieren, sind also deshalb moralisch falsch, weil sie nicht zum größtmöglichen Glück bzw. zur größtmöglichen Lust der größtmöglichen Zahl von Menschen beitragen, sondern vielleicht bei der Mehrheit der Menschen Unglück oder Schmerz bewirken. So gibt das Kriterium des Utilitarismus nicht nur ein Kriterium dafür ab, wann Institutionen gut, sondern auch dafür, wann sie gerecht sind. Gerechtigkeit heißt hier Gleichbehandlung von Menschen verschiedener Rassen und verschiedenen Geschlechtes. Gerecht ist nämlich das, was das Glück, die Lust oder den Nutzen der Mehrheit bzw. im Idealfall sogar aller Betroffenen maximiert. Es handelt sich dabei also um einen außermoralischen Wert, der für den Utilitarismus der Grund der Moral ist, nämlich Glück, Lust oder Nutzen.

Wenn wir uns nun aber fragen, was denn der Beweis für diese These sei, daß das Gute das Glück, die Lust oder der Nutzen sei, so erhalten wir die folgende Antwort: Jedermann strebt nach Glück, Lust und Nutzen. Freimütig bekennt etwa die siebzehnjährige Cécile in Françoise Sagans (*1935) Roman „Bonjour tristesse": „Der einzige meinem Wesen gemäße Charakterzug ist die Freude am Vergnügen und am Glücklichsein". Weil jedermann nach dem Glücklichsein strebt, deshalb hält jedermann Glück, Lust und Nutzen für gut. Deshalb ist der Eudämonismus, Hedonismus und Utilitarismus in Theorie und Praxis durch jedermann schon anerkannt. So meint J. St. Mill:

„Wäre der Zweck, den sich die utilitaristische Theorie setzt, nicht schon in Theorie und Praxis als Zweck anerkannt, könnte nichts eine Person davon überzeugen, daß dem so ist. Kein Grund kann dafür gegeben werden, warum das allgemeine Glück wünschenswert ist, außer dem, daß jede Person ihr eigenes Glück wünscht, soweit sie glaubt, es erreichen zu können. Da dies jedoch eine Tatsache ist, haben wir nicht nur den ganzen Beweis, den der Fall zuläßt, sondern alles, was [als Beweis dafür] zu verlangen möglich ist, daß Glück ein Gut ist. Das Glück jeder Person ist nämlich ein Gut für diese Person, und das allgemeine Glück deshalb ein Gut für die Summe aller Personen."[185]

Dieser „ganze Beweis, den der Fall zuläßt", ist kein Beweis im engeren Sinne. Er beweist nämlich die These nicht, insofern er sie als Konklusion aus bestimmten Prämissen ableitet. Er gibt der These vielmehr selber den Status einer ersten Prämisse, die axiomatischen Charakter hat: Wie es evident ist, daß ein Gegenstand sichtbar ist, wenn man ihn tatsächlich sieht, so ist es evident, daß jedermann sein eigenes Glück, seine eigene Lust oder seinen eigenen Nutzen wünscht. Was man wünscht, hält man aber auch für gut. So hält jedermann sein eigenes Glück, seine eigene Lust oder seinen eigenen Nutzen für gut. Insoweit teilt J. St. Mill auch die klassische Definition des Guten: „Das Gute ist das, wonach jeder Mensch strebt". Aus dem Axiom des Utilitarismus zieht er nun aber die Konklusion, daß auch der Zweck der utilitaristischen Theorie richtig ist, nämlich daß jedermann das allgemeine Glück für wünschenswert bzw. gut hält und auch das allgemeine Glück wünscht.

Allerdings ist die Evidenz nur ein Prima-Facie-Kriterium für die Wahrheit eines Axioms. So ist auch die Evidenz nur ein Prima-Facie-Argument für das Axiom des Utilitarismus. Wenn wir etwas nachdenken, ergeben sich Einwände. Sie richten sich sowohl gegen das Axiom des Utilitarismus als auch gegen die Gültigkeit der aus ihm gezogenen Folgerung.

α) Nehmen wir einmal an, daß dieses Axiom evident sei und jedermann sein eigenes Glück, seine eigene Lust oder seinen eigenen Nutzen wünsche und entsprechend sein eigenes Glück, seine eigene Lust und seinen eigenen Nutzen für gut halte. Dann folgt daraus noch nicht, daß jedermann auch das Glück, die Lust oder den Nutzen der anderen wünscht und das Glück, die Lust oder den Nutzen der anderen ebenfalls für gut hält. Erst recht folgt nicht, daß er das größtmögliche Glück, die größtmögliche Lust oder den größtmöglichen Nutzen der größtmöglichen Zahl von anderen wünscht und für gut hält. Wenn moralische Handlungen und Institutionen aber dazu dienen sollen, „das größtmögliche Glück der größtmöglichen Zahl" zu befördern, so dienen sie nicht nur meinem eigenen Glück, sondern auch dem Glück der anderen. Wie wir gesehen haben, können moralische Institutionen von mir Leistungen verlangen, die über mein Interesse hinausgehen. Wie ich nun dadurch, daß ich mein Glück wünsche und für gut halte, zugleich auch „das Glück der größtmöglichen Zahl" wünsche und für gut halte, leuchtet nicht unmittelbar ein.

β) Nun könnte zwar die Konklusion des Utilitarismus falsch, sein Axiom aber wahr sein. Zwar scheint das Axiom evident, daß jedermann sein eigenes Glück, seine eigene Lust oder seinen eigenen Nutzen wünscht und für gut hält. Aber was denn das eigene Glück, die eigene Lust oder der eigene Nutzen ist, darüber gehen die Meinungen auseinander. Sobald wir die allgemeinen Ausdrücke „Glück", „Lust" oder „Nutzen" durch das ersetzen, was die Menschen konkret darunter verstehen, würden wir ganz Verschiedenes erhalten: Wer am Verdursten ist, wünscht sich ein Glas Wasser; wer großen Hunger hat, wünscht sich ein Stück Brot; wer friert, wünscht sich einen warmen Mantel; wer keine Wohnung hat, wünscht sich ein Dach über dem Kopf; wer in einem dunklen Gefängnis sitzt, wünscht sich Sonnenschein und Freiheit; wer einsam ist, wünscht sich einen Menschen; wer aber zu viele Menschen um sich hat, der wünscht sich Einsamkeit. Man kann sich aber auch wünschen, anderen Menschen eine Freude zu machen. Das Axiom des Utilitarismus scheint so nur deshalb evident, weil es nicht sagt, was sich die Menschen unmittelbar wünschen. Wenn wir seinen Kern herausschälen, dann sagt es wenig oder gar nichts.

Wir könnten es nämlich auch so formulieren: Jedermann wünscht sich etwas Wünschenswertes. Diese Umformulierung zeigt aber, daß das Axiom des Utilitarismus keine empirische Hypothese ist, die wir durch Erfahrung falsifizieren können. Es ist vielmehr eine Hypothese, die durch Erfahrung nicht falsifizierbar ist. Eine solche Hypothese ist eine begriffliche These, die nur auf Grund der Bedeutung der verwendeten Wörter wahr ist. So ist es schon auf Grund der Bedeutung der Wörter „wünscht“ und „wünschenswert“ wahr, daß jedermann sich Wünschenswertes wünscht. Doch so sehr dieses Axiom dann immer wahr ist – es ist auch trivial. Sobald wir das Axiom des Utilitarismus als empirische Hypothese formulieren, wird es sogar falsch: Wir wünschen zumindest nicht unmittelbar Glück, Lust oder Nutzen, sondern Güter. Aber offensichtlich wünschen wir uns je nach unseren Bedürfnissen verschiedene Güter. Nur wenn wir von den einzelnen Gütern abstrahieren und uns fragen, was wir mittels dieser Güter wünschen, dann können wir im nachhinein sagen, daß wir Glück, Lust oder Nutzen wünschen. Das Axiom des Utilitarismus ist so nur scheinbar unmittelbar evident. Faktisch beruht es auf einer erworbenen Evidenz. Aber auch diese erworbene Evidenz läßt sich durch Nachdenken in Frage stellen. Unmittelbar gesehen ist diese erworbene Evidenz sogar falsch.

γ) So zeigt sich, daß die Konsequenz der utilitaristischen Theorie nicht aus dem Axiom folgt und das Axiom der utilitaristischen Theorie nicht unmittelbar evident ist. Aber auch dann, wenn das Axiom des Utilitarismus unmittelbar evident wäre und der Zweck der utilitaristischen Theorie aus ihm folgen würde, so ließe sich folgende Rückfrage stellen: Ist mein Glück, meine Lust oder mein Nutzen auch moralisch gut? Ist gar das größtmögliche Glück, die größtmögliche Lust oder der größtmögliche Nutzen der größtmöglichen Zahl auch moralisch gut?

Diese Frage müssen wir verneinen, wie wir bereits die Frage verneint haben, ob alles, was jedermann erstrebt, auch moralisch gut ist. Was jedermann erstrebt, ist nicht immer auch moralisch gut. Die utilitaristische Definition des Guten unterscheidet nämlich wie die klassische Definition, „Das Gute ist das, wonach jeder Mensch strebt“, nicht das moralisch Gute von dem, was außermoralisch gut ist. Auch wenn das Glück, die Lust oder der Nutzen das Gute sind, so sind deswegen das Glück, die Lust oder der Nutzen noch nicht von vornherein moralisch gut. Dies gilt sowohl von meinem Glück als auch dem Glück der anderen. Man kann nämlich auch danach streben, anderen ein Glück zu verschaffen, das als unmoralisch gilt, z.B. durch Beihilfe zur Tötung eines Menschen. Ebenso ist das eigene Glück noch keineswegs immer moralisch gut – etwa dann nicht, wenn es auf dem Unglück anderer Menschen beruht.

Wie wir bereits gesehen haben, ist das moralisch Gute nicht etwas, was man durch eine äußere Erfahrung wahrnehmen kann, wie z.B. die Farben oder Töne. Es ist auch nicht etwas, was man durch eine innere Erfahrung so unmittelbar bei sich selber wahrnehmen kann, wie z.B. Lust oder Schmerz. Was moralisch gut ist, ist kein reales Prädikat und hat keine reale Existenz. Es wird vielmehr durch konstitutive semantische Regeln festgelegt. Das moralisch Gute hat nur eine semantische Existenz. Diese semantischen Regeln entspringen dem Wollen einer Gemeinschaft und gehen in die institutionellen Tatsachen dieser Gemeinschaft ein. Im nachhinein können diese Regeln freilich vom Einzelnen verinnerlicht werden. Der Begriff des moralisch Guten enthält so eine Dimension, welche durch die eudämonistische, hedonistische und utilitaristische Bedeutung nicht ausgeschöpft wird. Umgekehrt ist es ein Fehler des Eudämonismus, Hedonismus und Millschen Utilitarismus, den Begriff des moralisch Guten durch andere Begriffe, die des Glücks, der Lust oder des Nutzens, zu erklären, die diese moralische Dimension nicht von sich aus enthalten. Diesen Fehler können wir mit G.E. Moore den „naturalistischen", in der Sprache des vorigen Kapitels aber den „realistischen Fehlschluß" nennen.[186] Er besteht nämlich darin, von einem realen Prädikat – dem des Glücks, der Lust oder des Nutzens – unmittelbar auf ein semantisches – das des moralisch Guten – überzugehen.

Dieser „realistische" Fehlschluß ist das ontologische Gegenstück zum logischen Fehlschluß von einem konstativen auf einen normativen Satz (vgl. S. 166). Sowenig wie ich unmittelbar von einem konstativen auf einen normativen Satz schließen darf, sowenig von einem realen Prädikat auf ein semantisches. Denn nicht nur geht der Gehalt eines normativen Satzes über den eines konstativen hinaus; auch der Gehalt eines semantischen Prädikates übertrifft den eines realen. Es bedarf vielmehr einer Regel, die erst sagt, *inwiefern* eine reale Tatsache, die das Glück, die Lust oder den Nutzen befördert, auch moralisch gut ist. Regeln dagegen, die Glück, Lust oder Nutzen zum Ziel hätten, würden den vergleichsweise unbedingten Charakter des moralischen Sollens relativieren, indem sie dieses von einer außermoralischen Bedingung abhängig machen, der Bedingung des Glücks, der Lust oder des Nutzens der größtmöglichen Zahl. Sinnreich hat denn auch G. E. Moore seinen „Principia Ethica" als Motto den Ausspruch des Bischofs Joseph Butler vorangestellt: „Jedes Ding ist das, was es ist, und kein anderes Ding" (vgl. S. 81). So ist auch das moralisch Gute das, was es ist, und kein anderes „Ding", etwa das Glück, die Lust oder der Nutzen.

Denn auch wenn das Glück, die Lust oder der Nutzen die Bedingung der Gültigkeit unserer moralischen institutionellen Tatsachen wäre, so wäre es schwierig, positiv zu definieren, was denn diese Bedingung sei. Glück kann für verschiedene Menschen verschiedenes bedeuten, so daß es nicht einfach ist, das Glück verschiedener Menschen zu vergleichen. Dies gilt erst recht dann, wenn wir es den Menschen selber zu entscheiden überlassen, worin sie ihr Glück sehen und suchen wollen. Verschiedene Menschen suchen nämlich etwas Verschiedenes, wenn sie ihr Glück suchen. Häufig wissen sie gar nicht genau, wonach sie denn suchen. Sie gleichen dann Betrunkenen, die ihr Haus suchen, im schwachen Bewußtsein, eines zu haben.[187] Aber manchmal suchen sie gar kein Haus, sondern ein Schloß in der Luft.

Das Glück ist, um eine Definition von I. Kant in anderem Zusammenhang zu gebrauchen, ein „Ideal der Einbildungskraft".[188] Erst recht ist das „größtmögliche Glück der größtmöglichen Zahl" ein „Ideal der Einbildungskraft". Reales, tiefes Glück dagegen, soweit erreichbar, ist nach einem Wort O. Spenglers „Gegenwart ohne Denken".

c) Das Gute als Regel

Es ist deshalb zweckmäßig, sich nach einer richtigeren Antwort auf die Frage „Was ist moralisch gut" umzusehen. Unentfaltet haben wir bereits von dieser richtigeren Antwort Gebrauch gemacht, wenn wir moralische Basispropositionen als verallgemeinerungsfähig charakterisierten und moralische Basistatsachen durch konstitutive Regeln entstehen ließen, welche in die institutionelle Tatsachen moralischer Natur eingehen. Unentfaltet setzt aber auch der Utilitarismus diese Antwort voraus, soweit er das Gute im Glück der anderen bzw. im „größtmöglichen Glück der größtmöglichen Zahl" sieht und die Regel formuliert, daß jeder Mensch als ein Mensch und kein Mensch für mehr als einen Mensch zu zählen sei. Unentfaltet finden wir diese Antwort aber auch schon in der Bergpredigt, wenn Jesus gebietet: „Alles nun, was ihr wollt, daß euch die Menschen tun sollen, das sollt auch ihr ihnen tun."[189]

Diese Regel nennt man die *Goldene Regel.* Man kann sie positiv und negativ formulieren. Die Formulierung in der Bergpredigt ist positiv. Die negative Formulierung aber hat sich in Form eines Sprichwortes eingebürgert: „Was du nicht willst, das man dir tu', das füg auch keinem anderen zu". Entfaltet hat diese Regel I. Kant. Nach ihm ist das moralisch Gute nicht das Glück, auch nicht das „größtmögliche Glück der größtmöglichen Zahl". Was moralisch gut ist, das sagen vielmehr erst Regeln. Unter diesen Regeln gibt es eine Hauptregel. Es ist die der Verallgemeinerung.

I. Kant gibt ihr den Namen des kategorischen Imperativs und drückt ihn in seiner „Grundlegung zur Metaphysik der Sitten" (1785) auf verschiedene Weisen aus. Gleichwohl besteht dieser Imperativ nur in einem einzigen Gebot:

„Der kategorische Imperativ ist also nur ein einziger und zwar dieser: *handle nur nach derjenigen Maxime, durch die du zugleich wollen kannst, daß sie ein allgemeines Gesetz werde*".[190]

I. Kant nennt diesen Imperativ kategorisch, weil er im Unterschied zu einem hypothetischen kein relativer oder bedingter, sondern ein absoluter oder unbedingter Imperativ ist. Er ist deshalb unbedingt, weil er an keine Bedingungen geknüpft ist. So ist er nicht an die Bedingung des Glücks, der Lust oder des Nutzens geknüpft. Er besteht nämlich unabhängig von den Folgen, welche seine Befolgung für mich und andere haben können. Denn diese Folgen kann man weitgehend, aber nicht immer vorhersehen. Gleichwohl muß man sich an diese Regel halten und die Folgen einfach erwarten: „Man muß Gut sein und das übrige erwarten."[191]

Der kategorische Imperativ sagt nun, daß Handlungen nur dann gut sind, wenn sie nach solchen Maximen erfolgen, die verallgemeinerungsfähig sind. Eine Maxime ist ein subjektiver Grundsatz. So gebietet der kategorische Imperativ, nur nach subjektiven Grundsätzen zu handeln, die verallgemeinerungsfähig sind. Ein subjektiver Grundsatz ist dann verallgemeinerungsfähig, wenn sich jeder andere ihn auch zueigen machen kann, ohne etwas zu wollen, was er nicht wollen kann. Subjektive Grundsätze, die sich jedermann zu eigen machen kann, können intersubjektiv gültig sein. So gebietet der kategorische Imperativ, nur nach subjektiven Grundsätzen zu handeln, die intersubjektiv gültig sein können.

Auch diese Regel der Verallgemeinerungsfähigkeit unserer Handlungen dürfen wir innerhalb unserer institutionalistischen Position auf institutionelle Tatsachen ausdehnen:

Nur die institutionellen Tatsachen sind moralisch gültig, welche sich der Möglichkeit nach alle anderen Menschen zueigen machen könnten. Das oben herausgearbeitete Kriterium moralischer Basispropositionen, wonach sie verallgemeinerungsfähig sind, wird so auch zum Grund, weshalb sie moralische Geltung besitzen.

Denn nach diesem Kriterium läßt sich begründen, weshalb z.B. die institutionelle Tatsache, einen Verblutenden zu verbinden, gut, ihn verbluten zu lassen aber schlecht; Rettung vor dem Hungertod gut, Völkermord dagegen schlecht sei. Diese institutionellen Tatsachen sind offensichtlich verallgemeinerungsfähig: Ich kann ein allgemeines Gesetz wollen, das Verblutende zu verbinden befiehlt, aber verbluten zu lassen untersagt, das die Rettung vor dem Hungertod gebietet, den Völkermord aber verbietet. Dagegen kann ich kein allgemeines Gesetz wollen, das einen Verblutenden zu verbinden verbietet, ihn aber verbluten zu lassen erlaubt. Noch weniger kann ich ein Gesetz wollen, das die Rettung vor dem Hungertod verbietet, dagegen den Völkermord erlaubt. Würde ich nämlich ein solches Gesetz wollen, so würde ich etwas wollen, was ich nicht wollen kann. Es könnte ja sein, daß ich auch einmal am Verbluten oder Verhungern oder gar von Mord bedroht bin. Sowenig ich aber im allgemeinen wollen kann, daß man mich verbluten oder verhungern läßt, sowenig kann ich meine Ermordung wollen. Ich würde also durch ein solches Gesetz in einen Widerstreit meines Willens geraten.

Nach diesem Kriterium läßt sich auch begründen, weshalb Diskriminierung von Menschen aufgrund von Rasse oder Geschlecht moralisch falsch, Nichtdiskriminierung dagegen richtig ist. Nichtdiskriminierung ist deshalb richtig, weil diese institutionelle Tatsache verallgemeinerungsfähig ist, Diskriminierung dagegen ist nicht verallgemeinerungsfähig. Nehmen wir an, es gäbe ein allgemeines Gesetz, das die Diskriminierung von Rassen oder Geschlechtern erlaubt. Dann könnte es aber sein, daß nicht nur ich andere

Menschen infolge ihrer Rasse oder ihres Geschlechtes diskriminieren darf, sondern auch, daß andere Menschen mich infolge meiner Rasse oder meines Geschlechtes diskriminieren dürfen. Würde ich aber ein Gesetz wollen, nach dem auch ich diskriminiert werden darf, so würde ich etwas wollen, was ich nicht wollen kann. Denn ich kann nicht wollen, daß ich diskriminiert werde.

Sowenig ich die metalogischen Axiome der Identität und des Widerspruchs verneinen kann, sowenig kann ich die Aufhebung der moralischen Axiome wollen. Die metalogischen Axiome der Identität und des Widerspruches kann ich nicht verneinen, da ich sie bejahen muß, um sie zu verneinen (vgl. S. 83–84). Um aber moralische Axiome, wie z.B. das Tötungs- oder Diskriminierungsverbot, aufzuheben, müßte ich etwas wollen, was ich nicht wollen kann. Im einen Falle gerate ich in einen Widerspruch meiner Sprache und theoretischen Vernunft, im anderen Falle in einen Widerstreit meiner praktischen Vernunft bzw. in einen Konflikt meines Willens.

Diese Position, welche auf Grund der Verallgemeinerungsregel glaubt, sagen zu können, was richtig und was falsch ist, nennt man nicht utilitaristisch. Man nennt sie insofern *deontologisch* (von to déon: das Verpflichtende), als uns die Gebote verpflichten – unabhängig von den nützlichen Folgen, welche diese Gebote haben können. Ebenso besteht das Hauptgebot, die Verpflichtung zur Verallgemeinerung, unabhängig von den nützlichen Folgen, welche diese Verpflichtung nach sich ziehen kann. Mein moralisches oder unmoralisches Verhalten und dessen Folgen sind nämlich nicht notwendig miteinander verbunden. Deshalb ist auch mit dem Begriff der Moral nicht der Begriff des Glücks und mit dem Begriff der Unmoral nicht der des Unglücks notwendig verknüpft. Moralisches Verhalten führt häufig, aber nicht notwendig zu Glück, unmoralisches dagegen führt häufig, aber nicht notwendig zu Unglück. Das Glück kann zu moralischem Verhalten hinzukommen und „ungeahnt erblühen". Es muß aber nicht. Umgekehrt kann auch das Unglück zu unmoralischem Verhalten hinzukommen. Es ist ein Verdienst der deontologischen Position, im Unterschied zur hedonistischen, eudämonistischen und utilitaristischen, zwischen Moral und Glück nicht eine begriffliche Verbindung zu sehen, sondern diese Verbindung vom Lauf der Welt abhängig zu machen. Ebenso ist es auch ein Verdienst der deontologischen Position, nicht den „realistischen Fehlschluß" zu begehen. Sie erläutert den Begriff des moralisch Guten nicht durch die real, d.h. innerlich oder äußerlich erfahrbaren Folgen, sondern durch eine Regel unseres Wollens.

Allerdings ist auch die Verallgemeinerungsregel – unabhängig von den verschiedenen Kantischen Formulierungen und dem metaphysischen Gedankengebäude, in das Kant die Regel eingeordnet hat – schwerwiegenden Einwänden ausgesetzt. Hier müssen drei grundsätzliche Bemerkungen zur Verallgemeinerungsregel bei institutionellen Tatsachen genügen:

α) Einmal geht auch die Verallgemeinerungsregel, die bestimmt, was gut oder schlecht ist, bereits von einem Vorverständnis dessen aus, was moralisch gut oder moralisch schlecht ist. Denn nicht jeder subjektive Grundsatz, der sich verallgemeinern läßt, ist deswegen schon moralisch gut. So könnte man z.B. ein allgemeines Gesetz wollen, das jedermann verpflichtet, früh morgens aufzustehen. Wäre deswegen das frühe Aufstehen aber schon eine moralisch relevante Tat?

Die Verallgemeinerungsregel kann uns so noch nicht allein das Kriterium dafür abgeben, ob institutionelle Tatsachen moralisch richtig oder falsch sind. Auch aus moralisch indifferenten institutionellen Tatsachen ließen sich Pflichten für jedermann machen. Die Verallgemeinerungsregel braucht vielmehr zuerst gewisse inhaltliche Vorgaben dessen, was prima facie moralisch gut und was falsch ist, um dann als Kriterium dienen zu können. Sie macht ja das Kriterium moralischer institutioneller Tatsachen zum Grund der Moral.

Zu diesen inhaltlichen Vorgaben gehört insbesondere, daß nur Handlungen institutionalisiert werden, welche mittelbar oder unmittelbar Folgen für die Lebensinteressen anderer Menschen haben. Moral im hier definierten Sinne ist zuerst Sozialmoral. So wäre das frühe Aufstehen nur dann eine moralisch relevante Tat, wenn dadurch die Lebensinteressen anderer Menschen mittelbar oder unmittelbar berührt würden. Sie würden dann berührt, wenn sie durch mein zu spätes Aufstehen einen unverdienten Nachteil hätten, also etwa, wenn ich als Notarzt zu spät zu einem Unfall käme und dadurch das moralische Gebot verletzen würde, Leben zu retten.

So gibt die Verallgemeinerungsregel nur dann ein Kriterium dafür an, wann eine institutionelle Tatsache moralisch richtig ist, wenn wir uns schon von einem Vorverständis leiten lassen, welche institutionellen Tatsachen moralisch sind. Dies zeigt uns aber, daß die Verallgemeinerungsregel nicht allein schon bestimmen kann, welche Tatsachen moralisch sind, sondern nur in Verbindung mit einem Vorverständnis. Dieses aber bedenkt auch die Folgen des Guten und Bösen und ist im Prinzip utilitaristisch: So ist etwa das frühe Aufstehen dann eine moralisch relevante Tat, wenn es nützliche oder schädliche Folgen für die Lebensinteressen anderer Menschen hat.

β) Zweitens setzt die Verallgemeinerungsregel voraus, daß nicht nur meine Handlungen die Lebensinteressen anderer Menschen positiv oder negativ berühren können. Auch die Handlungen anderer Menschen müssen meine Lebensinteressen positiv und negativ tangieren können. Im allgemeinen ist jedoch niemand von den anderen Menschen soweit entfernt, daß er nichts mehr von ihnen zu erhoffen oder zu befürchten hat. Hätte jemand aber von den anderen Menschen weder etwas zu erhoffen noch zu befürchten, dann könnte er seine subjektiven Grundsätze verallgemeinern, ohne daß er dadurch in einen Konflikt des Willens geriete. Auch die Verallgemeinerungsregel gilt so nicht vor aller Erfahrung, sondern nur unter bestimmten Bedingungen, nämlich unter der Bedingung einer gewissen Gleichheit aller Menschen und ihrer Lebensumstände. Diese Bedingungen sind jedoch so, daß wir sie hinsichtlich der meisten institutionellen Tatsachen moralischer Natur für weitgehend erfüllt halten können. Niemand ist so sehr von anderen Menschen geschützt, daß er nicht getötet, bestohlen, betrogen, mißbraucht werden könnte oder nicht anderweitige Nachteile erfahren könnte.

γ) Zuletzt gilt auch die Verallgemeinerungsregel nicht losgelöst von allen Folgen, sondern sie berücksichtigt auch die Folgen, welche bestimmte Institutionen moralischer Natur haben können. Denn die Verallgemeinerungsregel wird dadurch begründet, daß ich die Folgen ihrer Aufhebung nicht wollen kann. Ich kann eine Institution, die das Töten uneingeschränkt erlaubt, deshalb nicht wollen, weil ich selber nicht getötet werden will. Allerdings berücksichtigt die Verallgemeinerungsregel nicht nur die Folgen, welche deren Aufhebung für mich, sondern auch die Folgen, welche sie für andere haben kann. Sie abstrahiert von meinen Lebensinteressen und berücksichtigt auch diejenigen aller anderen Menschen, insofern sie meine Lebensinteressen denjenigen aller anderen Menschen gleichstellt.

Der kategorische Imperativ ist so im Prinzip ein hypothetischer Imperativ, welcher die Lebensinteressen aller Menschen zur Bedingung der Moral macht. Er ist ein allgemeiner hypothetischer Imperativ und ließe sich dann so formulieren: Handle nur nach demjenigen Grundsatz, welcher nicht nur deine Lebensinteressen, sondern auch diejenigen *aller* anderen Menschen in Erwägung zieht. Das heißt aber: So verschieden die Begründungsversuche von J. St. Mill und I. Kant auch sind, in der Zielsetzung stimmen sie überein. Das hat bereits J. St. Mill bemerkt und so formuliert:

„Um Kants Prinzip eine Bedeutung zu geben, muß der ihm gegebene Sinn der sein, daß wir unser Verhalten durch eine Regel gestalten sollen, die alle vernünftigen Wesen zum Nutzen ihres allgemeinen Interesses annehmen könnten".[192]

So sind sowohl die Voraussetzungen als auch die Ziele der utilitaristischen und der deontologischen Position nicht so weit voneinander verschieden, wie es scheint. Beide nämlich lassen sich von einem Vorverständnis des Guten leiten, das auch die Folgen in Erwägung zieht. Beide bezwecken nützliche Folgen nicht nur für mich, sondern auch für alle anderen Menschen.

Freilich ist die deontologische Begründung der Moral der erwähnten utilitaristischen vorzuziehen. Denn sie macht klar, daß das moralisch Gute nicht notwendig mit dem Begriff des Glücks, der Lust oder des Nutzens verknüpft ist, sondern ein bestimmtes Wollen voraussetzt. Das bestimmte Wollen ist aber in der hier vorgelegten Interpretation das Wollen einer menschlichen Gemeinschaft. Konstitutive moralische Regeln und die ihnen entsprechenden institutionellen Tatsachen sind Tatsachen für eine menschliche Gemeinschaft. Zum Begriff der institutionellen Tatsache gehört, daß sie für jedermann innerhalb einer bestimmten Sprachgemeinschaft SG gilt. Das hier angegebene Kriterium der Moral zeigt nur an, daß die bestimmte Sprachgemeinschaft SG sich nicht auf eine bestimmte Gruppe SG_1, SG_2, SG_3 usw. – etwa die der Reichen, der Weißen, der Männer usw. – beschränken darf, sondern nach Möglichkeit alle Menschen einbeziehen soll.

Mit diesen Einschränkungen können wir die Verallgemeinerungsregel im Sinne einer Faustregel gelten lassen und so definieren: Diejenigen institutionellen Tatsachen sind moralisch richtig bzw. gut, welche die Lebensinteressen anderer Menschen betreffen und die sich grundsätzlich jedermann zu eigen machen kann, ohne damit etwas zu wollen, das er bzw. sie nicht wollen können. Diejenigen institutionellen Tatsachen aber sind moralisch falsch bzw. schlecht, welche die Lebensinteressen anderer Menschen betreffen und die sich nicht jedermann zu eigen machen kann, da er dadurch etwas wollen müßte, was er nicht wollen kann.

Die Lebensinteressen anderer Menschen lassen sich dabei in einem engeren und in einem weiteren Sinne verstehen. Im engeren Sinne beziehen sie sich auf ein bloßes und unversehrtes, im weiteren Sinne auf ein freies, gleiches und glückliches Leben. So z.B. ist das Tötungsverbot deshalb moralisch richtig, weil es das Interesse anderer Menschen am bloßen Leben betrifft und es sich jedermann zueigen machen kann, ohne in einen Widerstreit des Willens zu geraten. Das Diskriminierungsverbot aber ist deshalb moralisch richtig, weil es das Interesse anderer Menschen an einem freien und gleichen Leben berührt und es sich ebenfalls jedermann widerstreitsfrei aneignen kann.

Die Verallgemeinerungsregel aber ist deswegen nur eine Faustregel, weil ihre Anwendung eine „durch Erfahrung geschärfte Urteilskraft" braucht, wie I. Kant von moralischen Gesetzen im allgemeinen sagt.[193] Die Urteilskraft ist eine Fähigkeit des gesunden Menschenverstandes. Sie hat einmal zu entscheiden, welche Einzelfälle unter eine Regel fallen. Aristoteles illustriert das an folgendem Beispiel: „Wenn man nämlich weiß, daß leichtes Fleisch gut verdaulich und gesund ist, nicht aber weiß, welches Fleisch leicht ist, so wird man damit noch nicht die Gesundheit herbeiführen können; das wird eher jener können, der weiß, daß das Fleisch von Geflügel leicht ist."[194] Erst die Urteilskraft erfaßt, welches Fleisch der Gesundheit förderlich ist oder wenigstens die Verdauung nicht stört. Allerdings war Aristoteles wohl nicht Vegetarier.

Ähnlich ließe sich sagen: Wenn man zwar weiß, daß Diskriminierung zu vermeiden ist, aber vielleicht nicht, wann sich ein Mensch von anderer Hautfarbe oder anderem Geschlecht diskriminiert fühlt, so wird man mit diesem allgemeinen Wissen noch nicht viel ausrichten können. Das wird eher der können, der zusätzlich noch weiß, wann sich ein

Mensch von anderem Geschlecht oder anderer Hautfarbe diskriminiert oder verletzt fühlt. So wird der eine Andersfarbige sich vielleicht nur schon auf Grund der Nennung seiner Hautfarbe gedemütigt fühlen, wohingegen ein anderer stolz darauf ist.

Weiterhin hat die Urteilskraft zu entscheiden, wie die Regel auf den Einzelfall anzuwenden ist. Dabei hat sie sich an einem Prinzip zu orientieren, das zwischen der Verallgemeinerungsregel und den Einzelfällen vermittelt. Wir können es als das Prinzip des Angemessenen bezeichnen. Es lässt sich mit verschiedenen Worten umschreiben. Platon etwa, der die Verallgemeinerungsregel noch nicht kennt, erläutert dieses Prinzip auch als „..., das Schickliche, den richtigen Zeitpunkt, das Rechte und alles, was in der Mitte zwischen zwei Extremen seinen Platz hat". [195] Dieses Angemessene ist zwar nicht schon das letzte Gute, die Idee oder das Ideal des Guten. Platon nennt es auch das „Genaue selbst". [196] Das Angemessene zeigt jedoch, wie das „Genaue selbst" unter empirischen Bedingungen zu verwirklichen ist, in denen sich eine gewisse Ungenauigkeit einstellt.

Nun wird das, was moralisch richtig ist, heute wesentlich durch die Verallgemeinerungsregel ausgedrückt, auch wenn wir damit noch nicht das Ideal des Guten erfassen. Aber auch die Verallgemeinerungsregel ist mit Urteilskraft anzuwenden. Deshalb ergibt sich auch in ihrer Anwendung eine gewisse Ungenauigkeit. Man wird etwa die beiden Extreme der Diskriminierung von Frauen und der Zurücksetzung von Männern vermeiden, ohne immer beides gleichzeitig zu können. Ebenso wird man auch die Regel, nicht zu lügen, mit Urteilskraft anwenden. So wird ein erfahrener Arzt einem Patienten nicht immer die Wahrheit zumuten, ohne dabei schon direkt die Unwahrheit zu sagen.

Zwar meint die Dichterin Ingeborg Bachmann (1926–1973): „Die Wahrheit ist dem Menschen zumutbar." Doch kann die Wahrheit auch traumatisch sein. Deshalb wird man die Wahrheit unter Berücksichtigung des Angemessenen sagen, d.h. man wird etwa den richtigen Zeitpunkt abwarten und die beiden Extreme der Täuschung und der Entmutigung oder Kränkung zu vermeiden suchen.

Was die vielen Einzelfälle des Lebens betrifft, so gibt freilich auch das Prinzip des Angemessenen kein Rezept für alle Fälle ab. Die Urteilskraft hat vielmehr unter Berücksichtigung des Angemessenen zwischen der Verallgemeinerungsregel und den Einzelfällen immer wieder neu zu vermitteln. Die Anwendung dieser Regel läßt deshalb eine gewisse Modifikation zu, so daß dasjenige, was in einer Situation angemessen ist, es nicht schon in einer anderen ist. Hier gilt der aristotelische Grundsatz: „Solche Dinge halten sich an das Einzelne, und die Entscheidung hat aus der Wahrnehmung [der konkreten Situation] heraus zu erfolgen". [197] So zeigt sich in der Urteilskraft zwar nicht die Grundlage, aber die Vollendung des richtigen moralischen Urteils.

4. Minimal- und Maximalmoral

Nun begründet die Verallgemeinerungsregel nicht alle institutionellen Tatsachen moralischer Natur, sondern nur diejenigen, welche für eine Minimalmoral notwendig sind. Als Minimalmoral bezeichnen wir eine Moral, welche sich an moralische Basispropositionen, wie z.B. die erwähnten des Tötungs- und Diskriminierungsverbotes, hält. Von diesen Basispropositionen war auch auszugehen, da sie gleichsam das „Urphänomen" der Moral darstellen:

Mit dem Tötungsverbot (und dem Inzestverbot) beginnt die Moral. Da unser Interesse am bloßen Leben im allgemeinen so groß ist, hat auch das Tötungsverbot im allgemeinen ein so großes Gewicht. So schützen viele Staaten heute auch das Leben eines Mörders. Demgegenüber bestimmt die Feststellung, daß alle Menschen gleich geschaffen sind und auf Grund ihres Menschseins auch die gleichen Rechte haben, die moderne Moral. Wir finden sie nicht nur in der amerikanischen „Unabhängigkeitserklärung" (1776; vgl. S. 97), sondern auch in der „Erklärung der Menschen- und Bürgerrechte" (1789) durch die französische Nationalversammlung: „Die Menschen werden frei und gleich an Rechten geboren und bleiben es. Die sozialen Unterschiede können nur begründet sein in ihrer Nützlichkeit für die Allgemeinheit." (Art. I). Werden die Menschen frei und gleich in ihren Rechten geboren und bleiben es, so darf kein Mensch für ein zufälliges Merkmal seines Menschseins, etwa seine Rasse oder sein Geschlecht, diskriminiert werden. Da nun auch unser Interesse an einem freien und gleichen Leben im allgemeinen so groß ist, hat auch das Diskriminierungsverbot eine so große Tragweite erhalten.

Gegenüber einer solchen Minimal- gibt es eine Maximalmoral, welche Nächstenliebe und sogar Feindesliebe fordert. Das ist die Moral des Evangeliums und insbesondere der Bergpredigt.[198] Auch das Gebot der Nächsten- und Feindesliebe läßt sich verallgemeinern, ohne daß wir in einen Widerstreit des Willens geraten: Wenn alle Menschen ihre Feinde lieben, so lieben alle meine Feinde auch mich. Das kann ich offensichtlich wollen, ohne in einen Widerstreit des Willens zu geraten. Doch so sehr es gelobt wird, wenn jemand seine Feinde liebt bzw. ihnen aufrichtig Gutes tut, tadeln wir noch niemanden deswegen, daß er seine Feinde nicht liebt. Solche Forderungen wie die der Nächsten- und Feindesliebe sind Maximalforderungen. Wir können sie auch Ideale nennen. Als Ideale überschreiten sie jedoch die hier skizzierte Moralauffassung, wiewohl sie für kleinere Gemeinschaften, etwa die derjenigen Christen, welche den Forderungen der Bergpredigt nachzuleben versuchen, verbindlich sind.

Umgekehrt würden bloße Klugheitsregeln, die nur gebieten, jeweils im eigenen Interesse zu handeln, den hier skizzierten Begriff der Moral unterschreiten und in den Bereich einer Eudämonologie gehören. Diese versucht zu zeigen, wie man glücklich bzw. wenigstens nicht unglücklich werden kann. Sie schreibt nicht mehr allgemein verbindlich vor, was man tun oder lassen soll. Sie erteilt vielmehr Ratschläge, die man befolgen kann, um ein bestimmtes Ziel – Glück bzw. Wohlbefinden – zu erreichen. Solche Ratschläge können sich an die Schranken der Moral halten oder sie übertreten.

Ratschläge, die sich an die Schranken der Moral halten, wären z.B. die Empfehlungen I. Kants „der Diät, der Sparsamkeit, der Höflichkeit, der Zurückhaltung usw., von welchen die Erfahrung lehrt, daß sie das Wohlbefinden im Durchschnitt am meisten befördern".[199] Ich würde allerdings diesen Empfehlungen eines sparsamen, alternden Mannes für die Jugend folgende Regel Maxim Gorkis (1868–1936) hinzufügen: „Es lebe der Mensch, der es nicht versteht, sich aufzusparen."[200]

Dagegen halten sich die Klugheitsregeln eines uneingeschränkten Egoismus, wie sie Niccolò Machiavelli (1469–1527) in seinem „Fürsten" (1532) einem Prinzen mit auf den Weg gibt, nicht mehr an die Moral: „Gewalttaten muß man alle auf einmal begehen, damit sie, weniger gespürt, weniger erbittern; Wohltaten dagegen muß man nach und nach erweisen, damit sie besser gespürt werden."[201]

In unseren Überlegungen suchten wir den Mittelweg zwischen den Forderungen einer Maximalmoral einerseits und den Klugheitsregeln eines uneingeschränkten Egoismus andererseits einzuschlagen. Das Ergebnis ist eine verallgemeinerungsfähige Minimalmoral, welche nur einige Leitlinien – wie z.B. die erwähnten moralischen Axiome – gibt, innerhalb deren wir unsere Lebensinteressen verwirklichen und unser Glück verfolgen können. Niemand sollte weniger tun, als eine solche Minimalmoral fordert. Aber jedermann darf mehr tun.

Wer mehr tut, als eine solche Minimalmoral fordert, der erbringt verdienstliche oder „supererogatorische" Werke (von supererogare: darüber hinaus bezahlen).[202] So könnte man sagen, daß jemand, der die Ideale der Bergpredigt nicht nur im Munde führt, sondern nach ihnen lebt, mehr tut, als normalerweise verlangt wird. Wer sich z. B. als Arzt in einem abgelegenen Gebiet niederläßt und für die arme Bevölkerung eine medizinische Grundversorgung aufbaut, wiewohl er als Spezialist in der Stadt ein höheres Einkommen und bequemeres Leben haben könnte, der vollbringt ein solches verdienstliches Werk. Zwar wird niemand getadelt, wenn er solche Werke unterläßt. Doch erwirbt sich, wer so etwas tut, besondere Verdienste. Der Begriff des Guten ist wie der der Wahrheit auch ein Idealbegriff. Einem Idealbegriff entspricht die Realität nie vollständig.

Das Evangelium sagt mit Recht: „Niemand ist gut außer Gott allein."[203] Das heißt: Kein Mensch, sondern nur Gott, würde völlig diesem Idealbegriff entsprechen können. Ein Mensch kann sich Gott und dem Idealbegriff des Guten nur anzunähern versuchen.

Wie nun schon der Idealbegriff des Guten nicht völlig verwirklicht werden kann, so kann erst recht unsere Erläuterung des moralisch Guten mittels der Verallgemeinerungsregel den Begriff des Guten auch nicht theoretisch ausschöpfen. Die Verallgemeinerungsregel stellt aber eine Minimalbedingung dar, der auch eine Maximalmoral genügen muß. Sie ist eine notwendige, aber keine hinreichende Bedingung für die Maximalmoral der Nächsten- und Feindesliebe.

Gemessen an der Minimalmoral und erst recht an den Klugheitsregeln eines bloßen Egoismus ist diese Liebe unvernünftig. So meint z. B. L. N. Tolstois Lewin:

„Die Vernunft hat den Kampf ums Leben entdeckt und jenes Gesetz, das mir nahelegt, alle umzubringen, die mich bei der Befriedigung meiner Wünsche stören. Das ist eine Schlußfolgerung der Vernunft. Aber seinen Nächsten zu lieben, kann die Vernunft nicht fordern, weil es unvernünftig ist."[204]

Lewin scheint hier das Wort unvernünftig wie das Wort unklug und das Wort Vernunft wie Klugheit zu verwenden. Eine so verstandene praktische Vernunft ist rein instrumentell, d.h. sie begnügt sich, die geeigneten Mittel für einen Zweck zu finden, der durch den Kampf ums Leben vorgegeben wird. Freilich folgt aus dem Kampf ums Leben nach heutiger Auffassung noch nicht notwendig, daß der Gegner auch umgebracht werden muß. Er kann ja auch geschont werden. Das ist bei evolutionär stabilen oder arterhaltenden Strategien der Fall, in denen sich die Gegner im Gebrauch ihrer tödlichen Waffen zurückhalten. Doch wie sagt F. Nietzsche so schön: „Man hat schlecht dem Leben zugeschaut, wenn man nicht auch die Hand gesehn hat, die auf schonende – Weise tödtet."[205]

Trotzdem findet Lewin stellvertretend für Tausende von Menschen, die mehr für andere getan haben, als im Sinne einer Minimalmoral üblich ist, erst in diesem Ideal des Guten den vermißten Sinn des Lebens (vgl. S. 27). Dieses Ideal kann jedoch nur noch geglaubt und insofern nicht mehr bezweifelt werden. Tolstois großer Roman „Anna Karenina" endet mit den schlichten Worten:

„Aber mein Leben, jeder Augenblick dieses Lebens, was auch immer in Zukunft mit mir geschehen wird, wird nicht mehr sinnlos sein wie bisher; es hat einen unbezweifelbaren Sinn bekommen: er liegt in dem Guten, das ich in es hineinzulegen vermag."[206]

5. Die Verallgemeinerungsregel als axiomatische Forderung der praktischen Vernunft

Die soeben dargelegte Minimalbedingung des Guten jedoch wurde dadurch begründet, daß wir in einen Widerstreit unseres Willens gelangen, wenn wir uns nicht an sie halten. Wenn also jemand sagte: „Ich will nur das tun, was mir nützt“, so könnten wir ihn darauf aufmerksam machen, daß er etwas will, was er nicht wollen kann, sobald er den subjektiven Grundsatz seines Wollens verallgemeinert. Denn dann könnten auch die anderen nur das tun, was ihnen nützt und auch auf seine Lebensinteressen keine Rücksicht nehmen. Doch wenn er uns fragt: „Warum soll ich die subjektiven Grundsätze meines Wollens verallgemeinern, wenn ich im Falle der Nichtverallgemeinerung keinen Nachteil habe?“

Bereits dann könnten wir ihm keine weitere Begründung geben. Nur dadurch, daß wir empirisch nicht ausweisbare Prämissen einführen würden, wie etwa die, daß alle Menschen numerisch eins sind, ließe sich das begründen. Dann wäre der mögliche Konflikt zwischen meinen Lebensinteressen und den Interessen der anderen überbrückt. Alles, was ich für die anderen tue, das würde ich dann auch für mich tun. Alles, was die anderen für mich tun, das würden sie auch für sich tun. In beiden Fällen würden die Regeln der Klugheit mit denen der Moral zusammenfallen.

Doch die Regeln der Moral sind dadurch charakterisiert, daß sie nicht immer mit denen der Klugheit zusammenfallen. Denn die moralischen Forderungen und insbesondere die Verallgemeinerungsregel entstehen dadurch, daß wir nicht alle eins sind und zwischen meinem Wollen und dem Wollen der anderen ein möglicher Konflikt besteht. Ähnlich wie wir die metalogischen Axiome als Institutionen der menschlichen Sprachgemeinschaft hinzunehmen haben (vgl. S. 85–86), so auch die Verallgemeinerungsregel als eine den institutionellen Tatsachen der Moral übergeordnete axiomatische Metainstitution. Die metalogischen Axiome haben wir hinzunehmen, weil wir ohne sie nicht sinnvoll sprechen können; die Metainstitution der Verallgemeinerungsregel, weil wir den möglichen Konflikt zwischen meinem Wollen und demjenigen der anderen überbrücken wollen.

Während sich nun der Skeptiker hinsichtlich der metalogischen Axiome in einen Widerspruch der theoretischen

Vernunft verwickelt, so begibt sich der Skeptiker hinsichtlich der Verallgemeinerungsregel nur in einen Widerstreit der praktischen Vernunft oder des Willens. Der Unterschied besteht darin, daß ein Widerspruch der theoretischen Vernunft ein logischer Widerspruch, ein Widerstreit der praktischen Vernunft oder des Willens dagegen ein realer Konflikt ist. Dieser reale Konflikt, etwas wollen zu sollen, was ich nicht will, kann jederzeit eintreten. Er tritt jedoch tatsächlich meist erst dann ein, wenn andere etwas wollen, was ich nicht will. Es hängt also von empirischen Bedingungen ab, ob er eintritt oder nicht.

Da so das Nichtwollen der Verallgemeinerungsregel nicht in einen logischen Widerspruch führt, ist auch die Verallgemeinerungsregel nicht wie die metalogischen Axiome logisch zu begründen, etwa durch die Selbstwidersprüchlichkeit des Versuchs ihrer Aufhebung. Sie ist aber auch nicht wie ein Erfahrungsgesetz empirisch zu begründen, etwa dadurch, daß die Erfahrung bisher gelehrt hat, daß sich das moralische Verhalten immer auszahlt.

Sie ist vielmehr selber ein normatives Axiom, das weder logisch noch empirisch begründet werden kann. Es gehört zum Begriff der Moral, daß sie von mir Dinge verlangen kann, welche über die Verfolgung meiner Interessen hinausgehen. Ein Versuch jedoch, der darin bestünde, das, was über die Verfolgung meiner Interessen hinausgeht, durch diese meine Interessen zu begründen, ist zum Scheitern vorherbestimmt. Er hinterläßt eine Begründungslücke oder einen Fleck, der nicht weggewischt werden kann. So läßt auch J. St. Mills Begründung des Utilitarismus durch das Axiom „Jedermann strebt nach Glück, Lust und Nutzen" einen Makel im Bild des klassischen Utilitarismus zurück.

I. Kant aber hat eingesehen, daß die Verallgemeinerungsregel bzw. der kategorische Imperativ, seines Erachtens „das oberste Prinzip der Moralität", nicht weiter begründbar ist und wir nur dessen „*Unbegreiflichkeit*" „begreifen" können.[207] Freilich handelt es sich hier nicht mehr um die „Unbegreiflichkeit" eines übersinnlichen „Faktums der Vernunft", sondern eher um die „Unbegreiflichkeit" oder besser „Unbegründbarkeit" einer bestimmten Lebensform. Es ist eine Lebensform, die diese Regel *will*, gleichgültig ob entfaltet oder unentfaltet.

Ich bin versucht, diese Lebensform als Lebensform des Menschen als Menschen zu bezeichnen. Wollte also jemand fragen: Warum soll ich die subjektiven Grundsätze meines Verhaltens verallgemeinern, wenn ich im Falle der Nichtverallgemeinerung keinen Nachteil habe? Dann würden wir ihm nur sagen können: Du sollst trotzdem die subjektiven Grundsätze deines Verhaltens verallgemeinern. Wenn er aber weiter fragt: Warum soll ich etwas wollen, wofür Du mir keinen Grund angeben kannst? Dann könnte ich ihm in Abwandlung eines Ausspruchs von L. Wittgenstein (vgl. S. 47) nur antworten: Nur beschreiben kann man hier und sagen: So ist das moralische Leben.

Damit sind wir an einem vorläufigen Ende unserer Einführung in philosophische Grundbegriffe angelangt. Auch wenn wir die Sonne selber noch nicht sahen, so haben wir uns doch ein wenig aus der Höhle herausgearbeitet. Hier wollen wir uns etwas ausruhen vom Wege, bevor wir weitergehen – vielleicht bis zum „Ende der Reise".[208]

Gemeinsam war all diesen Begriffen, daß wir sie zwar voraussetzten, sie aber durch unsere Erläuterungen nicht voll erfassen konnten. Das war besonders deutlich bei den drei letzten Begriffen, dem des Wahren, des Seins und des Guten. Ihr Gehalt überstieg jede explizite Definition. Nun sind Grundbegriffe der Philosophie die Bedeutungen von Grundwörtern der Philosophie. Konnten wir die Bedeutungen dieser Grundwörter nicht voll erklären, so zeigt das, daß sich die Bedeutung dieser Wörter nicht in unseren Erläuterungen erschöpfen kann. Was wir durch sie erfaßt haben, das waren jeweils nur Aspekte dieser Begriffe, so wie sie uns infolge der Schwäche unserer Reden erschienen. So sei am vorläufigen Ende unseres Spazierganges nochmals R. M. Rilkes Gedicht „Spaziergang“ zitiert:

„Schon ist mein Blick, am Hügel, dem besonnten,
dem Wege, den ich kaum begann, voran.
So faßt uns das, was wir nicht fassen konnten,
voller Erscheinung, aus der Ferne, an –

und wandelt uns, auch wenn wir's nicht erreichen,
in jenes, das wir, kaum es ahnend, sind:
ein Zeichen weht, erwidernd unserm Zeichen …
Wir aber spüren nur den Gegenwind.“

Anmerkungen

1 Vgl. R., 7. Buch, 514a–521a. Zusammengefaßt wurde 514a–515a.
2 Phd., 64a–68b. Vgl. für eine ausführliche Interpretation des Höhlenglcichnisses Ferber, 1989[2], 115–148.
3 Phdr. 278d. Die Übersetzungen stammen jeweils vom Verfasser, wenn nichts anderes vermerkt ist. Wichtig zum Wort Philosophie ist Walter Burkert, 1960, 159–177.
4 Phdr. 250e.R.529a.619e und öfters verwendete Grundformel Platons.
5 Men. 98b.
6 Vgl. Metaph. 1. Buch, 2. Kapitel, 982b9–10.
7 Vgl. dazu den Titel des Aufsatzes von Thomas Nagel, 1974, 435–450.
8 Tht. 155d.
9 Metaph. 1. Buch, 2. Kapitel, 982b12–13.
10 Begriffsschrift, Vorwort, XII.
11 Chisholm, Person und Gegenstand, 1. Kapitel, 16.
12 Neurath, 1932–33, 206. Berühmt geworden als Motto zu Quine, Wort und Gegenstand, VII.
13 Das Dilemma ist in verschiedenen Versionen überliefert. Vgl. die Zeugnisse zu Aristoteles, Protreptikos, 1969, A 3–A 6, 21–22.
14 Saint-John Perse, 1972, 444.
15 Vgl. Metaph. 1. Buch, 2. Kapitel, 982b9–10
16 Spengler, UA, Einleitung, 15. Abschnitt, 58.
17 Taylor, Hume und das Wunderbare, 365.
18 Anna Karenina, 8. Teil, 9. Abschnitt. Ich bin für diese wörtliche Übersetzung Anna Breu-Wojnarska und Sandra Hofer verpflichtet.
19 Metaph. 1. Buch, 1. Kapitel, 980a1.
20 Der Ausdruck findet sich in Platons Ep. VII, 343a.
21 Vgl. Platon, Ep. VII, 343b–c, dazu die Interpretation von Ferber, 1991, 45–52. Ich bin Hermann Steinthal, 1993, für die

Berichtigung eines Irrtums in meiner Interpretation des Wortes *mogis* (kaum) verpflichtet, auch wenn damit die grundsätzliche Unwissenheit des Philosophen nicht beseitigt ist, vgl. Phd. 66e.

22 Chrm. 166d.

23 Metaph. 7. Buch, 1. Kapitel, 1028a36–b1.

24 Vgl. dazu insbesondere PU, § 65–67.

25 Vgl. z.B. die eingehende Kritik an Wittgensteins Konzeption der Familienähnlichkeit in den PU, § 65–67, von Holenstein, Sprachliche Universalien, 169–210.

26 Autor und Übersetzer sind mir unbekannt geblieben. Ich vermute jedoch als Autor Ortega y Gasset (1883–1955).

27 Lichtenberg, Aphorismen, Sudelbücher, Heft A, § 103.

28 Platon, Cra. 387b.

29 Wittgenstein, PG, 1. Teil, 10. Kapitel, § 140, 193.

30 Wittgenstein, PU, § 7.

31 Searle, Sprechakte, 1. Teil, 1. Kapitel, 4. Abschnitt, 16.

32 Wittgenstein, PU, § 23.

33 Psalm 91,13. Übersetzung der Zürcher Bibel.

34 So Copi, Einführung in Logik, 2. Kapitel, 68–71, dem ich in II.2 verpflichtet bin.

35 Heidegger, SuZ, 2. Kapitel, § 7, Abschnitt A, 31

36 Morris, Zeichen, Sprache, Verhalten, 8. Kapitel, 1. Abschnitt, 219.

37 Morris, ebd. 219.

38 Aristoteles, De int. 1. Kapitel, 16a3–8.

39 Vgl. für die Originalfassung des „semiotischen Dreieckes“ Ogden/Richards, Bedeutung von Bedeutung, 1. Kapitel, 11.

40 Vgl. Ogden/Richards, ebd.: „Zwischen dem Symbol und dem Bezugsgegenstand gibt es keine andere relevante Beziehung als die indirekte, die darin besteht, daß es von jemanden gebraucht wird, um einen Bezugsgegenstand zu vertreten.“

41 Frege, Gedanke, 351.

42 Vgl. Frege, ebd., 351–352.

43 Frege, Sinn und Bedeutung, 144.

44 Wittgenstein, PU, § 43.

45 Wittgenstein, PU, § 202.

46 Wittgenstein, PU, § 580.

47 Dieser Punkt wird insbesondere von Kripke, Wittgenstein über Regeln, 2. Kapitel, 7–54, herausgearbeitet.

48 Wittgenstein, LS, § 913. Vgl. dazu Ferber, Lebensform oder Lebensformen, 270–276.

49 So Bernays, 1959: „Vielleicht lassen sich die verschiedenen philosophischen Standpunkte durch das kennzeichnen, was sie an Erstaunlichem als etwas Letztes hinnehmen. In Wittgensteins Philosophie sind es ... soziologische Tatsachen", 5.

50 Vgl. Wittgenstein PU, § 217: „Habe ich die Begründungen erschöpft, so bin ich nun auf dem harten Felsen angelangt, und mein Spaten biegt sich zurück. Ich bin dann geneigt zu sagen: ‚So handle ich eben' ".

51 Wittgenstein, BFGB, 31. „beschreiben" hervorgehoben.

52 „Auf der Suche nach der verlorenen Zeit", 1. Band, „In Swanns Welt", 1. Teil, „Combray".

53 Kuhn, Wissenschaftliche Revolutionen, 10. Kapitel, 113.

54 Kuhn, Wissenschaftliche Revolutionen, 10. Kapitel, 121.

55 Schopenhauer, W II, 1. Buch, 10. Kapitel, 118.

56 Elemente, 1. Buch, Lehrsatz 10.

57 Frege, Grundlagen der Arithmetik, § 17, 24.

58 Elemente, 9. Buch, Lehrsatz 18.

59 Hume, Untersuchung, 5. Abschnitt, 1. Teil, 44.

60 Hume, ebd., 45.

61 Russell, Probleme, 6. Kapitel, 98.

62 Popper, LF, Neuer Anhang, Abschnitt 7, 313. „unendlichem Universum" und „Wahrscheinlichkeit jedes (nichttautologischen) allgemeinen Gesetzes gleich Null" hervorgehoben.

63 Vgl. weiterführend Popper, LF, Neuer Anhang, 9. Abschnitt, 3. Mitteilung, 359–373, insb. 11. Unterabschnitt, 368.

64 Diese Hypothese verdanke ich Feyerabend, Probleme des Empirismus, 14. Kapitel, 362.

65 Hume, Untersuchung, 4. Abschnitt, 2. Teil, 39.

66 Eine praktische Vernunft gibt es für Hume nicht, sondern stellt für ihn nur eine ungenaue und unphilosophische Redeweise dar, womit er allerdings vom üblichen und philosophischen Sprachgebrauch abweicht, vgl. Abhandlung, 2. Buch, 3. Abschnitt, 413–416.

67 Quine, Ontologische Relativität, 5. Kapitel, Natürliche Arten, 126. Vgl. für eine solche pragmatische Rechtfertigung der Induktion Reichenbach, Wahrscheinlichkeit, 469–482, und Salmon, 1991, 99–122. Ich reserviere sie für bewährte Hypothesen.

68 Popper, Objektive Erkenntnis, 1. Kapitel, 6. Abschnitt.

69 Vgl. für eine solche Logik Henrik von Wright, Vorzugslogik, insb. § 1–8, 7–20. Sie scheint auf das Induktionsproblem noch nicht angewandt worden zu sein, vgl. etwa das in der Nachfolge Poppers geschriebene Buch von Watkins, Wissenschaft und Skepsis, Nachwort.

70 Popper, LF, Kapitel 10, Abschnitt 85, 223.

71 Grundlagen der Geometrie, 262.

72 Cantor, Abhandlungen, III. Teil, 9. Kapitel, § 6, 295.

73 Elemente, 1. Buch, Def. 23.

74 Euklid verwendet stattdessen das Postulat 5 und beweist das uns heute unter dem Begriff des Parallenaxioms bekannte Axiom mittels dieses Postulates: „Und wenn eine gerade Linie beim Schnitt mit zwei geraden Linien bewirkt, daß die inneren Winkel auf derselben Seite zusammen kleiner als zwei rechte sind, dann fallen die zwei geraden Linien, wenn sie ins Unendliche verlängert werden, auf der Seite zusammen, auf der die Winkel liegen, die zusammen kleiner sind als zwei rechte." (1. Buch, 5. Postulat). Vgl. für eine verständliche Darstellung der Problematik Bonola, Nichteuklidische Geometrie, 1–8.

75 Vgl. für eine verständliche Darstellung dieser Nichteuklidischen Geometrien Bonola, Nichteuklidische Geometrie, insb. 57–85.

76 Frege, Briefe, 411.

77 Butler, Predigten, Vorwort, § 33, 25.

78 Frege, Logik, 139.

79 Frege, Gedanke, 342.

80 Der Ausdruck „metalogische Wahrheiten" für diese Axiome wird meines Wissens eingeführt von Schopenhauer, Vierfache Wurzel, § 33, 108.

81 Russell/Whitehead, PM, Teil I, Abschnitt A, 94.

82 Joh. 18.37. Übersetzung der Zürcherbibel.

83 Joh. 14.6.

84 Joh. 18.37.

85 Spengler, UA, 2. Band, 4. Kapitel, 3. Abschnitt, 1139–1140.

86 Metaph. 4. Buch, 7. Kapitel, 1011b26–28.

87 Sie wird bereits von Frege, Logik, vertreten: „Die Form des Behauptungssatzes ist also eigentlich das, womit wir die Wahrheit aussagen und wir bedürfen dazu des Wortes ‚wahr'

nicht. Ja, wir können sagen: selbst da, wo wir die Ausdrucksweise ‚es ist wahr, daß …" anwenden, ist eigentlich die Form des Behauptungssatzes das Wesentliche", 140. Bekannt wurde die Theorie durch Ramsey, Tatsachen und Propositionen.

88 Der Ausdruck „Auge Gottes" findet sich mit einer entsprechenden Kritik an der Korrespondenztheorie in Putnam, Vernunft, Wahrheit, Geschichte, 73–74.

89 Tarski, Wahrheitsbegriff, § 1, 268. Im Original hervorgehoben.

90 Ebd. Im Original hervorgehoben.

91 Ebd. Im Original hervorgehoben.

92 Tarski, Semantische Auffassung, 302 .

93 Tarski, ebd., 361.

94 Eine solche minimale Theorie der Wahrheit vertritt z. B. Horwich, Wahrheit, vgl. insbesondere 2. Kapitel, 4. Abschnitt.

95 Pol. 1. Buch, 4. Kapitel, 1254a14–17.

96 Pol. ebd. 5. Kapitel, 1254b25–26. Übersetzung nach E. Rolfes.

97 Habermas, Wahrheitstheorien, 211–265.

98 Vgl. weiterführend dazu Habermas, ebd., 5. Kapitel, 252–260.

99 Habermas, ebd. 258.

100 Habermas, Unübersichtlichkeit, 5. Kapitel, 5. Abschnitt, 161.

101 Aristoteles, Top. 1. Buch, 1. Kapitel, 100a30–b23. Um dem Mißverständnis vorzubeugen, daß Aristoteles hier eine „logische" Wahrscheinlichkeitslehre vertritt, habe ich den griechischen Ausdruck für wahrscheinlich – endoxa – mit plausibel übersetzt.

102 James, Pragmatismus, 5. Vorlesung, 201. Im Original hervorgehoben.

103 James, Pragmatismus, ebd. 204.

104 James, Pragmatismus, 8. Vorlesung, 299.

105 Peirce, Pragmatismus und Pragmatizismus, § 407.

106 Das Argument findet sich in Moore, PE, 1. Kapitel, § 13–14, bei der Frage „Ist Lust (oder was immer es sein mag) letzten Endes gut?", um zu zeigen, daß die Bedeutung von „gut" nicht mit der von „Lust" identifiziert werden kann. 16. Hier habe ich das Argument auf die Wahrheitskriterien angewandt.

107 Der Begriff der Supervenienz wurde von Richard Mervin Hare (*1919) bei moralischen Eigenschaften eingeführt, die zu natürlichen hinzukommen, vgl. zur genauen Definition Hare, Sprache der Moral, 5. Kapitel, 2. Abschnitt, 82–83, 9. Kapitel,

3. Abschnitt, 153–155. Ich fasse den Begriff etwas weiter auf und dehne ihn auf die Eigenschaft wahr aus.

108 Popper, Bessere Welt, 2. Kapitel, Abschnitt 9, 50.

109 Vgl. Sextus Empiricus, M, 7. Buch, 52. Abschnitt.

110 Popper, Vermutungen und Widerlegungen, 10. Kapitel, 225.

111 Frege, Logik, 139.

112 Frege, Logik,140.

113 Vgl. dazu Frege, Logik in Mathematik: „Von den eigentlichen Definitionen sind die *Erläuterungen* zu unterscheiden. Wenn wir die Wissenschaft beginnen, können wir nicht vermeiden, die Wörter unserer Sprache zu gebrauchen. – – –. Freilich kann man dabei nur wieder Wörter der Sprache gebrauchen, die vielleicht ähnliche Mängel zeigen, wie die sind, denen die Erläuterung abhelfen soll.“, 224.

114 Aristoteles, Metaph. 9. Buch, 10. Kapitel, 1051b6–9.

115 Vgl. Quine, Verfolgung der Wahrheit, 4. Kapitel, § 41, 95–98.

116 Vgl. etwa die Beispiele Quines, Verfolgung der Wahrheit, 4. Kapitel, § 41, 95–98.

117 Hegel, Geschichte der Philosophie, Einleitung, A., 1. Abschnitt, b, 33.

118 Diese drei Unterscheidungen wurden ebenso wie die zwischen Eigenschaft und Merkmal von Frege herausgearbeitet, vgl. Begriff und Gegenstand, 167–178.

119 Vgl. Aristoteles, Metaph., 4. Buch, 2. Kapitel, 1003a33-b10., 7. Buch, 1. Kapitel, 1028a13–30.

120 Metaph. 4. Buch, 1. Kapitel, 1003a21–26.

121 Vgl. Aristoteles, Cat. Zur Kategorie der Substanz: 5. Kapitel, 2b11–4b19.

122 Vgl. Aristoteles z.B. Metaph. 5. Buch, 6. Kapitel, 1016b32, 10. Buch, 13. Kapitel, 1054b35.

123 TLP, § 1 und § 1.1.

124 Descartes, Meditationen, 3. Meditation, 5. Abschnitt, 36–37.

125 Brentano, Psychologie II, 6. Kapitel, § 3, 33–36.

126 „Wie es euch gefällt“, 3. Akt, 5. Szene, Phöbe. Übersetzung von August Wilhelm von Schlegel.

127 Nietzsche, Genealogie, 2. Abhandlung, § 3, 311. Keine Quellenangabe.

128 Augustinus, Conf. 1. Buch, 7. Abschnitt, 11.

129 Freud, Traumdeutung, 5. Kapitel, 4, Abschnitt (D), b, 213. Zit. ohne Fußnote.

130 Anthropologie, AA, Bd. 7, § 5, 136.
131 Leibniz, Monadologie, § 61.
132 Searle, Sprechakte, § 1.5.
133 Descartes, Meditationen, 2. Meditation, vgl. insb. Abschnitte 5 und 8, 19–20, 23.
134 Descartes, Meditationen, 1. Meditation, Abschnitt 3, 9.
135 2. Akt, 2. Szene. Übersetzung von August Wilhelm von Schlegel.
136 Brentano, Psychologie I, 2. Buch, § 6, 128.
137 Leibniz, Monadologie, § 17.
138 Es ist ein Verdienst Th. Nagels, 1974, 435–450, dies wieder deutlich gemacht zu haben.
139 Wittgenstein, PU, § 580.
140 Vgl. PM, Teil II, Abschnitt A, § 52.
141 Vgl. Jesaja, 6, 2: „Saraphe standen über ihm; ein jeder hatte sechs Flügel: mit zweien bedeckte er sein Angesicht, … ." Übersetzung der Zürcher Bibel.
142 Phdr. 248 a.
143 Phdr. 247 c.
144 Phdr. 248 a.
145 Plt. 286 a. Vgl. zu dieser Stelle sowie für eine abwägende Interpretation der intellektuellen Anschauung und des „Lichtes in der Seele" bei Platon, Ferber, Unwissenheit, 37–61, insb. 48.
146 Der Begriff der semantischen Existenz wird eingeführt in Ferber, Normatives ‚ist', Sein Gottes und Leibniz-Schellingsche Frage, 390–391. Die dort gemachte Unterscheidung zwischen realer und semantischer Existenz entspricht in etwa derjenigen zwischen „Existieren" *(hypárchein),* und Subsistieren *(hyphístasthai),* wie sie die Stoiker (vgl. SVF II, 322, 488, 541) und in unserem Jahrhundert noch Russell (vgl. Probleme, 9. Kapitel) vertreten haben, sucht aber den Begriff der Subsistenz durch Freges Lehre vom Sinn, der zur Bedeutung wird, zu präzisieren. Zwar wendet Quine gegen die Unterscheidung zweier Bedeutungen von „es gibt" ein, „daß die Unterscheidung zwischen einem Sinn von ‚es gibt' für konkrete Gegenstände und einem anderen für abstrakte – bei nur einem Sinn von ‚es gibt' für beide – keinen Sinn macht", Wort und Gegenstand, § 49, 242. Quine scheint hier vorauszusetzen, daß der Begriff Sein explizit durch „nur einen Sinn von ‚es gibt' "

definierbar ist und die Gattung bildet, von der das Sein der konkreten und das Sein der abstrakten Dinge die Arten sind. Doch wird hier nicht behauptet, daß der Begriff Sein ein explizit definierbarer Begriff ist (vgl. S. 118), sondern nur, daß unser alltägliches Verständnis von Sein durch die Unterscheidung zwischen realer und semantischer Existenz implizit erläutert werden kann. In einer impliziten Definition oder Erläuterung kann aber das Definiendum im Definiens wieder vorkommen.

147 Frege, Sinn und Bedeutung, 145.

148 De int., 7. Kapitel, 17a38.

149 Einführung, 1a.8–12.

150 Quine, Vom Reiz zur Wissenschaft, 3. Kapitel, 40.

151 R.596a.

152 Ti.52a.

153 Cat. 5. Kapitel, 2a.12–14.

154 Metaph.. 7. Buch, 13. Kapitel, 1038b8–9.

155 An.post. 19. Kapitel, 100b4–5.

156 Locke, Versuch über den menschlichen Verstand, 3. Buch, 3. Kapitel, 6. Abschnitt. Zitiert ohne Hervorhebungen.

157 Phlb. 15b.

158 Ti. 50c, dazu Ferber, Ideenlehre im „Timaios".

159 Frege, Sinn und Bedeutung, 145.

160 Ti. 52a.

161 Ti. 52a.

162 Frege, Sinn und Bedeutung, 145.

163 R. 532d.

164 Vgl. z.B. Wort und Gegenstand, § 43.

165 Metaph. 3. Buch, 4. Kapitel, 1006b7–11. Vgl. Prm. 135b–c.

166 Metaphysik, 3. Abschnitt, Die Beantwortung der Frage, 31.

167 Frege, Sinn und Bedeutung, 145.

168 Popper, Objektive Erkenntnis, 4. Kapitel, 158–197, insb. 4. Abschnitt, 164–167.

169 Kant, KrV, A 599/B 624.

170 Aristoteles, EN, 1. Buch, 1. Kapitel, 1094a 2–3. Vgl. Platon. Grg. 468b, 499e–500a.

171 Moore, PE, 1. Kapitel, § 2, 2.

172 Vgl. z.B. Platon, R. 4. Buch, 427d–434c; 6. Buch, 504a 506a; 7. Buch, 534b–c. Aristoteles, EN. 1. Buch, 1. Kapitel, 1094a 22–26. Moore, PE, Kapitel 1, § 10, 9–10.

173 1. Teil, 1. Kapitel. Übersetzung von Ruth Elisabeth Riedt, mit kleiner Änderung von R. F.
174 Hume, Abhandlung, 3. Buch, Teil 1, Abschnitt 1, 469–470.
175 Hume, Abhandlung, ebd. 469.
176 Diese Ansicht vertritt z. B. Alfred Ayer (1910–1989), Sprache, Wahrheit, Logik, 6. Kapitel: „Wenn ich jetzt meine frühere Behauptung verallgemeinere und sage 'Geldstehlen ist falsch!“, so produziere ich einen Satz, der keine tatsächliche Bedeutung hat, d. h. keine Proposition ausdrückt, die wahr oder falsch sein kann. Es ist so, als ob ich ‚Geldstehlen ist falsch!‘ geschrieben hätte, wobei die Gestalt und Dicke der Ausrufungszeichen durch eine geeignete Konvention zeigen, daß das ausgedrückte Gefühl eine besondere Art moralischer Mißbilligung ist. Es ist klar, daß nichts hier gesagt ist, was wahr oder falsch sein kann“, 107.
177 Vgl. Ayer, Sprache, Wahrheit, Logik: „Es verdient erwähnt zu werden, daß ethische Terme nicht nur dazu dienen, um Gefühle auszudrücken. Sie werden auch verwendet, um Gefühle zu erwecken, und so zum Handeln anzuregen. – – –. Tatsächlich können wir die Bedeutung der verschiedenen ethischen Wörter sowohl durch die verschiedenen Gefühle definieren, die sie gewöhnlicherweise ausdrücken sollen, als auch durch die verschiedenen Antworten, die hervorzurufen sie verwendet werden“, 108.
178 Searle, Sprechakte, 2. Kapitel, 7. Abschnitt, 50–53.
179 Searle, Sprechakte, ebd. 50–53.
180 Auf das Recht ist die institutionalistische Auffassung von Donald Neil MacCormick und Ota Weinberger angewandt worden, vgl. Institutionelle Theorie, 1986, insb. Einleitung, 1–30, und 2. Kapitel „Das Recht als institutionelle Tatsache“, 49–76. Ich dehne die institutionalistische Auffassung auf die Metaethik aus. Vgl. weiterführend Ferber, Moralische Urteile, 372–392.
181 Vgl. zum normativen „ist“ Ferber, Normatives ‚ist‘ und konstatives ‚soll‘, 185–199.
182 „Maß für Maß“, 2. Akt. 1. Szene, Escalus.
183 Platon, R., 10. Buch, 608 e.
184 Mill, Utilitarismus, 2. Kapitel, 9–10.
185 Mill, Utilitarismus, 4. Kapitel, 52–53.
186 PE, 1. Kapitel, § 10: „Aber viel zu viele Philosophen haben gedacht, daß wenn sie diese anderen Eigenschaften nennten,

sie tatsächlich gut definieren würden; daß diese Eigenschaften in der Tat einfach nichts anderes, sondern absolut dasselbe wären wie Güte. Ich schlage vor, diese Ansicht den ‚naturalistischen Fehlschluß' zu nennen, und ihn versuche ich nun zu beseitigen", 10.

187 Das Diktum wird Voltaire zugeschrieben.

188 Kant, GMS, 2. Abschnitt, 418.

189 Mt. 7.12. Vgl. Lk. 6.31. In der negativen Formulierung findet sich die Goldene Regel bereits im Buch Tobias, 4, 15, des Alten Testamentes „Was du verabscheust, das tu niemandem an." und bei Konfuzius: „Zigong fragte: ‚Gibt es etwas, was aus einem Wort besteht und was man aufgrund von dessen Eigenschaft, das ganze Leben hindurch befolgen kann?' Der Meister sagte: ‚Das ist wohl shù: Was man selbst nicht wünscht, das tue man Menschen nicht an.'" (Lunyu, 15.14. Übersetzung von Heiner Roetz mit kleiner Änderung von Harro von Senger. Es ist allerdings fraglich, ob der Ausdruck Mensch [ren] die universale Bedeutung von heute hat, wie mir H. von Senger mitteilt.)

190 GMS, 2. Abschnitt, 421.

191 Kant, Bemerkungen, 19. „Gut" (*sic*).

192 Mill, Utilitarismus, 5. Kapitel, 78–79.

193 So Kant, GMS, Vorrede, 389.

194 EN, 6. Buch, 8. Kapitel, 1141b18–21.

195 Plt. 284e. Vgl. zu diesem Prinzip Ferber, Propädeutische Lektüre des Politicus, 63–74.

196 Plt. 284d.

197 EN, 2. Buch, 9. Kapitel, 1109b23–24.

198 Vgl. Mt. 5.43–44, 22.38; Lk. 6.27–30.

199 Kant, GMS, 2. Abschnitt, 418.

200 Aus der Erzählung „Die Uhr", 8. Kapitel, Übersetzung von Paul Kamin.

201 Machiavelli, Fürst, 8. Kapitel, 271.

202 Vgl. das Gleichnis vom barmherzigen Samariter bei Lk, 10, 35: „Und am folgenden Tage nahm er zwei Denare heraus, gab sie dem Wirt und sagte: Pfleg ihn! und was du mehr aufwenden wirst (quodcumque supererogaveris), will ich dir bezahlen, wenn ich wiederkomme." Übersetzung der Zürcher Bibel.

203 Mk. 10, 18; Lk. 18, 19. Zitiert von Kant, GMS, 2. Abschnitt: „– – –; auch sagt er [der Heilige des Evangelii] von sich selbst:

was nennt ihr mich (den ihr sehet) gut? niemand ist gut (das Urbild des Guten) als der einige Gott (den ihr nicht sehet).", 408.

204 Tolstoi, Anna Karenina, 8. Teil, 12. Abschnitt. Übersetzung von Fred Ottow mit kleinen Änderungen von R. F.

205 Nietzsche, Jenseits von Gut und Böse, Viertes Hauptstück, § 69, 86.

206 Tolstoi, Anna Karenina, 8. Teil, 19. Abschnitt. Übersetzung von Fred Ottow mit kleinen Änderungen von R. F.

207 Kant, GMS, 3. Abschnitt, Schlußanmerkung, 463.

208 Platon, R., 7. Buch, 532e.

Literaturverzeichnis

Erstausgaben und zitierte bzw. meinen Übersetzungen zugrundegelegte Ausgaben. Zur leichteren Orientierung des Lesers habe ich in den Anmerkungen meist Abkürzungen der zitierten Werke mit Kapitel, Paragraph oder Abschnitt und Seitenzahl verwendet. Die meisten dieser Werke sind in erschwinglichen deutschsprachigen Taschenbuchausgaben erhältlich.

Aristoteles, *Categoriae et liber de Interpretatione*, recognovit brevique adnotatione critica instruxit L. Minio-Paluello, Oxford 1949 = [De int.].

Aristoteles, *Ethica Nicomachea,* recognovit brevique adnotatione critica instruxit I. Bywater, Oxford 1894 = [EN].

Aristoteles, *Metaphysica,* recognovit brevique adnotatione critica instruxit W. Jaeger, Oxford 1957 = [Metaph.].

Aristoteles, *Politica,* recognovit brevique adnotatione critica instruxit W.D. Ross, Oxford 1957 = [Pol.]

Aristoteles, *Der Protreptikos des Aristoteles*, Einleitung, Übersetzung und Kommentar von I. Düring, Frankfurt a.M. 1969.

Aristoteles, *Topica et Sophistici Elenchi,* recensuit brevique adnotatione critica instruxit W.D. Ross, Oxford 1958 = [Top.].

Augustinus, *Confessiones*, Erstdruck ohne Orts- und Jahresangabe, Straßburg vor 1470. Zit. nach *Saint Augustin, Confessions. Texte établi et traduit par P. de Labriolle,* I, Paris 1950^5, II, Paris 1947^3 = [Conf.].

Ayer, A.J., *Language, Truth and Logic*, London 1936. Zit. nach Ausgabe von 1967^{17} = [Sprache, Wahrheit, Logik].

Bernays, P., *Bemerkungen zu Ludwig Wittgensteins ‚Bemerkungen über die Grundlagen der Mathematik‘* in *Ratio*, 1959, 3, 1–18 = [Bemerkungen].

Bonola, R., *Die Nichteuklidische Geometrie, Historisch-kritische Darstellung ihrer Entwicklung*, Autorisierte Deutsche Ausgabe besorgt v. Prof. Dr. H. Liebmann, mit 52 Figuren im Text, Leipzig/Berlin 1919 = [Nichteuklidische Geometrie].

Brentano, F., *Psychologie vom empirischen Standpunkt,* Leipzig 1874 (I. Bd.). Zit. nach F. Brentano: *Psychologie vom empirischen Standpunkt,* Mit Einleitung, Anmerkungen und Register hg. v. O. Kraus, I, Hamburg 1924 = [Psychologie I].

Brentano, F., *Von der Klassifikation psychischer Phänomene* in *Psychologie vom empirischen Standpunkt*, II, hg. v. O. Kraus, Leipzig 1911. Zit. nach F. Brentano: *Psychologie vom empirischen Standpunkt*, Mit Einleitung, Anmerkungen und Register hg. v. O. Kraus, II, Mit neuen Abhandlungen aus dem Nachlaß, Hamburg 1925 = [Psychologie II].

Burkert, W., *Platon oder Pythagoras? Zum Ursprung des Wortes ‚Philosophie'* in *Hermes* 88, 1960, 159–177.

Butler, J., *Fifteen Sermons*, London 1726. Zit. nach *The Works of Joseph Butler*, ed. by W. E. Gladstone, II, Sermons, etc., Oxford 1896.

Cantor, G., *Beiträge zur Begründung der transfiniten Mengenlehre,* in *Mathematische Annalen*, 46, 1895, 481–512; 49, 1897, 207–246. Zit. nach G. Cantor: *Gesammelte Abhandlungen mathematischen und philosophischen Inhalts*, hg. v. E. Zermelo, nebst einem Lebenslauf Cantors von A. Fraenkel, Berlin 1932, 282–356, = [Abhandlungen].

Carnap, R., *Logical Foundations of Probability*, Chicago 1950.

Chisholm, R., *Person and Object*, London/La Salle 1976 = [Person und Gegenstand].

Copi, I.M., *Introduction to Logic,* New York/London 1986[7] = [Einführung in Logik].

Descartes, *Meditationes de prima philosophia*, Paris 1641. Zitiert nach *Oeuvres de Descartes publiées par Ch. Adam & P. Tannéry, Meditationes de Prima Philosophia*, VII, Nouvelle présentation, en co-édition avec le centre national de la recherche scientifique, Paris 1973 = [Meditationen].

Descartes, *Principia philosophiae*, Amsterdam 1644.

Euklid, *Elementa*, ed. J.-L. Heiberg und H. Menge, Leipzig 1883–1916 = [Elemente].

Ferber, R., *Das normative „ist", [das Sein Gottes und die Leibniz-Schellingsche Frage]* in *Zeitschrift für Philosophische Forschung,* 42, 1988, 371–396.

Ferber, R., *Das normative „ist", und das konstative „soll"*, in *Archiv für Rechts- und Sozialphilosophie*, 74, 1988, 185–199 = [Normatives ‚ist' und konstatives ‚soll'].

Ferber, R., *Platos Idee des Guten*, St. Augustin 1984, zweite, durchgesehene und erweiterte Auflage, St. Augustin 1989 = [Idee des Guten].

Ferber, R., *Die Unwissenheit des Philosophen oder Warum hat Plato die ungeschriebene Lehre nicht geschrieben?*, St. Augustin 1991 = [Unwissenheit].

Ferber, R., *„Lebensform" oder „Lebensformen" – Zwei Addenda zur Kontroverse zwischen N. Garver und R. Haller*, in *Akten des 15. Internationalen Wittgenstein-Symposiums*, 2, hg. v. K. Puhl, Wien 1993, 270–276, = [Lebensform oder Lebensformen].

Ferber, R., *Moralische Urteile als Beschreibungen institutioneller Tatsachen. Unterwegs zu einer neuen Theorie moralischer Urteile*, in *Archiv für Rechts- und Sozialphilosophie*, 79, 1993, 372–392, = [Moralische Urteile].

Ferber, R., *Für eine propädeutische Lektüre des „Politicus"* in *Reading the Statesman, Proceedings of the III Symposium Platonicum, International Plato Studies 4*, ed. by Ch. Rowe, St. Augustin 1995, 63–74, = [Propädeutische Lektüre des Politicus].

Ferber. R., *Why did Plato maintain the theory of ideas in the „Timaeus"?* in *Interpreting the Timaeus and Critias, Proceedings of the IV Symposium Platonicum, International Plato Studies 9*, ed. by. T. Calvo/L. Brisson, St. Augustin 1997, 179–186. Erweiterte italienische Version in *Elenchos, Rivista die studi sul pensiero antico*, 19, 1997, Fascicolo 1, 1–27, übersetzt von B. Centrone.

Feyerabend, P., *Probleme des Empirismus, Schriften zur Theorie der Erklärung, der Quantentheorie und der Wissenschaftsgeschichte, Ausgewählte Schriften*, 2, Braunschweig/Wiesbaden 1981 = [Probleme des Empirismus].

Frege, G., *Begriffsschrift, eine der arithmetischen nachgebildete Formelsprache des reinen Denkens*, Halle 1879. Zit. nach *Begriffsschrift und andere Aufsätze*, Zweite Auflage. Mit E. Husserls und H. Scholz's Anmerkungen hg. v. I. Angelelli, Darmstadt 1973 = [Begriffsschrift].

Frege, G., *Die Grundlagen der Arithmetik, Eine logisch-mathematische Untersuchung über den Begriff der Zahl*, Breslau 1884. Zit. nach der Ausgabe der wissenschaftlichen Buchgesellschaft, Darmstadt 1961 = [Nachdruck des im Verlage M. & H. Marcus, Breslau 1934, erschienenen Neudruckes] = [Grundlagen der Arithmetik].

Frege, G., *Über Sinn und Bedeutung*, in *Zeitschrift für Philosophie und philosophische Kritik*, 100, 1892, 25–50. Zit. nach: *Gottlob Frege: Kleine Schriften*, hg. v. I. Angelelli, Hildesheim 1967, 143–162 = [Sinn und Bedeutung].

Frege, G., *Begriff und Gegenstand*, in *Vierteljahresschrift für wissenschaftliche Philosophie*, 16, 1892, 192–205. Zit. nach: *Gottlob Frege: Kleine Schriften*, hg. v. I. Angelelli, Hildesheim 1967, 167–178 = [Begriff und Gegenstand].

Frege, G., *Über die Grundlagen der Geometrie*, in *Jahresbericht der Deutschen Mathematiker-Vereinigung*, 12, 1903, 319–324. Zit. nach: *Gottlob Frege: Kleine Schriften*, hg. v. I. Angelelli, Hildesheim 1967, 262–266 = [Grundlagen der Geometrie].

Frege, G., *Unbekannte Briefe Freges über die Grundlagen der Geometrie und Antwortbrief Hilberts an Frege. Aus dem Nachlaß von Heinrich Liebmann herausgegeben und mit Anmerkungen versehen v. M. Steck*, in *Sitzungsberichte der Heidelberger Akademie der Wissenschaften.* Mathematisch-Naturwissenschaftliche Klasse, 2, Heidelberg 1941, 3–31. Zit. nach *Gottlob Frege: Kleine Schriften*, hg. v. I. Angelelli, Hildesheim 1967, 400–422 = [Briefe].

Frege, G., *Der Gedanke. Eine logische Untersuchung*, in *Beiträge zur Philosophie des deutschen Idealismus*, I, 1918/1919, 58–77. Zit. nach *Gottlob Frege: Kleine Schriften*, hg. v. I. Angelelli, Hildesheim 1967, 343–362 = [Gedanke].

Frege, G., *Logik*, in *Nachgelassene Schriften und Wissenschaftlicher Briefwechsel.* Unter Mitwirkung von G. Gabriel und W. Rödding bearbeitet, eingeleitet und mit Anmerkungen versehen von H. Hermes, F. Kambartel, F. Kaulbach, Hamburg 1969, 137–163 = [Logik].

Frege, G., *Logik in der Mathematik*, in *Nachgelassene Schriften und Wissenschaftlicher Briefwechsel.* Unter Mitwirkung von G. Gabriel und W. Rödding bearbeitet, eingeleitet und mit Anmerkungen versehen von H. Hermes, F. Kambartel, F. Kaulbach, Hamburg 1969, 219–270 = [Logik in Mathematik].

Freud, S., *Die Traumdeutung*, Leipzig/Wien 1900. Zit. nach *Gesammelte Werke*, II/3, Frankfurt 1942 = [Traumdeutung].

Goodman, N., *Fact, Fiction and Forecast*, Cambridge, Mass. 1955.

Habermas, J., *Wahrheitstheorien*, in *Wirklichkeit und Reflexion*, Walter Schulz zum 60. Geburtstag, hg. v. H. Fahrenbach, Pfullingen 1972, 211–265 = [Wahrheitstheorien].

Habermas, J., *Die Neue Unübersichtlichkeit. Kleine Politische Schriften*, V, Frankfurt 1985 = [Unübersichtlichkeit].

Hare, R.M., *The Language of Morals*, Oxford 1952 = [Sprache der Moral].

Hegel, G.W.F., *Vorlesungen über die Geschichte der Philosophie*, I, Berlin 1833–1836. Zit. nach der auf der Grundlage der *Werke* von 1832–1845 neu edierten Ausgabe, Redaktion E. Moldenhauer und K.M. Michel in *Werke*, Frankfurt a.M. 1971 = [Vorlesungen über Geschichte der Philosophie].

Heidegger, M., *Sein und Zeit*, Halle 1927 = [SuZ].

Heidegger, M., *Was ist Metaphysik*, Bonn 1929. Zit. nach der sechsten durch Einleitung und Nachwort vermehrten Auflage, Frankfurt a.M. 1951 = [Metaphysik].

Hilbert, D., *Grundlagen der Geometrie*, Leipzig 1899.

Holenstein, E., *Sprachliche Universalien. Eine Untersuchung zur Natur des menschlichen Geistes*, Bochum 1985 = [Sprachliche Universalien].

Horwich, P., *Truth*, Oxford 1990 = [Wahrheit].

Hume, D., *A Treatise of Human Nature, Being an Attempt to Introduce the Experimental Method of Reasoning into Moral Subjects*, London 1739–40. Zit. nach der Ausgabe von L.A. Selby-Bigge, Oxford 1888. Second Edition with text revised and variant readings by P.H. Nidditch, Oxford 1978 = [Abhandlung].

Hume, D., *An Enquiry concerning Human Understanding*, London 1748 [unter dem Titel: *Philosophical Essays Concerning Human Understanding*]. Zit. nach *Enquiries concerning the human understanding and concerning the principles of morals by David Hume*, reprinted from the posthumous edition of 1777 and edited with introduction, comparative tables of content, and analytical index by L.A. Selby-Bigge, Oxford 1888 = [Untersuchung].

James, W., *Pragmatism, A new Name for some old ways of thinking. Popular lectures on Philosophy*, London 1907 = [Pragmatismus].

Kant, I, *Kritik der reinen Vernunft*, Riga 1781. Zit. nach der von R. Schmidt besorgten Ausgabe (nach der zweiten Auflage von 1930) = [KrV].

Kant, I., *Prolegomena zu einer jeden künftigen Metaphysik, die als Wissenschaft wird auftreten können*, Riga 1783.

Kant, I., *Grundlegung zur Metaphysik der Sitten*, Riga 1785 = [GMS].

Kant, I., *Anthropologie in pragmatischer Hinsicht*, Königsberg 1798 = [Anthropologie].

Kant, I., *Bemerkungen zu den Beobachtungen über das Gefühl des Schönen und Erhabenen*, in *Kant's Gesammelte Schriften*, hg. v. der Preußischen Akademie der Wissenschaften, 20, 3. Abt., Handschriftlicher Nachlaß, 7. Band, Berlin 1942 = [Bemerkungen].

Kripke, S., *Wittgenstein on Rules and Private Language. An Elementary Exposition*, London 1982 = [Wittgenstein über Regeln].

Kuhn, Th.S., *The Structure of Scientific Revolutions*, Chicago 1962 = [Struktur wissenschaftlicher Revolutionen].

Leibniz, G.W., *Monadologie*, Jena 1720 (deutsch). Zit. nach G.W. Leibniz: *Principes de la nature et de la Grace, fondées en Raison – Principes de la Philosophie ou Monadologie*, Publiés intégralement d'après les manuscrits de Hanovre, Vienne et Paris et présentés d'après des lettres inédites par A. Robinet, Paris 1954 = [Monadologie].

Lichtenberg, G.Ch., *Aphorismen. Schriften. Briefe*, hg. v. W. Promies in Zusammenarbeit mit B. Promies, München 1974 = [Aphorismen].

Locke, J., *An Essay Concerning Human Understanding*, London 1690. Zitiert nach der fünften, erweiterten Auflage, London 1706 = [Versuch über den menschlichen Verstand].

Macchiavelli, N., *Il Principe*, Rom 1532. Zit. nach *Il Principe*, in *Tutte le Opere*, a cura di M. Martelli, Firenze 1971, 255–298 = [Fürst].

MacCormick, D. N./O. Weinberger, *An Institutional Theory of Law. New Approaches to Legal Positivism*, Dordrecht et al. 1986 = [Institutionelle Theorie des Rechts].

Mill, J. St., *Utilitarianism*, London 1861/63. Zit. nach *Utilitarianism*, London et al. 1907[15] = [Utilitarismus].

Moore, G.E., *Principia Ethica*, Cambridge 1903 = [PE].

Morris, Ch., *Signs, Language and Behaviour*, New York 1946 = [Zeichen, Sprache, Verhalten].

Nagel, Th., *What is it Like to Be a Bat?*, in *Philosophical Review*, 83, 1974, 435–450.

Neurath, O., *Protokollsätze*, in *Erkenntnis*, 3, 1932/33, 204–214.

Nietzsche, F., *Also sprach Zarathustra. Ein Buch für Alle und Keinen*, Chemnitz 1883 (1. und 2. Teil), Chemnitz 1884 (3. Teil), Leipzig 1885 (4. Teil).

Nietzsche, F., *Jenseits von Gut und Böse. Vorspiel einer Philosophie der Zukunft*, Leipzig 1886. Zit. nach *Nietzsche Werke, Kritische Gesamtausgabe*, hg. v. G. Colli und M. Montinari, VI/2, 1–255, Berlin 1968 = [Jenseits von Gut und Böse].

Nietzsche, F., *Zur Genealogie der Moral. Eine Streitschrift*, Leipzig 1887. Zit. nach *Nietzsche Werke, Kritische Gesamtausgabe*, hg. v. G. Colli und M. Montinari, VI/2, 259–430, Berlin 1968 = [Genealogie].

Peirce, Ch., *Collected Papers of Charles Sanders Peirce*, V, *Pragmatism and Pragmaticism*, ed. by Ch. Hartshorne and P. Weiß, Cambridge, Mass. 1965 = [Pragmatismus und Pragmatizismus].

Ogden, C.K./ Richards, I.A., *The meaning of meaning. A study of the Influence of Language upon Thought and of the Science of Symbolism*, London 1923 = [Bedeutung von Bedeutung].

Platon, *Charmides* in *Platonis Opera*, recognovit brevique adnotatione critica instruxit I. Burnet, III, Tetralogias V–VII continens, Oxford 1901 = [Chrm.].

Platon, *Gorgias*, in *Platonis Opera*, III, Tetralogias V–VII continens, Oxford 1901 = [Grg.].

Platon, *Kratylos* in *Platonis Opera*, I, Tetralogias I–II continens, Oxford 1901 = [Cra.].

Platon, *Menon* in *Platonis Opera*, III, Tetralogias V–VII continens, Oxford 1901 = [Men.]

Platon, *Phaidon*, in *Platonis Opera*, I, Tetralogias I–II continens, Oxford 1901 = [Phd.].

Platon, *Politeia*, in *Platonis Opera*, IV, Tetralogiam IV continens, Oxford 1901 = [R.]

Platon, *Phaidros*, in *Platonis Opera*, II, Tetralogias III–IV continens, Oxford 1901 = [Phdr.].

Platon, *Parmenides* in *Platonis Opera*, II, Tetralogias III–IV continens, Oxford 1901 = [Prm.].

Platon, *Politikos* in *Platonis Opera*, I, Tetralogias I–II continens, Oxford 1901 = [Plt.].

Platon, *Theaitetos* in *Platonis Opera*, I, Tetralogias I–II continens, Oxford 1901 = [Tht.].

Popper, K., *Logik der Forschung*, Wien 1934. Zit. nach der achten, weiter verbesserten und vermehrten Auflage, Tübingen 1984 [LF].

Popper, K., *Conjectures and Refutations. The Growth of Scientific Knowledge*, London 1963 = [Vermutungen und Widerlegungen].

Popper, K., *Objective Knowledge. An Evolutionary Approach*, Oxford 1972 = [Objektive Erkenntnis].

Popper, K., *Auf der Suche nach einer besseren Welt. Vorträge und Aufsätze aus dreißig Jahren*, München/Zürich 1984 = [Bessere Welt].

Porphyrios, *Isagoge et in Aristotelis Categorias Commentarium*, hg. v. A. Busse, in *Commentaria in Aristotelem Graeca*, IV, 1, Berlin 1887, 1–22 = [Einführung].

Putnam, H., *Reason, Truth and History*, Cambridge et. al. 1981 = [Vernunft, Wahrheit, Geschichte].

Quine, W.V.O., *Word and Object*, Cambridge, Mass., 1960 = [Wort und Gegenstand].

Quine, W.V.O., *Ontological Relativity and other Essays*, New York/London 1969 = [Ontologische Relativität].

Quine, W.V.O., *Pursuit of Truth*, Cambridge, Mass./London 1990 = [Verfolgung der Wahrheit].

Quine, W.V.O., *From Stimulus to Science*, Cambridge, Mass./ London 1995 = [Vom Reiz zur Wissenschaft].

Ramsey, F.P., *Facts and Propositions*, in *Proceedings of the Aristotelian Society*, Suppl. Vol. 7, 1927, 153–170 = [Tatsachen und Propositionen].

Reichenbach, H., *The Theory of Probability, An Inquiry into the Logical and Mathematical Foundations of the Calculus of Probability*, Berkeley/Los Angeles 1949 = [Wahrscheinlichkeit].

Russell, B., *The Problems of Philosophy*, London et. al. 1912 = [Probleme].

Russell, B., siehe auch unter Whitehead, A.N.

Salmon, W. C., *Hans Reichenbach's vindication of induction* in *Erkenntnis*, 35, 1991, 99–122.

Saint-John Perse, *Allocution au Banquet Nobel du 10 décembre 1960*, in *Oeuvres complètes*, Paris 1972, 443–447.

Schopenhauer, A., *Ueber die vierfache Wurzel des Satzes vom zureichenden Grunde. Eine philosophische Abhandlung*, Rudolfstadt 1813. Zit. nach *Arthur Schopenhauer's sämmtliche Werke*, hg. v. J. Frauenstädt, Zweite Auflage, I, Leipzig 1916 = [Vierfache Wurzel].

Schopenhauer, A., *Die Welt als Wille und Vorstellung*, II, Welcher die Ergänzungen zu den vier Büchern des ersten Bandes enthält, Leipzig 1844. Zit. nach *Arthur Schopenhauer's sämmtliche Werke*, hg. v. J. Frauenstädt, Zweite Auflage, III, Leipzig 1916 = [W II].

Searle, J.R., *Speech Acts, An essay in the philosophy of language*, Cambridge et. al. 1969 = [Sprechakte].

Sextus Empiricus, *Adversus Mathematicos*, VII–XI, ed. H. Mutschmann, Leipzig 1914 = [M].

Spengler, O., *Der Untergang des Abendlandes. Umrisse einer Morphologie der Weltgeschichte*, Wien 1918 (Bd I), München 1922 (Bd II), München 1923, 33–47. Aufl. (Bd I u. II). Zit. nach der Ausgabe im Deutschen Taschenbuchverlag mit Nachwort v. A.M. Koktanek, München 1972.

Stoicorum veterum fragmenta, Coll. I. ab Arnim, 4 vol., Leipzig 1903 = [SVF].

Steinthal, H., mógis *[kaum] und* exaíphnes *[plötzlich]. Platon über die Grenzen des Erkennens* in *Antike Texte in Forschung und Schule,* Festschrift für Willibald Heinimann zum 65. Geburtstag, hg. v. Ch. Neumeister, Frankfurt a.M. 1993, 99–105.

Tarski, A., *Pojęcie prawdy w językach nauk dedukcyjnych [Der Wahrheitsbegriff in den Sprachen der deduktiven Wissenschaften],* Warschau 1933. Deutsche Übersetzung von L. Blaustein, vermehrt um ein Vorwort vom Verfasser, *Der Wahrheitsbegriff in den formalisierten Sprachen*, in *Studia Philosophica*, 1, 1935, 261–405.

Tarski, A., *The Semantic Conception of Truth and the Foundation of Semantics*, in *Philosophy and Phenomenological Research*, 4, 1944, 341–375 = [Semantische Auffassung der Wahrheit].

Taylor, A.E., *David Hume and the Miraculous*, in *Philosophical Studies*, London 1934, 330–365 = [Hume und das Wunderbare].

Watkins, J., *Science and Scepticism,* Princeton 1984; neue deutsche Version *Wissenschaft und Skeptizismus,* übersetzt v. M. und G. Albert, Tübingen 1992 = [Wissenschaft und Skeptizismus].

Weinberger, O., siehe unter MacCormick, D.N.

Whitehead, A.N./Russell, B., *Principia Mathematica*, I, Cambridge et. al. 1910. Zit. nach der zweiten Auflage von 1927 = [PM].

Wittgenstein, L., *Tractatus logico-philosophicus/Logisch-Philosophische Abhandlung*, in *Annalen der Naturphilosophie*, hg. v. W. Ostwald, 14, 1921. Zit. nach L. Wittgenstein: *Schriften 1*, 9–83, Frankfurt am Main 1969 = [TLP].

Wittgenstein, L., *Philosophical Investigations*, ed. by G.E.M. Anscombe und R. Rhees, London 1953, *Philosophische Untersuchungen/Philosophical Investigations*, hg. v. G.E.M. Anscombe und R. Rhees, üs. v. G.E.M. Anscombe, London 1958. Zit. nach Ludwig Wittgenstein: *Schriften 1*, 279–544, Frankfurt am Main 1969 = [PU].

Wittgenstein, L., *Philosophische Grammatik, Teil 1, Satz, Sinn des Satzes, Teil 2, Über Logik und Mathematik,* hg. v. R. Rhees, Oxford 1969. Zit. nach Ludwig Wittgenstein: *Schriften 4*, Frankfurt a.M. 1969 = [PG].

Wittgenstein, L., *Letzte Schriften über die Philosophie der Psychologie*, hg. v. G.E.M. Anscombe, London 1984 = [LS].

Wittgenstein, L., *Bemerkungen über Frazers Golden Bough*, in *Synthese*, 17, 1967, 233–253 = [BFGB].

v. Wright, G.H., *The Logic of Preference. An Essay*, Edinburgh 1963 = [Vorzugslogik].

Personenregister

Sachregister (Auswahl)

Klassiker des Denkens

Otfried Höffe (Hrsg.)
Klassiker der Philosophie
Band 1: Von den Vorsokratikern bis David Hume
3., überarbeitete Auflage. 1994. 571 Seiten mit 23 Porträtabbildungen. Leinen
Band 2: Von Immanuel Kant bis Jean-Paul Sartre
3., überarbeitete Auflage. 1994. 565 Seiten mit 23 Porträtabbildungen. Leinen

Gernot Böhme (Hrsg.)
Klassiker der Naturphilosophie
Von den Vorsokratikern bis zur Kopenhagener Schule
1989. 458 Seiten mit 25 Porträts und 4 Abbildungen. Leinen

Hans Maier/Heinz Rausch/Horst Denzer (Hrsg.)
Klassiker des politischen Denkens
Band 1: Von Plato bis Hobbes
6., überarbeitete und erweiterte Auflage. 1986. 379 Seiten. Leinen
Band 2: Von Locke bis Max Weber
5., völlig überarbeitete und um einen Beitrag erweiterte Auflage. 1987. 410 Seiten. Leinen

Tilman Borsche (Hrsg.)
Klassiker der Sprachphilosophie
Von Platon bis Noam Chomsky
1996. 548 Seiten mit 24 Abbildungen. Leinen

Friedrich Niewöhner (Hrsg.)
Klassiker der Religionsphilosophie
Von Platon bis Kierkegaard
1995. 397 Seiten mit 18 Abbildungen. Leinen

Verlag C.H. Beck München

Geschichte der Philosophie

Kurt Flasch/Udo Reinhold Jeck (Hrsg.)
Das Licht der Vernunft
Die Anfänge der Aufklärung im Mittelalter
1997. 191 Seiten mit 1 Abbildung. Broschiert

Karen Gloy
Das Verständnis der Natur
Band 1: Die Geschichte des wissenschaftlichen Denkens
1995. 354 Seiten. Leinen
Band 2: Die Geschichte des ganzheitlichen Denkens
1996. 274 Seiten. Leinen

Wolfgang Röd
Der Weg der Philosophie
Von den Anfängen bis ins 20. Jahrhundert
Band 1: Altertum, Mittelalter, Renaissance
1994. 525 Seiten. Leinen
Band 2: 17. bis 20. Jahrhundert
1996. 637 Seiten. Leinen

Werner Schneiders (Hrsg.)
Lexikon der Aufklärung
Deutschland und Europa
1995. 462 Seiten. Leinen

Loris Sturlese
Die deutsche Philosophie im Mittelalter
Von Bonifatius bis zu Albert dem Großen (748–1280)
Aus dem Italienischen übersetzt von Johanna Baumann
1993. 439 Seiten. Leinen

Verlag C.H. Beck München